教養として知っておきたい

「宗教」で読み解く世界史

宇山卓栄

日本実業出版社

はじめに

本書は宗教学の本ではない！

宗教の教えがどうであるかを知るための本ではなく、宗教がその勢力をどのように拡散させていったのかを考え、また、安全保障上の戦略として、どのように宗教覇権の攻防が地政学的に展開されたかを考える本です。いわば、「宗教地政学」の本です。

宗教が人々を救済に導くものといった性善説では、宗教の本質を捉えることはできません。宗教は他者を自己に従属させる機能を内在させる精神侵食のツールです。そういう意味で、宗教は安全保障に直結する問題です。

本書では、各宗教勢力が互いに、どのように攻防し、どのように侵食し、どのように均衡したかという戦略・戦史を、地政学マトリックスで一目で見てわかるように、各部の最初のページに現在の国境線を記した世界地図を掲載しています。この地政学マトリックスの図示に沿って、本文を展開し、各宗教の歴史動向を明らかにしていきます。

宗教は文明の基盤です。そして、文明は自己と他者を分ける歴史の単位ベクトルです。私たちの日本文明とは何か、それは中国文明とどこが違うのか、こうしたことを考えるときに、宗教は欠かせません。

目先の短期的なニュース解説では見えないものがあります。文明史的な長期スパンにおいて、今日の国際情勢を考えることが必要です。われわれは宗教というファクターを通してはじめて、そのような俯瞰的な視野を得ることができます。

2020年8月

宇山卓栄

教養として知っておきたい「宗教」で読み解く世界史●目次

第3部

ヨーロッパ——宗教改革がもたらした近代国家の誕生——

カバーデザイン　志岐デザイン事務所（萩原睦）
本文DTP　一企画

Preface

序文　宗教地政学
――宗教勢力の攻防が歴史の本源

国家以前に宗教がある

古来、支配者はその支配のツールとして、領土、資源、技術の3要素を掌握しました。領土を拡大し、物的・人的資源を獲得し、優れた技術を習得し、経済や軍事で、他者よりも優位に立とうとします。

これら3要素は目に見えるハードツールですが、これ以外に、目に見えないソフトツールとして強大な威力をもつのが宗教です。人間は個人、部族、民族の単位ではバラバラな存在ですが、宗教によって思考や思想を共有し、1つの価値理念に向かって協働することができます。

宗教のもつ協働作用は人々を統合するために使われると同時に、他勢力を自勢力に取り込むためにも使われました。協働作用は内にも外にも有効に機能しました。協働作用をうまく使いこなした支配者は栄え、使いこなせなかった支配者は滅びるというのが歴史の一般原則です。

歴史上、有能な支配者は領土を拡張すること以上に、宗教を拡張することに力を注いで協働者を増やし、実質的に彼らを被支配者として取り込んでいきました。その意味において、宗教勢力の攻防こそが歴史の本源であり、国家の攻防は、それが表面に現われた現象面にすぎないのです。国家以前に宗教があるといえます。

キリスト教はローマ帝国の統合に利用されました。キリスト教勢力はローマ帝国の版図を超えて拡大し続け、オリエント中東地域でも大きな影響力をもちました。中東で急激に拡がったキリスト教はネストリウス派といいます。危機感を強めたイラン人王朝のササン朝ペルシアはゾロアスター教を国教化し、3〜6世紀にかけて、キリスト教勢力に対抗しました。

しかし、ゾロアスター教はイラン人を優位とする選民主義思想をもっていたため、中東の多民族を統合することができませんでした。そこで、選民主義を排し、「神の前の平等」を掲げたイスラム教が7世紀に台頭し、キリスト教勢力への新たな対抗軸として発展しました。

イスラム教勢力は中東を統一し、キリスト教化されていたシリア・エジプト、北アフリカ一帯をイスラム教化し、8世紀、スペインにも攻め入り、同地域をイスラム教化して、キリスト教勢力を押し返していきました。

今日、イスラム教徒の数は世界的に増え続けており、今後、半世紀以内に、キリスト教徒の世界人口を超えると見られています。イスラム教徒が移民となって、キリスト教地域に押し寄せていますが、ヨーロッパの保守派たちは自分たちのコミュニティが破壊されるとして、イスラム教徒移民を排斥すべきと訴え、支持を拡げています。

宗教は公然性を伴った工作と支配のツール

キリスト教の宣教師たちは世界各地で布教を行ない、信徒を協力者（内通者）にして情報を得たり、内乱を起こさせたりしていました。宣教師は布教によって人々を救済するという建前を説いていましたが、実質的に、侵略の先兵として工作活動を公然と行ないました。

一神教であるキリスト教は自らを絶対化し、異教の存在を許しません。邪宗に捕らわれている異教徒を解放することは崇高な使命であり、凶悪な侵略とはされなかったのです。

イエズス会の宣教師で、日本にもやってきたアレッサンドロ・ヴァリニャーノは1582年、マカオからフィリピン総督宛に手紙を送り、以下のように言っています。

「東洋における征服事業は霊的な面だけではなく、それに劣らず陛下（スペイン王フェリペ2世のこと）の王国の世俗的な進展にとっても益するものである。それらの征服事業の中で最大のものの1つは、閣下（スペインのフィリピン総督のこと）のすぐ近くにある、このシナを征服することである」

ヴァリニャーノはまず中国を征服すべきと言っています。当然、日本も征服すべき対象に入っていました。ただし、日本は、軍事力が高く、規律統制が取れているため、征服は難しいというのが宣教師たちの一般理解だったようです。

彼らの野心を、豊臣秀吉は当時の国際情勢の正確な認識に基づいて見抜いており、伴天連《ばてれん》追放令を出しています。徳川家康もまた、キリスト教の布教を許可しませんでした。一方で、商業国家オランダの情報を把握し、交易を許可し、商業的利益のみを確保しました。

明治政府は開国とともに、キリスト教の布教を黙認しましたが、それに対する防御策として、日本古来の天皇を中核とした神道を事実上の国教とし、国内のナショナリズムを称揚しました。

中国、東アジアの宗教地政学

凶悪な侵略性を有していたのはキリスト教だけではなく、中国の儒教ももちろん、そうでした。儒教は中華思想と結び付き、その受容を対外的に強制しました。そうした宗教侵略に、最も侵されて、中国の属国になっていたのが朝鮮でした。

朝鮮各地に、儒林（ユリム）というものがありました。儒林は表向きは儒学者たちが集う儒教研究機関でしたが、その実態は中国（明《みん》・清《しん》王朝）の出先機関でした。儒林は中国のスパイを養成し、中国文化を賛美するように洗脳教育を人々に施しました。

李氏《りし》朝鮮時代、儒林の数は増え続け、19世紀には、全国に680の儒林が存在していました。中国の後ろ楯をもつ儒林は各地において、事実上、地方行政を取り仕切っていました。そして、朝鮮の支配者層は儒教的な価値観に基づいて、中国に従属することこそが美徳であるとする事大《じだい》主義に拘泥していました。

図0-1　中国支配が及ぶべきではない独立文明圏

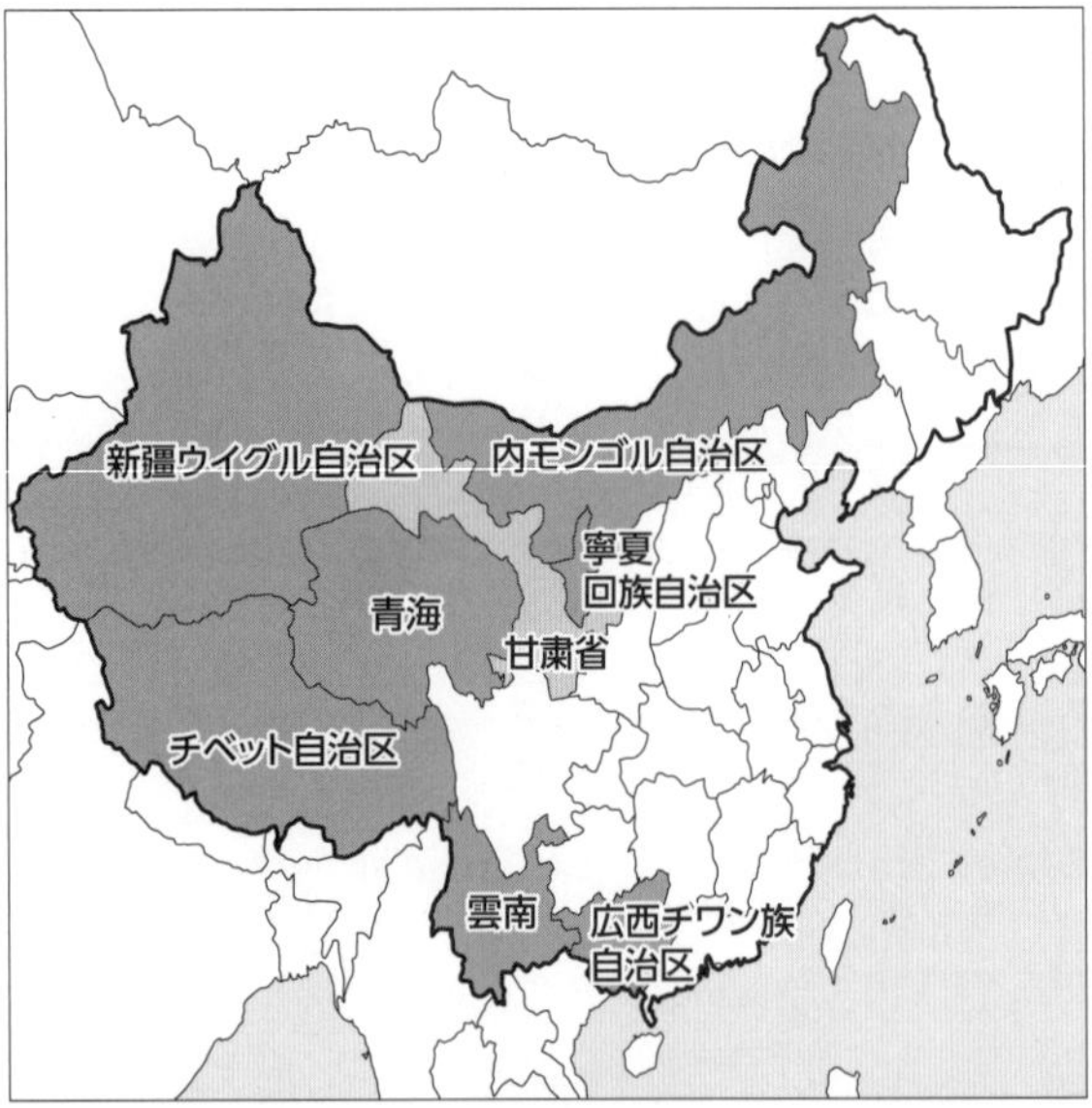

アジアの現在の情勢に目を転じてみると、中国共産党がウイグル人のイスラム教やチベット人のチベット仏教に対し、苛烈な宗教弾圧を加えています。彼らにとって、宗教こそが中国に抵抗する最後の砦です。これを失えば、中国に服属する以外にありません。

中国共産党は宗教のもつ協働作用、その結束の強靭さをよくわかっているので、宗教の封殺を最優先事項とし、残忍極まる手法で徹底しています。

彼らのやっていることは宗教文明の絶滅政策です。宗教や民族の異なる勢力を、自勢力の支配領域に組み込むとき、歴史上の国家は共存共栄の協調政策を取りました。イスラムのオスマン帝国がキリスト教徒やユダヤ教徒に対し、信仰の自由を認めたことなど、その典型例です。

宗教寛容が失われるとき、必ず、激しい内戦が起こり、被弾圧者は分離独立していきます。

中国は宗教や民族の異なる地域を何の根拠もなく支配して、それらを不法に弾圧しています。本来、中国の支配が及ぶべきではない独立文明圏はウイグルやチベットだけでなく、図のように、内モンゴル自治区（チベット仏教）や雲南《うんなん》（少数民族の仏教）などにも及びます。

宗教は安全保障に直結する

宗教は古今東西、公然性を伴った対外工作と支配のツールとして、政治的に利用されました。宗教は安全保障問題に直結する重要政治課題です。日本人の多くが宗教を個人の内心の問題と考える傾向がありますが、そのような性善説的な認識では、悪意に満ちた国際社会の中で生き残ることはできません。

宗教は対外脅威と結び付きやすく、そこから、目に見えない形で社会が侵食されていきます。

中国人が北海道などの日本の土地を買い漁っており、こうした領土の侵食は、見ればわかりますが、宗教を媒介にした心の侵食は目に見えないので、いっそう恐ろしいのです。

私自身の経験でもこんなことがありました。国会議員の選挙の手伝いをしていると、ある集団が現われて、ポスター貼りやビラ配りを協力してくれ、演説会場では、会場設営の椅子並べや荷物運びを手際よくこなします。ずいぶんと選挙に慣れている連中だなと思い、彼らに、あなたたちは何者なのかと問いました。某国に本拠を置く宗教団体でした。国会議員の中には、こうした宗教団体の支援を受けている者が与野党問わず、少なくありません。

中国には、宗教への外国勢力の支配の排除を規定した法律があります（Chapter1参照）。しかし、日本には、こうした法規制がなく、丸腰状態です。宗教を対外脅威と捉える認識が根本的に欠落しています。

宗教は工作と支配のツールであり、支配者の政治的便宜性に寄与するものです。本書では、各宗教の歴史的な攻防と地政学上の展開を追っていくことで、その本質（とくに一神教）が巧みな詐術と強奪の覇権力学によって、徹頭徹尾、貫かれたものであることを暴いていきます。

「宗教は救済」などという従来の性善説から脱却しなければなりません。そして、宗教が内在させる凶悪性を直視することによってのみ、われわれ日本人が対外的な宗教覇権にどう対応していくべきかという道が見えてくるのです。

第1部

東アジア
―中華秩序の脅威―

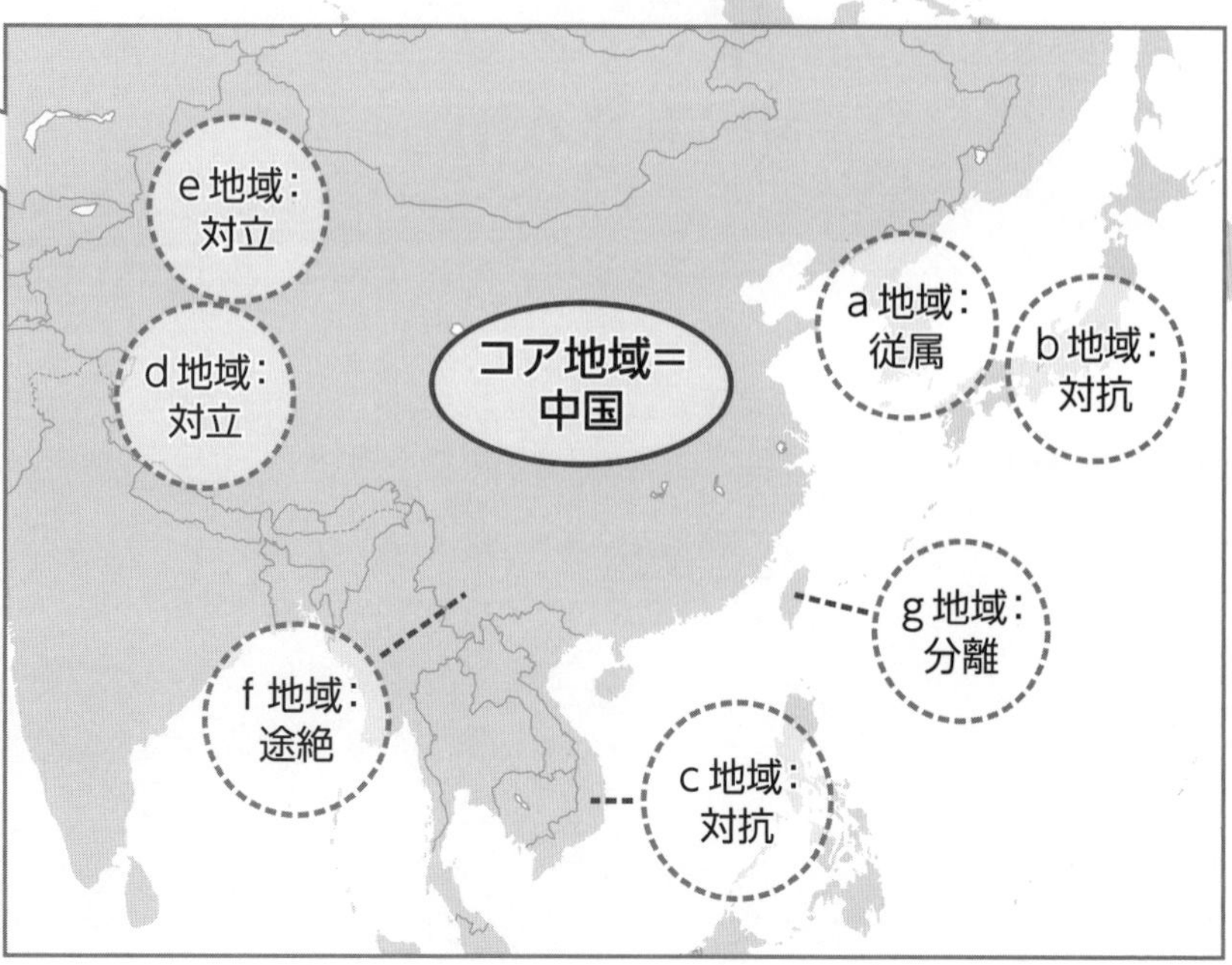
e 地域：
対立
d 地域：
対立
コア地域＝
中国
a 地域：
従属
b 地域：
対抗
g 地域：
分離
f 地域：
途絶
c 地域：
対抗

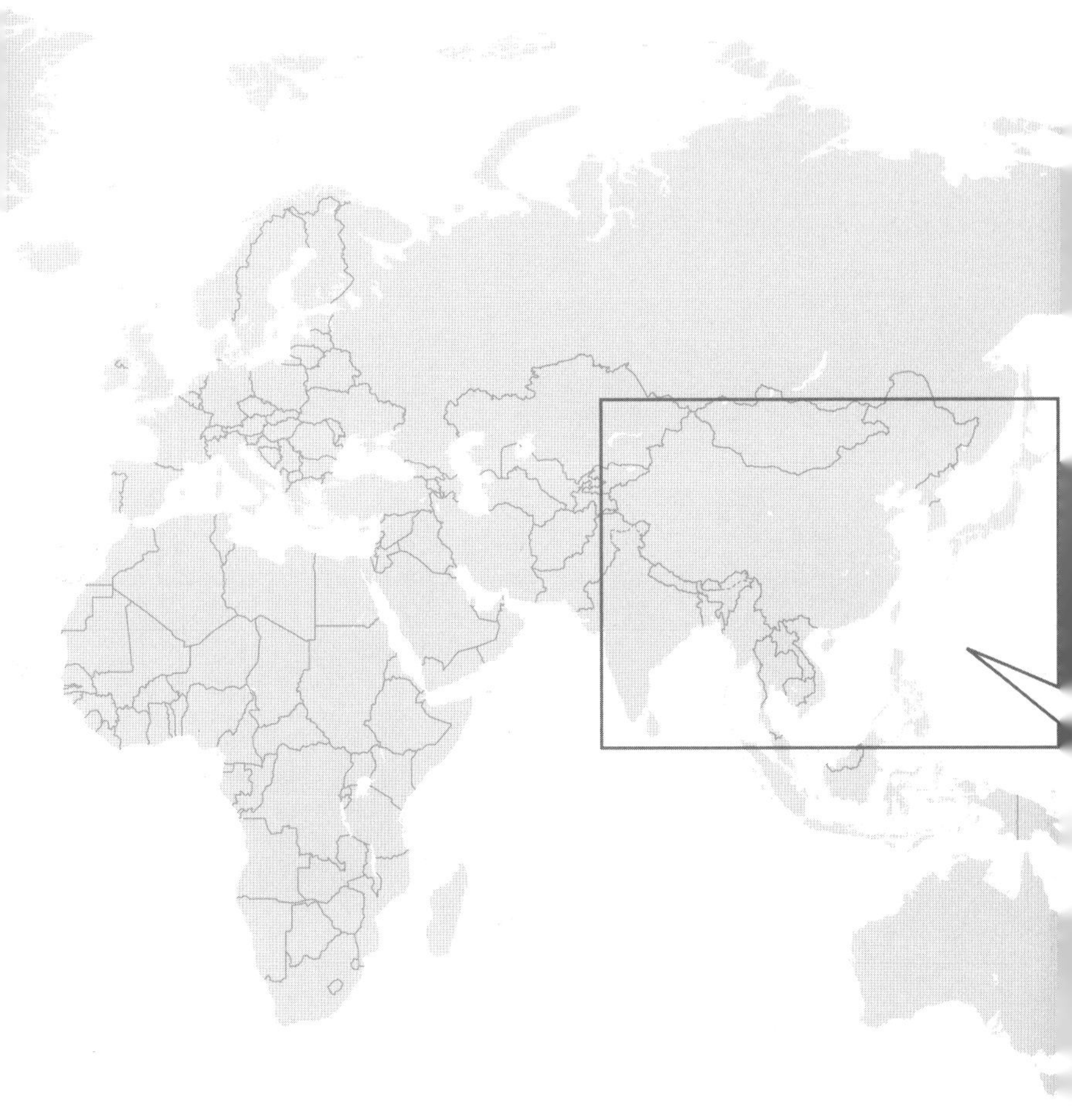

Chapter 1

中華の膨張に誰が屈し、誰が屈しなかったのか

【コア地域＝中国】儒教文化による中華思想

◆儒教が生んだ「三跪九叩頭《さんききゅうこうとう》の礼」

中国はその覇権を確固としたものにするために、独特の思想体系を生み出しました。それが、儒教に基づく中華思想です。

清王朝時代、皇帝に対し、臣下たちは「三跪九叩頭《さんききゅうこうとう》の礼」で拝謁しました。皇帝の内官（宦官《かんがん》）が甲高い声で「跪（ホイ）！」と号令をかけると、臣下たちは土下座し、「一叩頭（イーコートゥ）再叩頭（ツァイコートゥ）三叩頭（サンコートゥ）」という号令の度に頭を地に打ち付け、「起（チー）」で立ち上がります。そして、また「跪（ホイ）！」で、土下座して同じ行動をします。この土下座行為が計3回繰り返されるため、「三跪九叩頭の礼」といいます。

儒教では、「長幼の序」のような上下関係の序列が重視されます。とくに、君主と臣下のわきまえるべき分を説く「君臣の別」が重視されるため、「三跪九叩頭の礼」のような極端な拝

礼スタイルが確立されました。「天」の意を受け、この世を支配した皇帝の権威は絶対的なものでした。

この「君臣の別」は「華夷《かい》の別」という考えを生みます。「華夷の別」とは、中国の周辺異民族（夷）に対する優位を説く考えです。この世の中心に中国があり、周辺異民族は中国の恩恵に平伏し、進んで臣従することが美徳であるとされました。つまり、中国は「華夷の別」によって、中国とその周辺国との関係を君臣の関係と規定し、諸外国に臣下の礼を尽くすよう求めたのです。

朝鮮王は中国の要求に従い、自ら中国皇帝の臣下となりました。朝鮮王は皇帝に対してはもちろん、皇帝の遣わした使節に対しても、「三跪九叩頭の礼」で拝謁しました。

日本は明治時代の1873年、副島種臣《そえじまたねおみ》が北京に赴き、皇帝に謁見した際、「三跪九叩頭の礼」を行なうよう要求されましたが、これを拒否しています。副島は膝を屈することなく、立礼で通しました。

18世紀末に中国を訪れたイギリスの外交官マカートニーは「三跪九叩頭の礼」を拒否し、英国流に片膝だけを屈して、皇帝に拝礼しました。

「華夷の別」は中華思想を根拠にしています。「華」というのは文明のことであり、中国人は文明の「中」にいる「中華」であり、周辺の他の民族は文明の「外」にいる夷狄《いてき》（野蛮人）であるとされます。北宋《ほくそう》の宰相で歴史家の司馬光《しばこう》は1084年、『資治通鑑《しじつがん》』の中で、中華思想を体系的に論じ、これを定着させました。司馬光は日本や朝鮮などの東方の国を「東夷《とうい》」と呼び、周辺の野蛮人の一派に位置づけています。

南宋《なんそう》時代、儒学者の朱熹《しゅき》が司馬光の中華思想を継承し、『資治通鑑』を礼賛して『資治通鑑綱目』を著し、中華思想が儒学の世界観の中に統合されます。そして、「華夷の別」は儒教的な礼の中でも、最重要の徳目とされます。

中華思想において、周辺民族は「化外《けがい》の民」と呼ばれました。これは儒教文化を教化できない民という意味です。「化外の民」は禽獣《きんじゅう》に近い存在で、ほとんど人間と見なされなかったのです。

儒教は宗教なのか

中国人は古来、農村社会を背景とした農耕民族であり、その村社会にふさわしい規律や規範意識を説く儒教が民族の思想として受け入れられました。年配者や支配者に逆らってはならぬ、先祖を敬わなければならぬ、約束を守らねばならぬなど、共同体に従順であることなど、農耕というルーティン・ワークに沿った枠組みが、儒教によって提供されます。

その枠組みとは具体的に、年功序列、君臣の情、祖先祭祀《さいし》、自然賛美など、農耕を日常とする共存社会に適合するものであり、個人主義や個性などを排斥しました。このような中国人の共同体意識は、農耕社会を営んできた日本人にもそのまま当てはまるでしょう。

儒教は宗教なのでしょうか。儒教は孔子《こうし》によって開かれ、人間の生き方や精神について説いた倫理、あるいは哲学です。孔子は神の教えを説いたわけではありませんので、厳密にいえば、儒教は宗教ではありませんが、実質的には、やはり宗教なのです。

古代中国の人々は超自然的な「天」への信仰をもっていました。「天」は万物を司るものであり、人間は「天」によって地上に遣わされ、死ねば「天」に帰るという世界観をもち、自らの祖先が「天」に最も近い存在、あるいは「天」という抽象物を具現化するものとして、信仰の対象となりました。

そこで、祖先の血脈でつながる氏族が重視され、宗法という祖先祭祀の規律・規則が定められ、社会全体の秩序となりました。われわれは何か失敗したり、罪を犯したりすると「ご先祖様に顔向けできない」と言いますが、この感覚こそ、潜在的に受け継がれた儒教の精神文化の表出です。

儒教は祖先祭祀を思想の中核としており、その意味において、宗教といえるのです。儒教は倫理的に正しいかどうかを問うだけでなく、倫理規範を与えている「天」を信じるかどうかを問う信仰でもあるのです。

以前、日本のカトリック教会が儒教の儀式主義を批判して、「宗教を離れた社会秩序や道徳は、その根底を失ったものであって、実践的には甚だ不完全である」（カトリック中央協議会『公教要理』1958年）と指摘しましたが、儒教はあくまで宗教です。「天」や「祖先」への信仰を儀式的な「礼」によって体現しようとする宗教的動機を強く有し、その倫理世界を打ち出しています。キリスト教やイスラム教と同じように、教義も聖典も戒律もあります。

儒教には、厳格な倫理規定が先行する傾向があるため、「宗教を離れた」ように見えますが、そうではありません。

◆日本は中華文明から独立した文明圏

朝鮮は儒教の影響を最も強く受けた地域で、自ら進んで、儒教的な華夷秩序に沈潜し、中国の属国となりました。4世紀後半、朝鮮に儒教が伝わり、統一王朝の新羅《しらぎ》は7世紀に儒教を国学とします。14世紀に、李氏朝鮮は朱子学（南宋の朱熹によって再構築された儒教の一派）を国学とし、中国への従属を強めていきます。

儒教は日本に6世紀に伝わり、7世紀、天武《てんむ》天皇が構築した統治制度（律令制）に、身分制

図1-1　儒教文化圏とインド文化圏

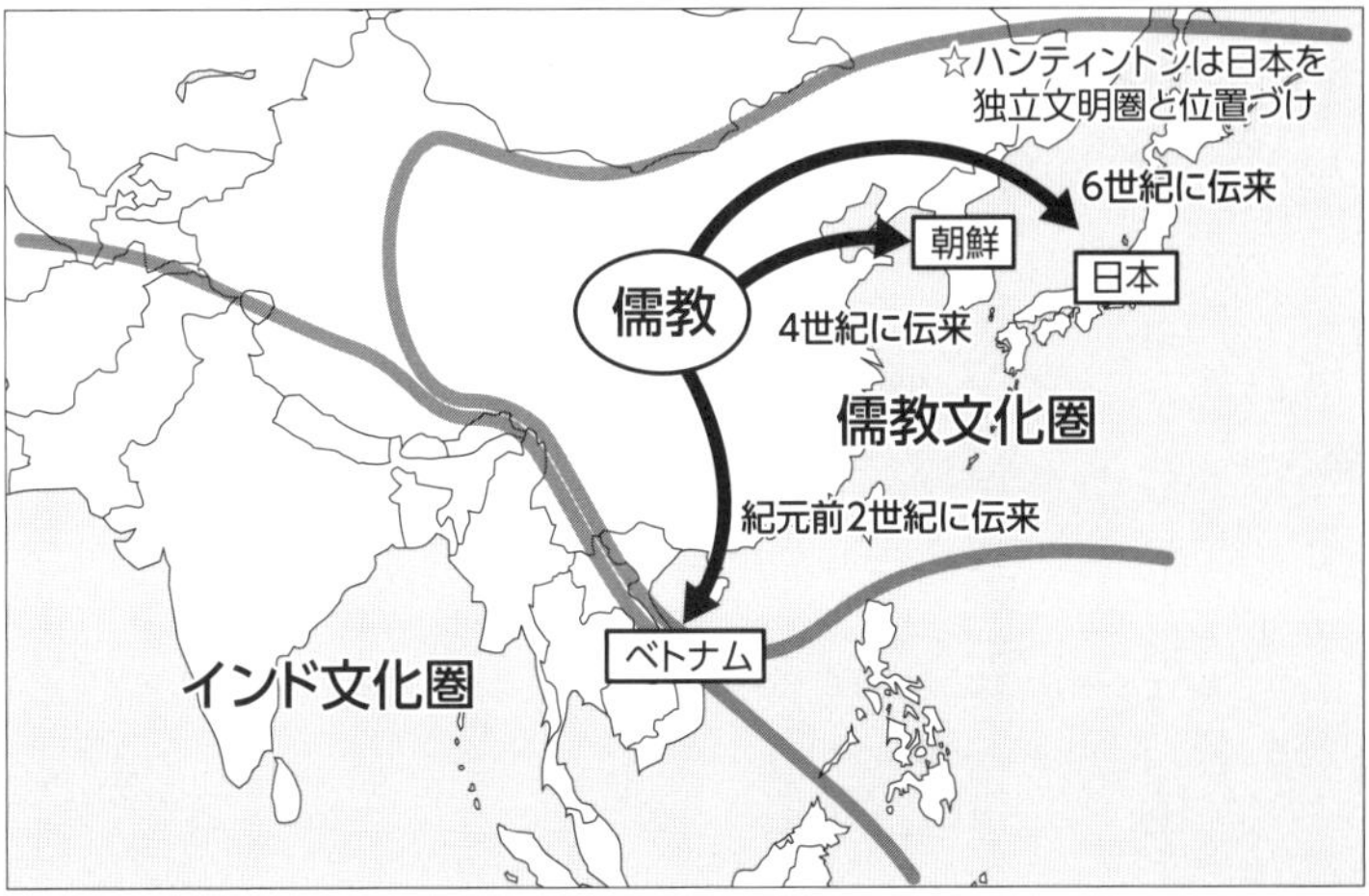

などの儒教的要素が組み込まれました。江戸時代の17世紀に、朱子学を幕府公認の学問（官学）とします。しかし、日本は朝鮮と異なり、儒教文化を取り入れながらも、中華思想への服従を一貫して拒否し、中国に対抗しました。

日本は儒教をはじめ、中国からの文化的影響を強く受けたことから、広義の意味で、儒教文化圏の中に入るとする説もあります。イギリスの歴史家アーノルド・トインビーは「日本は中国文明の衛星文明である」と主張しています。

しかし、日本と中国を詳細に比較すれば、日本は根幹において、中国文明とは異質であることがわかります。日本には、もともと神道や天皇が存在し、独自の文化が形成されていました。これに着目し、アメリカの国際政治学者サミュエル・ハンティントンは著書『文明の衝突』

で、日本を中華文明から独立して成立した文明圏と位置づけています。

ベトナムには、早くも紀元前2世紀に儒教が伝わります。その後も、11世紀に成立するベトナム北部の統一王朝の李朝をはじめ、各王朝は中国文化の影響を強く受けるとともに儒教を尊重します。

ベトナムの儒教の取り入れ方は日本とよく似ており、祖先祭祀などの儒教精神を基盤に、仏教も信奉されました。ベトナムもまた、朝鮮と異なり、儒教の影響を受けながらも、中国の支配には屈服しませんでした。

これらの儒教の影響力が途切れるのがタイやミャンマー一帯です。この地域はインドの影響が強く、インドから伝わったヒンドゥー教、その後は仏教が定着しました。中国王朝がこれらの南方地域を従属させるには、地理的に遠すぎたのです。

◆儒教を生んだ国が儒教を否定する奇怪

1949年、毛沢東《もうたくとう》は中華人民共和国を建国します。共産党政権は儒教思想を封建社会の遺物として全面否定しました。さらに、1966年からはじまる文化大革命で、儒教をはじめ道教や仏教などの過去の文化のすべてが、「社会主義の敵」とされて否定されます。

とくに、孔子は「人間のクズ」とコキ下ろされます。孔子は君臣や長幼などの序列関係を社会にもたらし、階級支配と民衆搾取を正当化した奴隷制擁護の思想家と断じられたのです。他方、「焚書坑儒《ふんしょこうじゅ》」を断行した秦の始皇帝を高く評価しています。皇帝制という封建的身分制の原点となった制度を生み出した始皇帝を評価するなど、矛盾に満ちた話です。

儒教文化を一掃するため、毛沢東支持者たちは孔子廟《びょう》や祠《ほこら》を斧やハンマーで叩き壊して回りました。子供に孔子の人形が渡され、それを叩いたり蹴ったりして遊ぶように教えたといいます。また、孔子をバカにする歌を学校で合唱させせました。

文化大革命支持者たちに手を振る毛沢東(1966年)

2500年間、「聖人」と崇められた人物をここまで貶める中国人には呆《あき》れるばかりです。社会主義が導入されて20年も経たない当時の中国が2500年の歴史を一朝一夕に壊そうとしたのです。

しかし、鄧小平《とうしょうへい》時代の1980年代以降、改革開放が進むとともに、儒教は再評価されていきます。儒教と社会主義は対立するものではないと捉える「儒教社会主義」が唱えられ、「論語」が学校教育に取り入れられるようになります。2005年以降、孔子の生誕を祝う祝典を国家行事とし、文化大革命期に破壊された孔子廟や祠を再建しはじめます。

一時的に儒教を排斥したとはいえ、儒教的思考は中国人の骨髄に染み付いています。歴史的に培われた精神文化というものを簡単に取り除けるものではありません。中国は、対外的には、儒教的な中華思想をますます強め、対内的には、過去の皇帝制にも劣らぬ独裁強化で、支配者層の階級序列化を進めています。そして、多くの中国人はこうした階級支配に唯々諾々《いいだくだく》と従っているのです。

今日の中国の姿は儒教を秩序として生きてきた中国人の精神文化の必然といえます。

◆宗教の中国化

今日の中国共産党の宗教政策は従来のようなマルクス主義の無神論に基づき、宗教を弾圧するばかりではなく、積極的に懐柔して利用しようとする「飴とムチ」の巧みさも兼ね備えています。共産党の方針に従わない宗教やその団体への弾圧を強める一方、方針に従う宗教団体を国家公認に指定し、法人格を付与して補助金などで支援優遇しています。

改訂版「宗教事務条例」（2017年8月26日公布）には、「憲法、法律、法規と規制を遵守し、社会主義核心価値観を履践し、国家統一、民族団結、宗教の和睦と社会の安定を擁護しなければならない」（第4条）と規定され、宗教が共産主義に適応するよう努めることが義務化されるとともに、国家による宗教管理の法治化が打ち出されています。

これがいわゆる「宗教の中国化」と呼ばれるものです。かつて、毛沢東は「マルクス主義の中国化」を唱え、中国の社会実態に適合するようにマルクス主義の原理を修正しました。本来、中国のような農村社会はマルクス主義とは相容れないものであるにもかかわらず、無理矢理に適合させようとしたのです。

これと同じように、宗教は本質的に、共産主義的唯物論の国家体制とは相容れないものですが、強引に適合させて、「宗教の中国化」を推進しようとしているのです。これにより、仏教寺院で中国国旗が掲揚されるなど、「愛国宗教団体」なるものが昨今、多く生まれています。

また、この「宗教事務条例」には、「各宗教は独立自主と自弁の原則を堅持し、宗教団体、宗教学校、宗教活動場所と宗教事務は外国勢力の支配を受けない」（第36条）と規定されています。中国共産党が最も恐れているのは、国外の敵対勢力が国内の宗教団体をテコにして、反政府の動きを強めていくことです。宗教団体が工作活動に利用されることを警戒し、監視を強めているのです。

日本には、こうした「宗教への外国勢力の支配」を排除する法規制がなく、海外（とくに日本と敵対する国）に本拠を置く宗教勢力が日本国内に入り込み、政界などに影響力を行使しています。

2018年、ローマ教皇庁は中国当局が任命した7人の中国国内の司教を正式に承認することで合意しました。かつて、11世紀に、ヨーロッパで聖職叙任権闘争というものがあり、司教などの人事任命権を巡って、教皇と神聖ローマ皇帝が激しく争いました。今日、中国における聖職叙任権は中国当局にあることを、バチカンがあっさりと認めて妥協したのです。

およそ1000万人はいるとされる中国のカトリック信者は事実上、中国当局の監督下に置かれています。ちなみに中国当局が認めない聖職者を立てるキリスト教会は宗教への外国勢力の支配の排除を規定した「宗教事務条例」第36条に基づき、閉鎖させられています。

Chapter 2

儒教が覆い隠した属国の哀れ

【a地域:従属】朝鮮の儒教

左手で口元を隠して飲む儒教の習慣

韓国では、人間関係を極端に序列化するなどの儒教的因習が根強く残っています。かつて、「両班《ヤンバン》」と呼ばれる貴族階級を頂点とする厳格な身分制が敷かれていました。朝鮮の儒教文化が生み出した悪弊でした。その名残で、今日でも、人間関係において、常に上下の序列が意識されるのです。

たとえば、韓国人は乾杯をするとき、目上の人よりも、グラスを少し下げて合わせます。目上の人から、お酌をされたら両手で受け、飲むときは相手の視線を避け、横向きになって、左手で杯や口元を隠すようにして飲まなければなりません。これは、目上の人の前で、むやみに酒を飲むことを戒める意味があります。「本来ならば、飲ませていただける立場の者ではありませんが失礼致します」という暗黙のメッセージが、左手で口元を隠すことに含まれているのです。
この飲み方はいわゆる「朝鮮飲み」と呼ばれます。ひところ、議場や記者会見などで水を「朝鮮飲み」している政治家がいましたが、「あいつは日本人ではない」などとバッシングされました。一概にはいえない部分もあるのですが。それにしても、日本人に、こういう飲み方をする習慣はありません。

儒教的習慣が現在の韓国人にも受け継がれ、それは体に染み付いて、簡単には離れないのです。今日でも、かつての儒学者が尊敬されており、韓国のお札の4種類の紙幣のうち2つに、儒学者の肖像が描かれています。１０００ウォン札の李滉《イファン》、５０００ウォン札の李珥《イイ》です。この2人は16世紀に活躍した朱子学者で、「二大儒」と呼ばれます。

かつての朝鮮王朝は中国の儒教的な世界観に忠実に従いました。高麗王朝は中国の儒教文化への傾斜を強め、９５８年に官吏登用の科挙制度が定められ、儒教の修養が問われました。儒教の教育機関として、中央に国子監《こくしかん》（後の成均館《せいきんかん》）、地方に郷校《きょうこう》が設けられました。

李氏朝鮮は１３９２年に成立したときから、中国の明王朝に服属しました。明の元号を使用し、明の官服や制度を導入しました。朝鮮の文人官僚たちは朱子学を信奉し、漢民族の明王朝こそが正統な支配者であり、明に歯向かうことは「中華」や天子の国、さらには秩序を犯すことになると考えていました。

「小をもって大に事（つか）ふるは保国の道」と説かれます。これは『孟子《もうし》』の「以小事大」からとったもので、大国の中国に事（つか）えることが肝要とする考え方で、「事大主義」とも呼ばれます。

朝鮮の文人官僚たちは朱子学の素養をもつことが文化的洗練の証しであり、野蛮な未開人と訣別する道であると信じ、自らの思想を中国化していきます。彼らの中には中国に留学した者も多くいました。

朝鮮の文人官僚たちの権力の源泉は「中国とつながっていること」でした。中国の内部事情に精通し、ときに要人に頼み事を聞いてもらうこともできる、中国に顔が利くということが最大の武器だったのです。中国にとっては、彼らは使い勝手のよい存在でした。

「小中華思想」で日本を見下していた朝鮮

朝鮮は自らが中華文明に最も近い存在であることを誇りにしていました。実態は中国の属国に成り下がっていたにすぎませんが、朝鮮のみが唯一、「華」を継承することに成功したと考えていました。そして、日本人を「華」に遠い「倭賊《わぞく》」と見下し、野蛮人扱いしました。こうした朝鮮の中国追従の考え方を「小中華思想」と呼びます。

図2-1　中国人と朝鮮人の考える中華世界

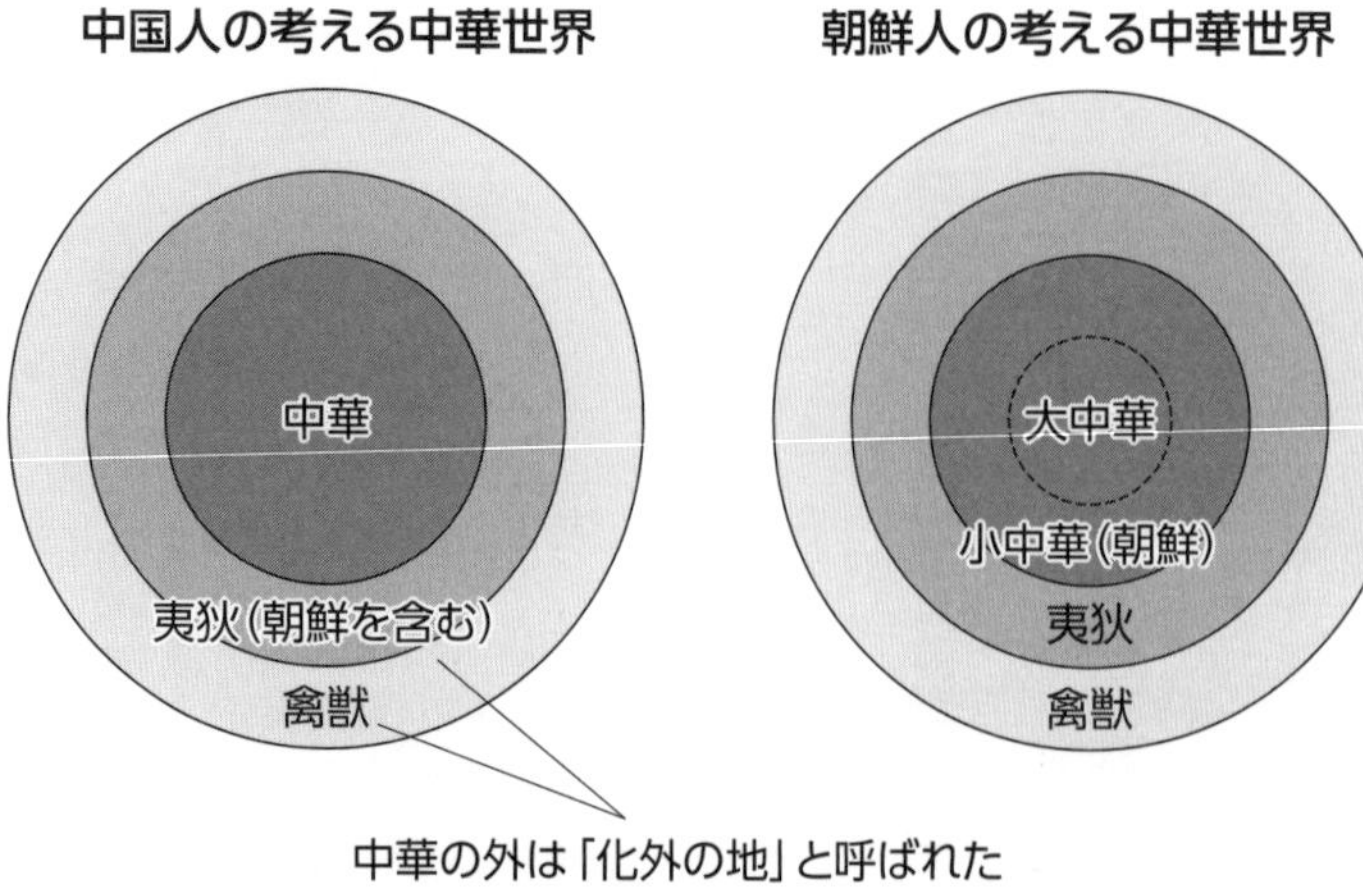

現在の韓国や北朝鮮が反日で日本を執拗に敵視するのは、「小中華思想」により、もともと自分たちよりも下と見下していた日本が生意気で許せないという感情が背景にあるからでしょう。

中国は儒教的な君臣の主従関係を周辺諸国（地域）にまで拡大し、その君主や首長に王や侯などの爵位を与え（冊封《さくほう》）、藩属国として中国の影響下に置きました。これにより、様々な程度の差はありながらも、中国は周辺を従属させます。この中国中心の統治システムを冊封体制と呼びます。「華夷の別」に基づく統治システムで、華夷秩序とも呼ばれます。

李氏朝鮮3代目の太宗が、明王朝によって朝鮮王に冊封されますが、これも中国の一部としての諸侯王という扱いにすぎません。「王」は近代で使われる主権国家の国や国王とは意味が異なります。朝鮮は歴史的に独立した国家ではなく、中国の属国でした。その王は中国皇帝の配下だったのです。

そのため、朝鮮の王は「陛下」ではなく、「殿下」と呼ばれます。その世継ぎも「太子（テジャ）」ではなく、一段格下の「世子（セジャ）」と呼ばれます。このほか、朝鮮王に「万歳（マンセー）」は使われません。「万歳」は中国皇帝にのみ使われるもので、朝鮮王には「千歳（チョンセー）」が使われました。明確な序列関係があったのです。

「貢女《コンニョ》」という性奴隷

上位の者や国に従うことは美徳であり、儒教的な教養の証しとされました。貧弱な朝鮮人が強い者にすがりついていく哀れな媚態を儒教が「礼」という美名のもと、巧みに覆い隠したのです。朝鮮はたびたび、中国の高慢な要求に屈服させられましたが、彼らはその屈辱を屈辱とせず、美徳であると自らに言い聞かせました。

明治時代、陸奥宗光《むつむねみつ》は、朝鮮が中国の属国でありながら、属国としての被害者意識がなく、中国や中国文化を崇めることを道徳的使命と感じているとして、「中国と朝鮮は奇妙な宗属関係にある」（陸奥宗光『蹇蹇録《けんけんろく》』より）と指摘しています。

朝鮮は一時期を除き、約2000年間、中国の属国でした。朝鮮は属国として、中国に多額の金銭・物品を貢がなければなりませんでした。しかし、朝鮮は土地のやせた貧弱な国であったので、充分な貢ぎ物を用意することができず、代わりに美女たちを性奴隷として送りました。彼女たちは「貢女《コンニョ》」と呼ばれました。

朝鮮の支配者層は中国に媚びへつらい、中国のために国を売るようなことを平気で行なっていました。彼らは中国と癒着することで、様々な利権を保証されたのです。支配者層は民衆を奴隷化して酷使し、中国へ貢ぐための物品を徴収しました。民衆の生活レベルは人間のものとはいえないくらい悲惨でした。民衆を搾取することが朝鮮の政治の中心課題になっていました。

支配者層にも民衆にも、公益や公共の意識などありませんでした。支配者層が真面目に政治を行なったとしても、また、民衆が真面目に働いたとしても、結局、中国が奪っていくので、無意味でした。

中国の朝鮮支配が長く続きましたが、1894年の日清戦争で、日本が清王朝と戦い、勝利します。翌年、下関条約により、清が朝鮮の独立を承認します。1897年、独立した朝鮮は「大韓帝国」と国号を名乗りました。「韓」は王を意味する雅語《がご》で、古代において、三韓（1～5世紀の朝鮮半島南部に存在した馬韓《ばかん》・弁韓《べんかん》・辰韓《しんかん》）にも使われていました。朝鮮王は皇帝となり、「殿下」ではなく、「陛下」と呼ばれるようになりました。

当時、朝鮮の人々はこれを非常に喜び、中国への隷属の象徴であった迎恩門《げいおんもん》を取り壊し（屈辱を忘れないために、2本の迎恩門柱礎だけを残し）、新しい門を同じ場所に建てました。これがソウル西部の西大門広場にいまも残る「独立門《どくりつもん》」です。

天皇を「日王《イルワン》」と呼ぶ従属の心理

話が前後しますが、明治維新を遂げた日本の新政府は1868年、国交と通商を求める国書を朝鮮に送りました。しかし、朝鮮はこの国書の受け取りを拒否します。国書の中に、「皇」や「勅」の文字が入っていたからです。「皇」や「勅」を使うことができるのは中国皇帝のみであり、こうした国書は日本の中国皇帝に対する挑戦であり、容認できるものではないと主張しました。

つまり、朝鮮は儒教思想に基づいて、中華に周辺国が臣従することにより、国際秩序（前述の冊封体制）を維持すべきと考えたのです。

朝鮮はこうした考え方を歴史的に有しており、天皇を「皇」の字のある「天皇」とは決して呼ばず、「倭王《わおう》」と呼んでいました。近代以降は「日王《イルワン》」と呼びました。中国皇帝に服属する朝鮮王が中国皇帝と対等な「天皇」を認めてしまうと、朝鮮は日本よりも下位に置かれてしまうことになるため、「天皇」と呼ぶことを頑なに拒み続けたのです。

それは今日でも続いています。文喜相《ムンヒサン》韓国国会議長が2019年2月7日、ブルームバーグのインタビューで、従軍慰安婦問題で、天皇が謝罪すべきと発言しました。日本のメディアでは、文議長の発言を「天皇」と訳し変えて伝えていますが、文議長は実際には、「天皇」とは言っておらず、「王」と韓国語で言い表わしています。

李明博《イミョンバク》元大統領は2012年、天皇陛下を指して「日王」と呼び、「日王が韓国に来たければ、独立運動家に謝罪せよ」と発言したこともありました。

朝鮮は自らの王を「陛下」ではなく、「殿下」と呼び、華夷秩序の従属に縛られてきました。しかし、下関条約後、朝鮮が大韓帝国として独立したとき、朝鮮の民衆は華夷秩序の桎梏《しっこく》から解放されました。

韓国が天皇陛下を「日王」などと呼ぶことはかつて民衆を苦しめた華夷秩序の闇に後戻りし、自らの歴史を否定することになると、多くの韓国人に気づいてもらいたいものです。

◆「崇儒排仏」に反対した仏教王、世祖《セジョ》

朝鮮では、10世紀に建国された高麗《こうらい》王朝が仏教を保護したため、民間で仏教の信仰が広まっ

ていました。高麗版『大蔵経』が編纂されるなど、高麗時代に仏教文化の高揚が見られました。

しかし、14世紀末に成立した李氏朝鮮王朝では、儒教政策が徹底され、仏教を排除する「崇《すう》儒排仏《じゅはいぶつ》」が唱えられます。仏教をむやみに「来世」や「救済」を語る邪教として、危険視したのです。日本が儒教と仏教を融合的に捉えたことと対照的です。

それでも、朝鮮では、民間の仏教信仰は篤く、朝廷も一定のレベルで信仰を容認していました。李氏朝鮮の7代王の世祖《セジョ》は仏教の熱烈な信仰者でした。「崇儒排仏」の法度を破り、仏教寺院を保護したため、儒教を信奉する臣下や文人官僚たちと激しい口論となりました。これに対し、世祖は仏教に反対する臣下らをたびたび、免職追放しています。

世祖は幼い甥をクーデターで追放して、自ら王位に就きました。甥を毒殺し、反対勢力を拷問にかけ、粛清しました。世祖は多くの人命を奪ったことを悔いており、精神の慰めを仏教に求めました。クーデターを起こした世祖は君臣の礼を重んじる儒教の規範に照らせば、救いようのない罪人でした。

人間の生き様や現実の社会は必ずしも儒教の掲げる正義には適合しません。そこで、人々は許しや慰めを求めて、仏に祈りを捧げるなどの宗教的救済にすがろうとするのです。儒教には、この救済という考え方がなく、そこが1つの限界となっているといえます。

中国でも同様に、明王朝や清王朝で「崇儒排仏」が唱えられていましたが、朝鮮よりも緩く、仏教の信仰は半ば放任されていました。ちなみに、中国では、仏教に加え、道教の信仰も民間に拡がっていました。

儒教崇拝で中国に追従した朝鮮は戦後、南北に分断され、北朝鮮は社会主義体制を敷き、中国と同様に儒教文化を破壊しました。しかし、主体《チュチェ》思想などの教条主義や階級主義、中国追従など、儒教因習の悪弊をそのまま残しています。

一方、韓国は朝鮮王朝以来の儒教文化を名実ともに継承し、今日に至ります。

韓国では、キリスト教徒も多く、総人口の約3割を占めます。２０２０年の2月には、キリスト教系新興宗教団体での新型コロナウイルスの集団感染がありました。儒教に基づく極端な階級社会が歴史的に続き、身分差別の解放を求める人たちが、キリスト教の平等理念に傾倒していきました。

韓国のキリスト教徒は、プロテスタントの信者がカトリックの信者よりも倍近く多いとされます。しかし、韓国のキリスト教は本来のキリスト教理念とは異なる亜流にすぎず、異端的なシャーマニズムを自己解釈して肥大化させたものにすぎないとの批判も多くあります。

Chapter 3

神道と天皇を中核とした日本文明の独自性

【b地域：対抗】日本の神道

神道というリアリズム

日本は歴史的に、キリスト教徒の数が人口の１％を超えたことがありません。現在でも、カトリックとプロテスタントを合わせて百万人程度です。日本には、キリスト教系のミッション・スクールも全国に数多くありますが、その卒業生の多くもキリスト教徒にはならないのです。

キリスト教は16世紀に日本で布教されます。宣教師フランシスコ・ザビエルは日本人に布教するのは非常に難しいと書き残しています。日本人の知的水準は高く、ザビエルら宣教師は質問攻めにされたといいます。

日本人は「全知全能の神」という表現に食らいついて、「全知全能ならば、なぜ、苦しんでいる人間が多くいるのに救われないのか？」「全知全能の神がなぜ、悪を退治することができないのか？」「あなた方はあなた方の神を信じる者だけが救われるというが、それならば、その神を信じていなかった我々の先祖はどうなるのか？　死んでしまった人は改宗することもできない」などと問い質し、宣教師たちを大いに困らせたようです。

キリスト教の人為的な一神教体質に、多くの日本人が違和感を抱いたということであり、神という絶対存在を振りかざす高圧的姿勢にも馴染めなかったのでしょう。イスラム教については、日本人の信者は1万人程度しかいません。

古来、日本人は、現代のわれわれが考える以上にリアリズムを大切にする精神性をもちます。日本人独自の信仰である神道は汎神論で、自然のすべてに神が宿ると考えます。自然や動物など、われわれの周りに身近に存在する実存を通して神的なものを見るのです。一神教のように人為的に作り出された絶対神を信用しません。

日本人は自然や動物を友として、大切にします。日本の昔話には、犬や猿、鳥といった多くの動物が登場し、人間と愛情の絆を結びます。大陸の人々は動くものを何でも捕まえて殺して食べますが、日本人には考えられないことです。

よく、欧米人が自分たちの教会建築と比べ、神社が宗教建築として粗末だと感じるようですが、神道的な世界観では、自然そのものが神の空間であり、教会のように、それを石の人工物で囲うことはありません。神社は自然なる神を表象した象徴空間にすぎず、その指向対象は自然全体です。表象は質素で簡潔であればあるほど、自然体であればあるほどよく、人工的な虚

図3-1　神道の特徴

人為的成文がない ……聖典、教義、戒律がない

人為的組織がない ……教祖、制度、教団がない

↓

「religion（宗教）」という概念では捉えることができない

飾を退けることにより、神的なものの同化が達成されるのです。

神道は一神教の神の偉容を人々に見せつけるような演出行為をせずとも、その世界観を実存によって表象することのできるリアリズムに満ちた世界観を有しています。

また、神道は宗教なのかという疑問もあります。「religion（宗教）」という言葉が「宗教」と訳され、日本に入って来たのは明治時代です。欧米的な「religion（宗教）」という概念には、図3-1で神道にはないものとして挙げた各種の人為性が本源的に含まれます。神道には、こうした人為性がまったくなく、その限りでは宗教と必ずしも呼べません。それは宗教というよりも、信仰であり、日本人の精神文化の累積としての哲学や世界観であるといえます。

血統の神性と天皇の権威

日本は独自の神道という宗教文化をもち、その最高祭祀者である天皇を戴くことによって、古来、大陸の中国王朝に対抗しました。

日本の君主は東アジア諸地域に対し、自らの優位性を示すためにも、中国への臣従を意味する「王」の称号を捨て、自ら「天皇」を名乗ったのです。中国の儒教的な華夷秩序に組み込まれることを日本は拒絶しました。

こうした経緯から、欧米人も「天皇」は中国の「皇帝」と対等の称号と考え、天皇を「キング」ではなく、「エンペラー」と呼びました。江戸時代、「出島の三学者」の１人で、シーボルトよりも約１４０年前に来日したドイツ人医師のエンゲルベルト・ケンペルという人物がいます。ケンペルは１６９０年から2年間、日本に滞在して、帰国後、『日本誌』を著します。１６９３年頃に書かれた『日本誌』は、天皇を「エンペラー」とした最初の欧米文献史料として知られます。

天皇家の始祖は天照大神《アマテラスオオミカミ》とされます。天皇は神ではありませんが、「神の子孫」という神話を包摂する存在です。神話を信じるかどうかは信仰の問題ですが、神話のストーリーが天皇家発祥に結びつけられていること自体は事実です。

『古事記』によると、天照大神は数多くの自然神の中での最高神である太陽神です。天照大神の孫のニニギノミコトは大神に、地上を統治するように命令されて、降り立ちます。これを「天孫降臨」といいます。

ニニギノミコトの曾孫が神武《じんむ》天皇です。神武天皇は紀元前６６０年に即位したとされますが、

『古事記』や『日本書紀』を典拠とするこの時代の十数代の初期天皇は、実在が疑われています。天皇として実在したのは、紀元前97年に即位した第10代崇神《すじん》天皇から、または、270年に即位した第15代応神《おうじん》天皇から、あるいは、それよりももっと後の時代とする説があります。神武天皇の実在を認めるものの、その時期は紀元前7世紀ではなく、紀元1世紀頃とする見方も有力です。

初期天皇の実在・非実在を証明することは困難ですが、先祖が神様であるという文脈を天皇家が背負っていることは事実であり、その文脈（本当かどうかは別として）とともに血統を守り、126代もの天皇を脈々と受け継いできました。天皇は人として生まれながら、神に最も近い存在と歴史上、見なされてきました。

天皇は神に国家の繁栄と国民の幸福を祈り、人間世界を代表して神を祀る最高祭祀者であり、神と人間との接点になり得る霊的な存在として信仰され、この霊統を継承することが重要な使命とされます。

日本では、源平の武人政権から徳川の江戸幕府に至るまで、世俗権力が天皇の権威に挑み、その地位を侵すことはありませんでした。それは天皇のもつ神性の血統が尊重されたからです。中国の皇帝が強大だとしても所詮、俗人（俗権）にすぎず、その地位は簡単に簒奪《さんだつ》されました。

◆天皇を中核とする神道

天皇家の祖神である太陽神・天照大神をはじめとする自然神を日本人は信仰し、神々を祀るために神社を各地に建立しました。これが神道です。

日本人は農耕民族であるため、自然によって生かされているという意識を強くもち、自然を神として畏敬し、崇めました。そして、これらの自然神を祀る存在が天皇であり、天皇を中核として神道による自然信仰が普及しました。緩やかにつながる神々と人間との間の仲介者として、天皇が存在するのです。

一口に神道といっても、時代とともにその姿を大きく変えてきたため、神道とはいかなるものか、現代人にはわかりにくくなっている面があります。そこで、神道の歴史を簡単に振り返っておきましょう。

原初時代、日本人は自然現象や自然物の中に人知を超える威力、呪力、神聖さを感じ、その対象を神と呼び、畏怖し崇拝しました。このような自然崇拝から神道は成立してきたと考えられています。当時、社殿《しゃでん》はなく、神聖と見られる岩場や森、山などを祀りの場としました。神を祀る社殿が建てられるようになるのは、仏教寺院が本格的に建造されはじめる飛鳥時代以降のことです。

古代においては、「稲作の王」たる天皇が執り行なう祈年祭《きねんさい》、月次祭《つきなみのまつり》、新嘗祭《にいなめさい》を中心とする神祇《じんぎ》（天の神と地の神）祭祀の体系が神道の中心でした。701年に制定された大宝律令で神祇の祭祀を管轄する神祇官が置かれます。律令制の成立以前には、地方の首長が自分たちの神々を祭祀していましたが、律令制下では首長に代わって天皇が神祇官を通じ、直接的に全国の神々を一括して祀る体制（律令神道）になりました。

律令制の実質が失われる10世紀以降、天皇が律令政府と神祇官を通じて行なっていた国家的な神祇祭祀という意味での神道は変容していきますが、天皇による神祇祭祀はそれ以後も綿々と伝承され、現在に至ります。天皇を中核として伝承されてきた人々の自然への畏敬と感謝の念こそ、神道の本質なのです。

神道・仏教・儒教のミックス宗教文化

包容力のある神道は様々な思想を取り込んで変容・発展していきます。仏教の隆盛を受けて、奈良時代には早くも、神道と仏教の混淆《こんこう》（神仏習合）が始まります。鎌倉時代には、仏や菩薩（本地《ほんじ》）が日本の衆生《しゅじょう》を救うために、日本の神の姿で現れる（垂迹《すいじゃく》）という思想（本地垂迹説）

図3-2　神道の習合と包容

神仏習合系……仏教を取り入れた（本地垂迹説）
- 両部神道（真言宗）
- 山王神道（天台宗）
- 法華神道（日蓮宗）

神儒習合系……儒教を取り入れた（神儒一致説）
- 吉川神道
- 儒家神道
- 理学神道
- 伊勢神道
- 垂加神道

総合的な神道……仏教・道教・儒教の思想を取り入れた
- 吉田神道

が拡がります。以後、様々な神道説が興ってきます。鎌倉時代には両部《りょうぶ》神道や伊勢《いせ》神道が、室町時代には吉田《よしだ》神道が興り、江戸時代に入ると儒教の影響の強い儒家神道、垂加《すいか》神道が成立。江戸中期から後期には、国学者たちによって、古代の神道に復することを主張する復古《ふっこ》神道が成立しました。

天皇を戴くことにより、中国王朝に政治的に対抗した日本ですが、中国発祥の儒教文化をその他の中国文化とともに柔軟に受け容れてきました。日本は「儒学を受け容れたが、儒教を受け容れなかった」といわれることがありますが、そんなことはありません。儒学（道徳的部分）も儒教（宗教的部分）も今日に至るまで、日本人の骨髄に染みついています。儒教（宗教的部分）が受け容れられなかったと勘違いされるのは、その祖先崇拝の祭祀が仏教祭式に組み込まれ、日本人の儒教的な志向が見えなくなってしまっているのが原因です。

また、儒学（道徳的部分）については、それが年功序列など日本人の生活・社会全般に染みついていることはいうまでもありません。

儒教は6世紀、日本に伝わります。7世紀、天武天皇が構築した統治制度（律令制）に、身分制などの儒教的要素が組み込まれました。

江戸時代の17世紀に、儒教の一派である朱子学が幕府公認の学問（官学）とされます。一方、民間では、神道や仏教が信仰されていました。神道・仏教・儒教の三者が渾然《こんぜん》一体となった宗教文化が根付いていたのです。今日でも、こうしたミックス宗教文化は根強く残っています。

文化人類学者の梅棹忠夫《うめさおただお》は、著書『文明の生態史観』（１９６７年）で、従来の東洋と西洋という区分を否定し、第一地域と第二地域という区分を提唱しました。西ヨーロッパと日本は第一地域で、広大なユーラシア大陸部分は第二地域となります。

第二地域においては、中心部として、富が集積し、早い時期に、巨大な帝国（たとえば中華帝国など）が成立しますが、それらは制度などに問題を抱え、瓦解します。一方、周縁に位置する第一地域は外部からの攻撃を受けにくく、中心部から文化を輸入することによって、ゆっくりと安定して発展する、と梅棹は主張しています。そして、その発展のなかで、固有の文化が形成されていきます。

神道を基盤とする日本文明はまさに梅棹が述べたようなかたちで発展してきたのです。

◆神道と日本の近代化

明治時代に入り、新政府は天皇を中心とする新国家体制を整備し、日本固有の神道によって、国民の精神文化をまとめていこうとしました。新政府は神道を国家権力の保護のもとに置き、事実上の国教としました。

1868年、明治政府が樹立されてすぐ、それまで、神社に入り込んでいた仏教を取り除くために、「神仏分離令（神仏判然令）」が発布されます。

いまでは考えられないことですが、江戸時代まで、神社に仏像が祀られていました。宗教に関し、アバウトなところが日本人のよいところでもあり、悪いところでもあります。こうしたアバウトさが幸いして、日本は中国や朝鮮のように、宗教文化の因習に囚われることなく、スムーズに近代化を達成できたともいえます。

「分離令」によって、明治政府は仏像を神社から撤去させ、神社行政を司る神祇官を設けるなどして整備し、神社神道を「国家宗祀《そうし》」としました。

様々な祭祀の対象をもつ神社が日本各地にありますが、明治政府は天皇家の祖先神とされる天照大神を祀る伊勢神宮を全国の神社の頂点に立つ本宗（総本山）と位置づけました。

また、明治政府は黒住《くろずみ》教、天理《てんり》教、金光《こんこう》教などを「教派《きょうは》神道」と公認し、神道を広く国民に宣布するための宣教使の役割を担わせます。

国民は神道に基づく倫理道徳を共有し、その最高祭祀者たる天皇のもと、一致団結して近代改革に邁進しました。こうしたなかで、天皇を現人神《あらひとがみ》と捉え、一部の狂信的な国家主義者が天皇を過剰に神格化したこともあります。

第二次世界大戦後、GHQ（連合国軍総司令部）が「天皇を神とすることは許さない」として、天皇に通称「人間宣言」と呼ばれる詔書を発布するように主導しました。どれだけの人が天皇を神と思っていたかは疑問の残るところでもあり、また、昭和天皇自身も自らを神だと言ったことはありませんが、GHQが「天皇が神であることが元凶」と判断していたので、「天皇は神ではありませんよ」と、国民というよりはむしろ、GHQに向けて念押しした形です。また、「人間宣言」という通称は報道側が命名したものにすぎません。

この詔書で、天皇は自らが神であることを否定したかもしれませんが、神話の神の子孫であることを否定したわけではありません。儀式や祭事を行なう神道を否定したわけでもありません。つまり、古来、日本人が形成してきた神道の社会文化や天皇との穏やかな絆は何1つ変わることはありませんでした。

Chapter 4

華夷秩序に対抗した「帝国」

【C地域：対抗】ベトナムの混合宗教

中国に屈服しなかったベトナム人の気概

朝鮮が中国の哀れな属国として従属していくのは半島の地政学上、仕方なかったとする見方があります。では、ベトナムはどうでしょうか。ベトナムもやはり、朝鮮と同じく、中国と陸続きの半島（インドシナ半島）ですが、中国の属国にはなりませんでした。

つまり、属国に甘んじるかどうかは、地政学上の制限というよりはむしろ、民族のもつ気概にかかっているのです。ベトナム人はアメリカ軍を撃退するほどの気概に溢れています。アメリカが建国以来、戦って勝てなかった唯一の相手がベトナムです。

13世紀には、強大なモンゴル・元《げん》王朝を撃退したことでも知られます。1979年の中越戦争では、侵攻してきた中国軍に多大な損害を与え、撃退しています。ベトナムは現在でも、西沙諸島や南沙諸島の領有権を巡って、中国に対して一歩も退きません。

ベトナムの統一王朝は独自の元号をもち、中国の儒教的な華夷秩序に対抗しました。朝鮮では、6世紀、新羅が独自の元号を100年間、もっていた時期がありましたが、7世紀に中国で唐《とう》王朝が勃興し、朝鮮を服従させていく過程で、「わが国に臣従しながら、なぜ、独自の元号をもつのか」と叱責されて以来、新羅は独自の元号を廃して、唐の元号を取り入れました。それ以降、一部の時代を除いて、朝鮮は中国の元号を用いました。それは中国の一部になるということを示しています。日本やベトナムが独自の元号をもち続けたことと対照的です。

また、ベトナム王朝の君主は中国と対抗するため、皇帝を名乗りました。ベトナム王朝は中国を「北朝」、自国を「南朝」と呼び、「南朝」たる自国の君主が皇帝を名乗るのは当然のことであり、その国家は「帝国」であったのです。

儒教文化圏の中へ

ベトナムは文化的には、中国に負うところが大きいといえます。ベトナムはタイやミャンマーのように独自の文字をもたず、民族言語を漢字借用して表記しました。13世紀、元王朝を撃退したことで民族意識が高揚し、「字喃（チュノム）」と呼ばれるベトナム文字が使われるようになりますが、これも漢字をもとにしてつくられたものです。

カオダイ教の至上神カオダイは大きな一眼で表わされる

しかし、「字喃」は庶民にとって、習得困難な書き言葉で、19世紀にはローマ字を改造した正書法が確立して使われなくなり、現在に至ります。

紀元前2世紀に、漢《かん》王朝がベトナムへ侵攻したとき、儒教が流入し、定着しました。漢人のベトナムへの民族移動も少なくありませんでした。儒教的儀式が重んじられ、儒教を主要な試験科目とする科挙制度も各王朝で実施されました。こうして、ベトナムは中国の儒教文化圏の中に組み込まれていきます。

また、道教や仏教も中国から流入し、民間の信仰を集めました。ハノイなど北ベトナムの街には、大小の仏教寺院が多数あります。とくに、仏教祭式を中心にして儒教的な思想観を形成する混合宗教文化は日本とも共通しています。ベトナムの仏教はインドから直接に流入した上座部《じょうざぶ》仏教ではなく、中国経由で流入した大乗《だいじょう》仏教です。

ベトナム南部は北部と宗教文化の様子が異なります。南部では、中国の影響が薄く、この地域の原住民であるチャム人が中世以来、ヒンドゥー教を信奉していました（Chapter13参照）。ヒンドゥー教的多神教の世界観の影響で、カオダイ教（高台教）という宗教が信仰されるようになります。

カオダイ教は儒教・仏教などにベトナムの民間宗教、道教、キリスト教などの教義を混合した多重信仰で、1920年、ゴ・バン・チェウ（呉文昭）が創始しました。また、南部では、フランスの植民地支配の影響でカトリック信仰も盛んです。

ベトナム共産党政権は1981年以降、仏教を公認するも、政府の管理下に置きます。全国仏教組織を指導しながら、支援しています。政権と仏教寺院との関係は穏健なもので、特段の軋轢《あつれき》はありません。

なぜ、儒教はタイやミャンマーには普及しなかったのか

ベトナムと同様に、タイやミャンマーにも、多くの中国人が移住しました。儒教などの中国文化も伝わりましたが、タイやミャンマーはベトナムと異なり、地政学的に、中国よりもインドの影響を強く受けたため、インド伝来の仏教が隆盛し、儒教が入り込む余地がほとんどありませんでした。

中国の支配が及ぶ範囲は雲南（Chapter7参照）が限界で、タイやミャンマーには及びませんでした。例外的に、元王朝はインドシナ半島全域に侵攻しましたが、その支配は一時的なものにすぎません。

カンボジアのアンコール朝はインド伝来のヒンドゥー教を受け容れ、12世紀にアンコール・ワットの巨大寺院を建設しています。アンコール朝はこの時期に、インドシナ半島のほぼ全域を支配していたので、タイやミャンマーもヒンドゥー教の影響下にありました。

アンコール朝が13世紀に衰退し、タイやミャンマーで統一王朝が成立し、仏教を国教とします。インドシナ半島で、ベトナムだけが儒教・中国文化に強い影響を受けたのは、古来、中国とは海上交易で直接結び付いていたからです。中国の広州などに、越南交易の拠点が置かれ、ベトナム北部の沿岸都市と交易を行なっていました。ベトナムは中国との交易の物量を圧倒的に多くもっていたため、インドシナ半島に及んでいたインド文化を押し退け、必然的に儒教文化圏に組み込まれたのです。

また、タイやミャンマーはベトナムと比較して土地が肥沃で、食糧確保が容易であったため、人々の気質が温和で、儒教のような厳格な組織性や規範性を必要としませんでした。

Chapter 5

受難のチベット仏教は国家の暴虐に打ち勝てるか

【d地域：対立】チベットの仏教

中国の宗教抹殺と大虐殺

中国共産党のチベット人への監禁、拷問、虐殺。これは昔の話ではなく、いまの話です。チベット人は日々、苛烈な弾圧を受けていますが、その実態について報道されていません。中国政府によって、外国人記者がチベット自治区に入ることを禁止されているからです。どのくらいの数の人々が強制収容所に入れられ、どのような虐待を受けているのか、正確なことがわからないのです。

チベットは18世紀に、清王朝に併合されました。1912年、清王朝が崩壊すると、チベットの独立機運が高まりますが、孫文《そんぶん》や蒋介石《しょうかいせき》らの国民党政府は「1つの中国」を標榜し、チベット人の独立を認めませんでした。

1949年、毛沢東らが中華人民共和国を建国すると、人民解放軍がチベットへ侵入します。

中国は抵抗するチベット人を大量虐殺してチベットを制圧し、一方的に接収しました。中国はほとんどのチベット仏教寺院を破壊し経典を焼きました。仏像は持ち去られ、溶かして原料にされました。抵抗した僧侶は皆、殺されました。チベット人はチベット仏教とともに独自の文化を育んできましたが、そのようなチベット人の社会の仕組み自体を破壊しようとしたのです。

中国の暴虐に耐えかねたチベット人は1959年、都ラサで反乱を起こします（チベット動乱）。しかし、中国軍に鎮圧され、この反乱に加わったチベット人の多くが投獄され殺されます。チベット仏教の最高指導者ダライ・ラマ14世はインドへ亡命します。ダライ・ラマ14世はインド北部のダラムサラに亡命政府を樹立、今日でも、チベットに戻ることができません。チベット仏教の高僧たちも多くはインドやネパールに逃げ、亡命生活を送っています。

文化大革命期にも、激しく弾圧されました。わずかに残されていたチベット仏教寺院も破壊され、チベット文化のすべてが否定されました。チベット人の人口は約600万人ですが、中国建国から文化大革命の終焉までの間に殺されたチベット人は、120万人にのぼるといわれます。5人に1人が殺された計算です。1970年代後半、中国の「改革開放」政策が進むと、一部の寺院の再建が認められました。しかし、これらの寺院はダライ・ラマ14世の批判とともに中国共産党を賛美することを強制され、厳重な管理・監督下に置かれています。

中国ではダライ・ラマを少しでもよく言おうものならば、当局に引っ捕らえられ、収容所に入れられてしまいます。また、チベット人が3人以上で会話しただけで、反政府活動や破壊活動を共謀していると見なされ、逮捕されます。チベット人は中国の暴虐に度々、抗議しますが、激しく弾圧され、1989年にはラサに戒厳令が敷かれ、中国に反抗的なチベット人たちがまとめて処刑されました。そして、いまもなお、弾圧は続いているのです。

チベット仏教は一般の仏教と何が違うのか

チベット仏教が興隆する以前、中国禅僧がチベットに入り、勢力を形成していました。7世紀以降、唐王朝とチベット人の対立が深まるなか、チベット仏教を中心にチベット人が団結し、8世紀末に、中国禅宗の勢力が放逐されます。

チベット仏教は大乗仏教に分類されます。中国から来た北伝仏教ではなく、インドから伝えられた仏教をもとに、その教義が確立されていきます。7世紀、チベット人は中国に成立した強大な唐王朝に対抗するため、各部族を統合して吐蕃《とばん》王国を形成します。吐蕃以降、チベット人は強大な力をもち、唐王朝と互角に対峙しました。11世紀にはチベット人王朝の西夏《せいか》が建国され、宋《そう》王朝を西方から脅かしました。チベット人は勇猛果敢な民族でした。

吐蕃王のソンツェン・ガンポはチベット文字を創案させ、仏教を国教化して、チベット人の民族意識を高揚させます。使節をインドに派遣し、仏教教義を学び、経典をチベット文字に翻訳しました。また、ラサに仏教寺院が建立されます。この時代のソンツェン・ガンポ王の仏教政策がチベット仏教のはじまりです。

では、チベット仏教は一般の仏教と何がどう違うのでしょうか。チベット仏教は、密教的な要素が強い仏教です。密教とは、一言でいえば神秘主義のことです。密教は世俗から離れた山奥の閉ざされた場所で、修行や儀礼を行ないます。密教の反対は顕教で、顕教は広く民衆に向かって開かれ、世俗的で明瞭な言葉で説かれます。一般の仏教は顕教です。山岳地帯に生きるチベット人には、顕教よりも密教のスタイルが性に合っていたと思われます。

図5-1　唐と吐蕃（8世紀中頃）

また、チベット仏教はチベット人だけでなく、モンゴル人にも受容されました。チベット仏教の教主パスパは13世紀、モンゴル帝国の形成に助力します。モンゴルがチベットや雲南（ミャンマー北部）を支配することを支援し、代わりに、パスパがモンゴル帝国の国師として迎えられ、チベット仏教を保護させました。

「パスパ」は「パクパ」とも発音され、「聖者」を意味し、本名はロテ・ギャンツェンです。フビライ・ハンの命を受けて、チベット語をもとにモンゴルの公用文字パスパ文字をつくったことでも知られます。パスパは中国をはじめとするモンゴル帝国全体の宗教指導権を握りました。パスパの影響で、モンゴル人のチベット仏教信奉が定着し、それが今日まで続いています。

中国は南モンゴル人のチベット仏教信仰にも弾圧を加えています。

ダライ・ラマとパンチェン・ラマの二頭体制

中世において、チベット仏教は諸派に分かれ、各派は地方諸侯・貴族勢力と結託し、自らは教圏を拡張させ、派閥闘争を繰り返し、政治にも深く介入します。そして、世俗化した僧侶たちは腐敗していくようになります。

14世紀末、ツォンカパという僧侶が退廃化していたチベット仏教を批判して、改革をはじめました。ツォンカパの改革は諸侯や貴族に反発していた民衆に広く支持されます。ツォンカパの改革勢力は北方のモンゴル諸部族とも連携し、旧勢力を次第に駆逐していきます。旧勢力の僧侶が紅帽《こうぼう》を着用していたため、「紅帽派」と呼ばれるのに対し、ツォンカパらの改革勢力は黄帽《こうぼう》を着用していたので、「黄帽派」と呼ばれます。

ツォンカパと弟子たち（15世紀頃、ルビン美術館蔵）

黄帽派は戒律を厳しくし、仏教本来の倫理性を強めました。以降、チベット仏教は黄帽派が多数派を占め、主流となります。黄帽派の指導者は「教主（ラマ）」と呼ばれます。

ツォンカパの死後、黄帽派は2つの系統に分かれ、主流はダライ・ラマが、傍系はパンチェン・ラマがそれぞれ継承し、ダライ・ラマが活仏とされ、チベット仏教の最高指導者となります。ダライは「広大な海」を意味します。「パンチェン」とは「偉大なる学匠」という意味です。ダライ・ラマはチベット第一の都市ラサのポタラ宮殿を本拠地にし、パンチェン・ラマはチベット第二の都市シガツェのタルシンポ寺院を本拠地にしています。

チベット仏教はこの両指導者のもと、発展してきました。現在のダライ・ラマが14代目のダライ・ラマ14世、パンチェン・ラマが11代目のパンチェン・ラマ11世です。

かつて、チベット仏教は「ラマ教」という俗称で呼ばれていたことがありました。しかし、

「ラマ教」というのは仏教の亜流とする侮蔑的な響きがあるとされ、チベット仏教関係者はこの呼称を使わず、「チベット仏教」の呼称を使ってほしいと要請しています。

「転生ラマ制度」を悪用する中国の思惑

黄帽派は戒律が厳しく、妻帯できないため、教主（ラマ）の地位は世襲されません。教主の座は、教主の転生者が継承することになっています。ラマが死去すると、生前の予言などによって転生者《てんせい》が探し出され、新しい教主に認定されるのです。これを「転生ラマ制度（転生活仏制度）」と呼びます。認定には、転生者の候補が先代の遺品を認識できるかどうかなど、伝統に従ったいくつかの方法があります。

新しく認定されたラマは、先代の地位や財産を継承します。現在のダライ・ラマ14世は、チベットの人々を救済するために、14回にわたって輪廻《りんね》を繰り返してきたということです。

しかし、現在のチベットでは、この「転生ラマ制度」が中国政府によって歪められています。ダライ・ラマ14世がインドに亡命した後も、パンチェン・ラマ10世は中国共産党との協調路線を選んで、チベットにとどまっていました。しかし、パンチェン・ラマ10世は1989年に中国のチベット統治を批判する演説を行なった直後に急死しました。

歴代、ダライ・ラマの転生者の認定にはパンチェン・ラマが、パンチェン・ラマの転生者の認定にはダライ・ラマが、大きな影響力をもっていました。

パンチェン・ラマ10世の死を受けて、ダライ・ラマ14世とチベット亡命政府は、チベットに探索委員会を設置して転生者の探索にあたらせました。そして1995年5月、ダライ・ラマ14世は委員会からの報告に基づき、6歳の少年をパンチェン・ラマの転生者と認定し、公式発表しました。しかし、中国政府はこの結果を承認せず、ダライ・ラマ14世の意を受けた探索関係者を逮捕しました。そして、中国側は独自に転生者を探索し、6歳の別の少年を中国政府公認のパンチェン・ラマ11世として即位させたのです。

ダライ・ラマ14世がパンチェン・ラマ11世と公式に承認した少年は、発表直後に両親とともに行方不明となります。1年後、中国政府は当局による連行を認め、少年と家族を国内で保護していると主張していますが、詳細は明らかにされず、その消息はいまもわかっていません。

ノーベル平和賞も受賞しているダライ・ラマ14世は、チベット人の精神的指導者であるにとどまらず、政治的指導者としても多大な影響力をもっています。高齢のダライ・ラマ14世が亡くなった場合、その転生者の認定に大きな役割を果たすのが、パンチェン・ラマ11世です。そのパンチェン・ラマ11世の認定と即位が、中国側の全面支援のもとに行なわれました。

ダライ・ラマ14世は2014年、海外紙のインタビューで、「転生ラマ制度が政治的に使われるようになった」との理由で、この制度を廃止すべきとの見解を示しました。これに対し、中国政府は「秩序を損なう」と猛反発し、廃止を認めないとの考えを示しました。

宗教指導者の座を転生者が継承するチベット仏教の「転生ラマ制度」には、転生者の認定にあたって世俗権力の介入を招く危険が常につきまとっています。世俗権力が、「この子が転生者だ」と認定した場合、それを否定することはきわめて困難です。この弱点を中国政府は今後も最大限、利用していく恐れがあります。

ネパールとブータンの宗教

昨今、コンビニで働いているネパール人が急増しています。勤勉なネパール人は日本の留学生枠に食い込み、通学の傍ら、コンビニなどでアルバイトをしています。彼らはどのような信仰をもっているのでしょうか。

ネパールにおいて、現在、宗教の人口に占める割合は、ヒンドゥー教徒が約8割で圧倒的に多く、仏教徒が1割以下、イスラム教徒も少数います。ネパールはヒンドゥー教を国教と定めていましたが、2006年、非宗教国家を宣言し、特定の宗教を政府が庇護《ひご》しないこととしました。

ネパールは多民族多言語国家ですが、インド・アーリア語系が多く、彼らはヒンドゥー教徒です。おもに山岳部に住むチベット・ビルマ語系には、仏教徒が多くいます。古来、ネパールでは、インド・アーリア語系が支配者層となり、ヒンドゥー教に基づき、王朝を形成してきました。ネパールでは、ヒンドゥー教のシヴァ神やヴィシュヌ神などの神々が広く信仰されていますが、女神ドゥルガーを代表とする女神信仰が強いのが特徴です。

ネパールにおける仏教はインドから直接由来した系統のものと、チベットからやってきた移民が伝えたチベット仏教の系統のものの2つがあります。中世まで、ネパールでは、仏教信仰が盛んでしたが、13世紀に、西北インドに拠点をもつイスラム勢力の侵攻により、仏教は弾圧を受けて衰退しました。

ヒンドゥー教も弾圧されましたが、民間信仰としての強さがあり、弾圧を跳ね返しました。ヒンドゥー教勢力が大きくなり、仏教はヒンドゥー教のカースト制を受け入れ、生き残りを図りました。そのため、ネパールの仏教は折衷主義的です。仏教とヒンドゥー教の両方を信仰している人々もおり、仏教とヒンドゥー教の神が一緒に祀られている寺院もあります。これは、ネパールがインドとチベットに挟まれた地政学的な影響を強く受けた結果です。

ネパールの隣国ブータンはチベット仏教が国教と定められています。17世紀、チベット仏教の僧がブータンを統一し、王朝を創始して以来、チベット仏教が国教となっています。

Chapter 6

新疆《しんきょう》ウイグルは中国と異なる文明圏

【e地域：対立】ウイグルのイスラム教

「現代における最悪の人権危機」

中国は憲法で信教の自由を保証し、各宗教と共産主義の理想は共存共栄できるという声明を出しているものの、実際には、そのようにはなっていません。2004年、「宗教事務条例」を発布（改訂版「宗教事務条例」は2017年に発布）するなど、宗教活動の管理統制を強化しています。

近年、中国はとくに、ウイグル人のイスラム教信仰を激しく弾圧しています。資源豊かな新《しん》疆《きょう》ウイグル自治区には、1100万人を超えるトルコ系少数民族のウイグル人がいます。

この地域では、宗教活動の細々とした活動を当局に届けなければならず、許可を得ずに活動をすれば、逮捕されます。また、宗教指導者は定期的に当局の教習を受けて、活動の免許を更新しなければなりません。モスク内にもカメラが設置され、宗教活動のすべてが監視されています。

学校教育に対する締め付けも尋常ではなく、イスラムの宗教教育は禁止されており、子供たちは宗教を学ぶこともできません。中国語教育も強制され、ウイグル語やウイグル文化を教えることは制限され、民族のアイデンティティを学ぶこともできません。行政や経済を取り仕切っているのは中国人であるため、中国語ができないと就職もできません。

2009年、ウルムチでウイグル人の大規模なデモが行なわれて、治安部隊と衝突しました。中国政府は軍を投入したため、内戦状態となり、197人が死亡、1700人以上が負傷するという「ウルムチ騒乱」が起こりました。

新疆ウイグル自治区では、こうした弾圧が現在、さらに強められ、ウイグル人を大量拘束し、収容所で強制労働させています。死者も多数出ています。家族が遺体を持ち帰りたいと懇願しても、当局は引き渡しを拒否しています。宗教指導者やイスラム学者のみならず、大学教授や教師、ジャーナリストや作家、ビジネスマンや富裕層、ウイグル文化・歴史に誇りをもつ保守派たちも拘束され、収容所に送られています。留学経験があったり、家族が海外にいるなど、海外に接点をもつウイグル人も危険視されて、拘束されています。

ポンペオ米国務長官は2019年、「現代における最悪の人権危機が起きており、今世紀の汚点だ」と中国を非難しています。

民族融和という名の民族浄化政策

新疆ウイグル自治区には、漢民族が大量流入しています。中国の建国当初の１９４９年には、漢民族は６％しかいませんでした。それが現在では、半分を超えています。当局は漢民族の新疆ウイグル自治区への移住を推奨しています。移住した漢民族は税金面で優遇を受け、高い給料が支給されます。

ウイグル人男性は大量に収容所に収監され、残った女性は漢民族と強制結婚させられます。結婚に同意しなければ、収容所の家族が何をされるかわかりません。家族を助けるために漢民族の男性と結婚しなければならないのです。そして、生まれてくる子供には、当局が中国流の教育を受けさせて、ウイグルの宗教や文化と切り離します。ウイグル人の民族アイデンティティを自然消滅させるという魂胆です。新疆ウイグル自治区で強制収容されるウイグル人の多くは若い男性と報道されています。まさに、民族浄化です。

中国では、人口抑制のため、かつて一人っ子政策がとられました。男子の後継ぎを得るため、胎児の性別を診断して、女児であれば中絶するということが頻繁《ひんぱん》に行なわれました。結果として、若い男性の数が若い女性の数を上回っており、結婚することができない男性が多数います。

彼らをウイグル人女性と結婚させれば、悪しき一人っ子政策の犠牲者を減らすこともでき、ウイグル人の民族浄化をも達成することができます。

また、中国では、移住が制限されるなど、戸籍が厳正に管理されていますが、新疆ウイグル自治区への移住だけは、戸籍取得の要件が緩和され、農村部の漢民族男性の移住が容易になっています。さらに、ウイグル人同士の夫婦が第3子をもたないと決めた場合は、当局から手当が支給されます。「出産を減らして手っ取り早く金持ちになろう」というスローガンが掲げられており、これに従わない場合、避妊や中絶を強制されるのです。

目に見えない民族浄化が確実に進み、このままでは、いずれウイグル問題そのものがなくなります。これこそ、中国が狙う「合理的な解決法」です。こうしたことはチベット人に対してもまったく同じことが当てはまります。

21世紀の現在において、このような露骨な民族浄化政策が許されるのかどうか、国際社会はこの問題に真剣に向き合わなければなりません。

なぜ、中国にイスラム教を信奉するトルコ人がいるのか

ウイグル人はトルコ系民族です。トルコ人はもともと、モンゴル高原の北西部に原住してい

ました。彼らは中国から、北方異民族を意味する「狄《てき》」と呼ばれていました。「狄」は「テュルク」という発音で北方に伝わり、さらに、「テュルク」に対する漢字の当て字として、「突《とっ》厥《けつ》」という呼称が生まれます。

4世紀末から7世紀まで、突厥がモンゴル高原で大王国を形成し、中国にも侵攻しました。しかし、7世紀に中国で唐王朝が成立すると、突厥は唐に討たれます。そして、突厥はモンゴル高原を捨て、西方へ大移動を開始します。最初に向かったのが、タリム盆地（現在のカシュガル市一帯）・ジュンガル盆地（現在のウルムチ市一帯）です。

8世紀、突厥はウイグルと名前を変えます。「ウイグル」とはトルコ語で「我、主君なり」という意味です。当時のトルコ人を率いた首領が自らをこのように名乗ったことから、「ウイグル」の呼称が使われるようになります。

9世紀、トルコ人はトルキスタンへ西進し、10世紀には、イスラム化されます。遊牧民であったウイグル人は伝統的なシャーマニズム信仰をもっていました。その他、仏教やマニ教の信仰も盛んでした。マニ教とは、イラン人の教祖マニが、イラン独自のゾロアスター教をもとに、キリスト教や仏教の要素も取り入れて折衷した宗教です。

10世紀以降、ほとんどすべてのトルコ人部族が積極的にイスラム教に帰依《きえ》します。イスラム化によって、イスラム商人との交易が有利になり、ムスリム諸民族との連帯を強化できるとい

図6-1　トルコ人の移動ルート

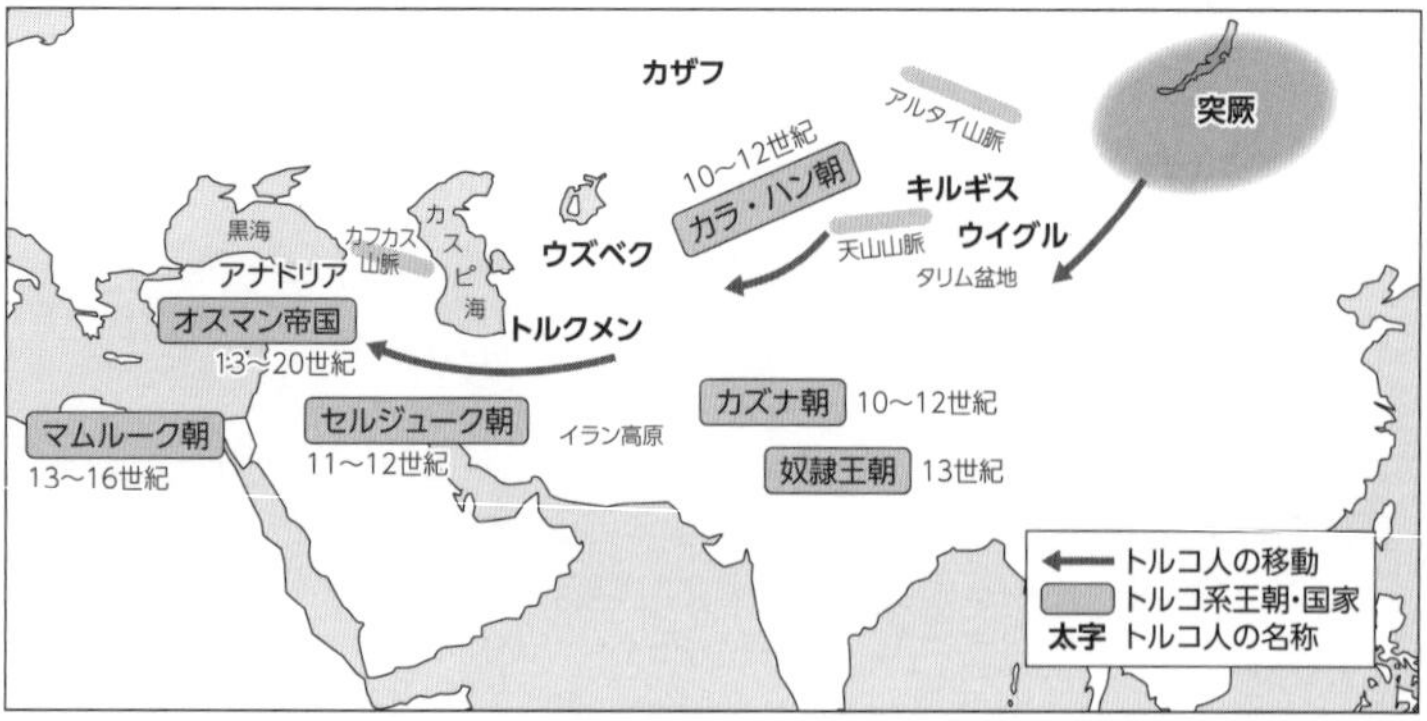

う実利的な要因がある一方で、遊牧民であったトルコ人はイラン人などと同様に、イスラムの神秘主義に傾斜しやすかったという側面もあります。

　トルキスタンは「トルコ人の住む地域」という意味で、パミール高原を中心とする中央アジアの大部分を指します。トルコ人はトルキスタンにおける多くのオアシス都市を有し、東西交易で莫大な富を得ます。

　11世紀、トルコ人はさらに西進し、アジアの端のアナトリア半島（小アジア）に進出して、セルジューク・トルコ（セルジューク朝）を建国します。このセルジューク朝が母体となり、16世紀にオスマン帝国が大発展し、現在のトルコ共和国に至ります。はるか西方のイスタンブールなどの都市をもつトルコ共和国はもともと、モンゴル高原にいたトルコ人の子孫がつくった国です。

　このように、トルコ人は中国から中東に及ぶユーラシア各地域で勢力を形成しました。中国の新疆ウイグル自治区はそのようなトルコ人の大移動の歴史的痕跡を残す地域です。

ウイグル人は宗教や文化の上で、同じトルコ系の国家である中央アジア5か国（カザフスタン、ウズベキスタン、キルギス、タジキスタン、トルクメニスタン）と密接な関係を歴史的にもっています。本来、新疆は中国とは異なる文明圏に属し、中国の一部に組み込まれるべき地域ではありません。「新疆ウイグル自治区」などと呼ぶのではなく、「東トルキスタン」と呼ばれるべきでしょう。

図6-2　ユーラシア中部イスラム文明圏、新疆と中央アジア5か国

トルコ系の中央アジア諸国は同胞であるウイグル人を支援すべきですが、そうなっていません。中央アジア5か国のうち、新疆に隣接するのはカザフスタン・キルギス・タジキスタンの3か国ですが、これらの国は中国から経済支援を受けています。1996年、中国・ロシア・カザフスタン・キルギス・タジキスタンの5か国による上海協力機構（上海ファイブ体制）を結成し、中国からの

経済支援と引き換えに、ウイグル人分離独立運動に介入しないと約束し、これがいまでも生きています。

ウイグル人はいつ、なぜ中国に服属したのか

ウイグル人は西方と中国をつなぐ交易の民として、独自の勢力やイスラム教に基づく文化圏を形成してきました。

中国の清王朝の全盛時代を築いた乾隆帝《けんりゅうてい》（在位1735〜1795年）は対外遠征を積極的に行ない、版図を拡げます。そして、モンゴル人居住地域のジュンガル部、ウイグル人居住地域のタリム盆地・ジュンガル盆地を征服します。これらの地は「新しい土地」を意味する「新疆」と呼ばれるようになります。

このとき以来、ウイグル人は中国に服属しました。チベット人の中国服属もこのとき以来です。ダライ・ラマ5世の死後、チベットは混乱し、1717年、モンゴル人のジュンガル族がチベットの占領・略奪を行ないます。チベット人は乾隆帝に助けを求めました。乾隆帝はジュンガル族を征伐すると同時に、チベットも併合します。すでにモンゴル人に蹂躙《じゅうりん》されていたチベット人は清に抵抗する力はなく、やむを得ず、清に服属したのです。

清王朝はウイグル人やチベット人に一定の寛大な自治を認めます。信教の自由も認められました。イスラム教やチベット仏教などの宗教を核として、彼らの社会文化は清王朝の支配下にあっても、守られ続けました。

毛沢東と会談するブルハン・シャヒディ（1950年）

１９１１年、辛亥革命が勃発し、清王朝が崩壊すると、新疆は中国（中華民国）から独立しようと試みます。孫文ら中華民国は「１つの中国」というスローガンを掲げ、独立を認めませんでしたが、中国内部の混乱のなかで、事実上、独立勢力となっていました。

１９４９年、毛沢東らが中華人民共和国を建国すると、人民解放軍が新疆へ侵入し、新疆全域が完全に併合されました。不穏分子とされたウイグル人民族主義者や反共産主義者を処刑し、新疆を武力で制圧したのです。これと同じことが同年、チベット人に対しても行なわれました。

当初、国民党寄りであったブルハンら新疆のウイグル人首脳部は、中華人民共和国成立後、共産党に屈服。共産党により、新疆省人民政府主席に据えられました。

Chapter 7

中国と異なるもう1つの独立文明圏、雲南

【f地域：途絶】雲南の仏教

◆仏教を王朝支配の力とした独立勢力

宗教の相違は文明を隔てる最大の要因です。中国の儒教文明圏はウイグルやチベットには及んでいません。中国西南部に位置する雲南省における少数民族は独自の仏教文化や民間信仰をもち、ウイグルやチベットと同様に、この地域には儒教文明は及んでいません。つまり、中国の影響力が途絶しているのです。

雲南省はベトナム・ラオス・ミャンマー・チベットに囲まれた地域で、諸民族が交錯する地域です。省都は昆明《こんめい》市です。雲南は中国と東南アジアさらにインドをつなぐ、交易の要衝《ようしょう》として繁栄しました。

雲南省の人口は約4000万人、イ族、ペー族、ナシ族、ハニ族など29（支流も入れるともっと多い）の少数民族があり、中国全体で少数民族が最も多い省です。雲南省の総人口の約3

図7-1　雲南の16区画

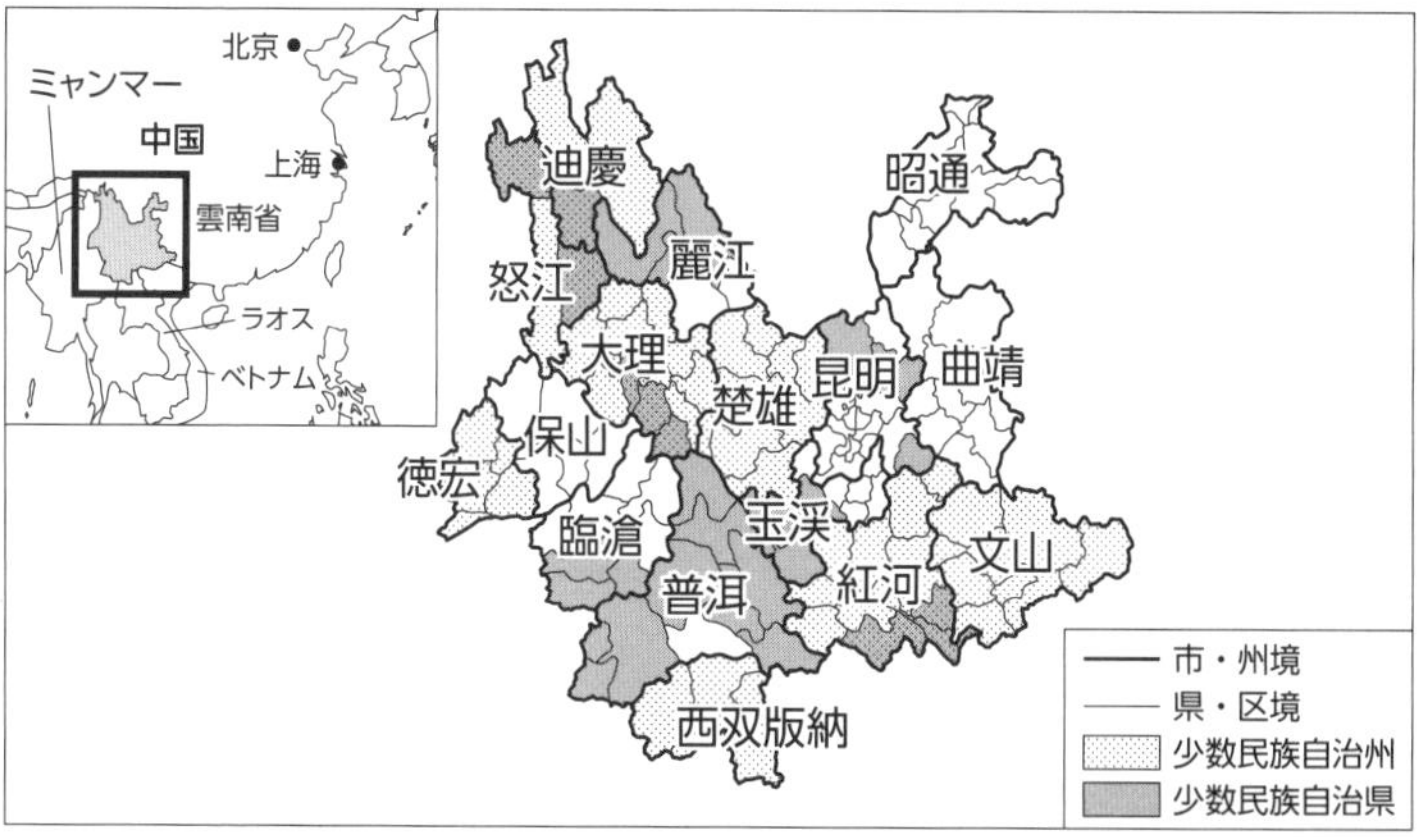

＊8地級市（昆明・曲靖・玉渓・保山・昭通・臨滄・普洱・麗江）と、8少数民族自治州（楚雄・紅河・文山・西双版納・大理・徳宏・怒江・迪慶）の計16の区画があり、これら16区画の中に、29の民族自治県も設置。

割を少数民族が占めると中国の国家統計局が示していますが、混血（漢民族と少数民族）まで含めると、ほぼすべての雲南省の人口が少数民族といってよいでしょう。これらの少数民族はおもにチベット・ビルマ系です。

彼らは仏教に基づく統一王朝を7世紀後半に建国します。この王朝は南詔《なんしょう》と呼ばれます。南詔の歴代国王が仏教に深く帰依し、盛んに仏教寺院を建立しました。南詔の支配者層はペー族（白族）ですが、仏教を通じて、地域諸民族の結束力を強め、当時の中国の唐王朝と激しく戦いました。

南詔は8世紀に、チベット人の吐蕃と同盟し、唐軍を打ち破ります。755年、唐で安史《あんし》の乱が起こったとき、南詔は四川《しせん》省南部に攻め入ります。779年には、吐蕃・南詔連合軍が成都《せいと》を包囲しました。成都の攻略はできませんでしたが、南詔の威勢は強まります。

一時期、唐と同盟を結び、吐蕃の領地で世界遺産としても有名な麗江《れいこう》を占領します。9世紀には、唐の弱体化の隙をついて成都を襲い、略奪の限りを尽くします。南詔は勢いに乗り、ミャンマー、ラオス、ベトナムにも攻め込み、タイを越え、カンボジアまで到達しています。

雲南の少数民族は勇猛果敢で、強大な中国にも屈服しませんでした。859年、南詔王は皇帝を称しています。

少数民族独自の宗教文化

南詔の強さの秘訣は仏教による団結力でした。9世紀末に作成されたとされる『南詔図伝』という南詔建国の由来を記した史書には、初代王のもとに観音菩薩《かんのんぼさつ》が現われ、「仏教を布教すれば、国が繁栄するだろう」と告げたことが記されています。王権を正当化するために、宗教的な権威が利用されたものと考えられます。この伝説から、雲南では観音信仰が定着し、今日に至ります。

南詔の仏教は中国からもたらされた大乗仏教がベースにあり、チベット仏教的な密教様式の性格が非常に強いことも特徴です。崖に仏を刻みつける石窟寺院が多く、そこにはチベット文字も彫られています。

仏教に民間信仰が混合されていることも大きな特色です。ペー族は子育ての神として阿央白（アーヤンバイ）という女性器を象徴する像を崇めます。彼ら少数民族の原始宗教に由来するものです。ちなみに、女性器像や男性器像を創造神として崇めることは、原始宗教として、多くの世界に共通する特徴です。仏像の横に阿央白を配置する風習は彼ら独自の祭式文化です。

このほか、本主教というペー族の祖先神を祀る民間信仰もあります。

仏教と民間信仰を混合する宗教観はペー族だけでなく、イ族、ナシ族、ハニ族など他の少数民族にも当てはまります。色彩豊かな民族衣装で、人々が楽器を鳴らし、歌を歌いながら仏教の寺や祠を拝礼しながら巡回するスタイルなども共通しています。

◆幻の仏教大国、大理《だいり》

ペー族豪族の段思平《だんしへい》が南詔に代わって、新たに937年、大理《だいり》を建国します。大理では、南詔以上に、仏教が保護されました。雲南省の大理市には、崇聖寺三塔《すうせいじさんとう》など、有名な仏教寺院が多くありますが、これらは大理時代に建立されたものがほとんどです。

南詔が首都にしていた大理市を大理国も首都にし、国号も大理としました。大理石はこの地で多く産出されるため、地域名が石の名称にそのまま使われるようになったものです。地域の良質な大理石で彫られた仏像も多くあります。

大理も南詔と同じく、王が皇帝を名乗り、中国皇帝に対抗しました。しかし、1117年、中国の北宋王朝から「雲南節度使大理国王」に冊封され、外交上、中国に対しては、「王」の地位に甘んじていました。このことは、ベトナムの統一王朝と共通しています。対内称号と対外称号を使い分けていました。

ベトナムの統一王朝が儒教文化を取り入れたのに対して、雲南は仏教文化を維持し、文化的には中国とは異質でした。もともと、雲南は中国の一部ではなく、中国支配圏とは政治的にも文化的にも異なる地域だったのです。

図7-2　大理と11世紀の東アジア

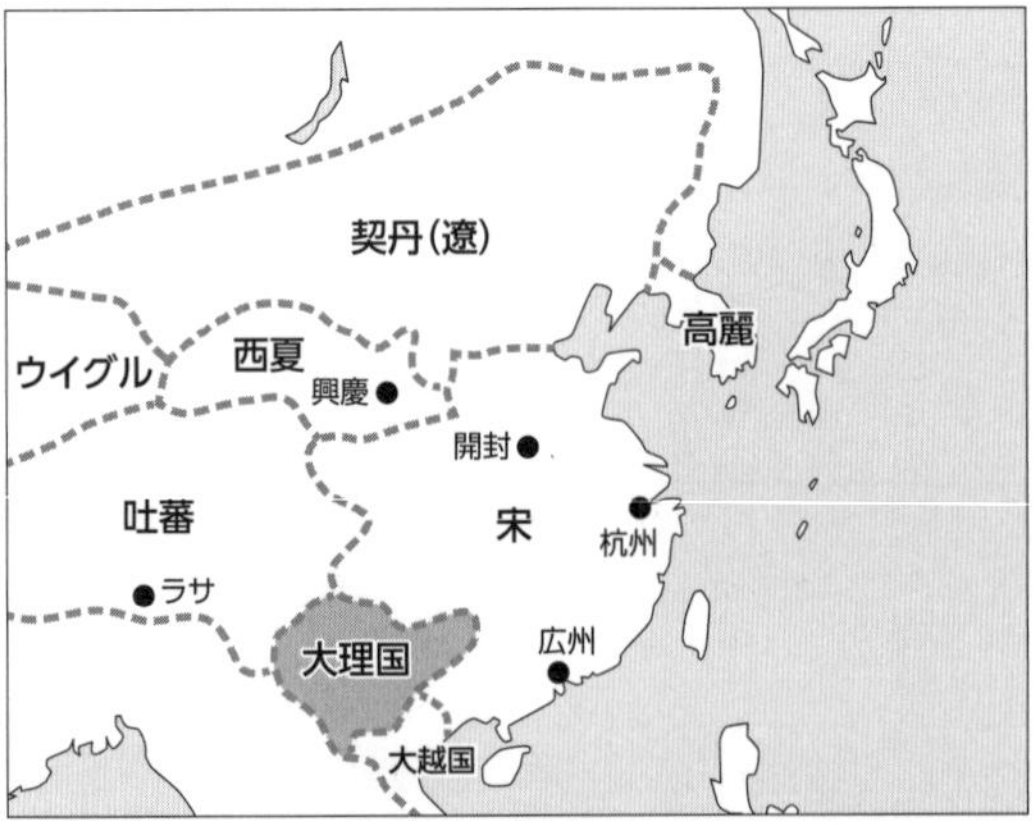

1253年、元王朝のフビライ・ハンが軍を遠征させると、大理は元に降伏します。大理王族の段氏は総管（代理知事）として、元王朝に仕えることを約束させられました。

ベトナムでは、陳《ちん》王朝が元軍と勇敢に戦い、撃退することに成功していますが、ここが、中国に組み込まれた雲南と、独立を維持した越南（ベトナム）の分岐点でした。ただ、地政学的に、中国に近接していた雲南が、ベトナムのように森林や湿地帯を利用してゲリラ戦を展開できるわけではなく、やはり限界があったと見ることもできます。

『三国志演義』では、諸葛亮《しょかつりょう》が南蛮遠征で、雲南へ進攻するときの様子が描かれます。毒蛇・猛獣・毒沼などがあるジャングルを踏破し、行軍が困難を極めたとありますが、実際には、成都から雲南へ至るルートは山岳地帯で、ジャングルはなく、行軍がそれほど困難ということもありません。それにもかかわらず、こうした描き方をするのは、周辺を未開の地と決めつける中華思想による脚色です。諸葛亮は短期で雲南を制圧しています。

「南蛮王」とされる孟獲《もうかく》は「王」ではなく、この地域を束ねていた小豪族で、漢民族でした（母は少数民族出身者であったとされる）。諸葛亮の蜀《しょく》と連携することで、雲南の統治を託されるようになったというのが事実です。

なぜ、宗教対立がなかったのか

明王朝の洪武帝《こうぶてい》が１３９０年、雲南に遠征軍を派遣したとき、段氏一族は明に降伏します。

しかし、洪武帝はこの地の銀山を抑えるべく、段氏一族を排除して、明王朝が直轄支配します。こうして、雲南は中国の一部に組み込まれます。漢民族のこの地への移住とともに、混血も進みます。

18世紀半ば、清王朝の乾隆帝は雲南を足場にしてミャンマーへ侵攻し、清緬《しんめん》戦争を起こします。乾隆帝はかつての中国の皇帝たちがもたなかった東南アジア支配の野心を抱いていました。乾隆帝は重臣たちの諫言《かんげん》も聞かず、「自分にできないことはない」と言って侵攻を強行しました。

清軍を迎え討ったミャンマーのコンバウン王朝は国境地帯の山林や河川などの複雑で険しい地形を活かし、有利にゲリラ戦を展開しました。清軍は風土病にも苦しめられ、戦闘のたびにミャンマー軍に敗退します。

4年間の戦闘で最終的に両国は和睦を締結し、清軍は撤退しました。しかし、乾隆帝はミャンマーが朝貢《ちょうこう》国になったと見なし、勝利宣言をしています。乾隆帝の野望は潰え、東南アジアの文化圏の独立は守られました。

雲南は古来、仏教信仰を穏健な形で維持したため、宗教対立や摩擦が中国との間で、とくに発生しませんでした。先鋭的な独立運動が表面化したこともありません。

それはいまでも変わりませんが、文化的にも民族的にも中国と異なる雲南の人々が中国に支配されてきたことに屈辱を感じていないのかと言われれば、そうではありません。彼らの文化の中核を成してきた悠久の宗教文化が包容力に溢れ、民族の怒りや苦悩を和らげてきたことが大きいといえます。ウイグルやチベットのように、宗教対立が顕在化していないだけで、対立がないわけではありません。

現在、雲南では、イ族（彝族）の人口が最も多く、約８００万人で、中国政府が公認する56の民族の中で7番目に多いとされます。雲南のかつての支配者層であったペー族は約２００万人です。

イ族は古来、「夷族」と表記されていましたが、満州人のつくった清王朝の時代に、支配階層の満州人が自分たちも蛮《ばん》族とされてきた経緯があることから、「夷」の字を避け、同じ音である「彝」の字をあてました。彝は祭に使われる神器を意味します。イ族が用いるイ語には、「彝文字」と呼ばれる独自の表音文字があります。

イ語やペー語などの少数民族言語は中国語の方言のような扱いを受けていますが、独立言語です。ペー語（白語）は漢字で表記されますが、いわゆる中国語ではありません。シナ・チベット語という大枠の中に、シナ語派（中国語）とチベット・ビルマ語派という異なる系統があり、イ語やペー語はチベット・ビルマ語派に属します。チベット・ビルマ語派は文字通り、チベットやミャンマー地域の言語であり、中国語とは異なります。

Chapter 8

道教が台湾を新天地としたのはなぜか

【g地域：分離】台湾の道教と民間信仰

五斗米道の張魯の子孫が台湾に

台湾では、儒教、仏教、道教が融合した民間信仰が多数の人々に信奉されています。その中でも、道教への信仰が非常に強く、道教の祭祀・儀礼に、シャーマニズム的な民間信仰や仏教的な要素が加わります。こうした道教を中核とした混合型宗教を信仰する人が台湾人口のほとんどの割合を占めます。

台湾の寺は「寺」という名がついても、仏教寺院ではなく、道教の廟であることが多く、たとえば、台北《タイペイ》を代表する龍山寺《りゅうざんじ》はそうした廟の1つです。

三国志が好きな方は五斗米道《ごとべいどう》の張魯《ちょうろ》をよく知っていると思います。この張魯の子孫が現在も台湾におり、台湾道教の最高指導者となっています。張魯は漢中を本拠にし、道教教団を率いて、曹操《そうそう》に対抗したことで知られています。西安《シーアン》の南西部に位置する漢中から、なぜ、その

図8-1　陰陽太極図

陰と陽がせめぎ合い、万物が流転する様子を示す道教のシンボル。「陽極まれば陰に転じ、陰極まれば陽に転ず」と表現される。

子孫が台湾へやってくることになったのか、道教の歴史変遷を追っていきます。

道教は儒教や仏教と並び、中国三大宗教の1つです。道教の開祖は老子《ろうし》です。老子は孔子と同時代の紀元前6世紀に活躍した人とされますが、実在が疑われています。老子の言行録である『老子』では、孔子の説く仁や礼は人為的なものとして否定され、「無為自然」が説かれます。これは、世俗の欲を捨てた仙境に理想を求め、自然に同化する姿勢です。老子の思想は民衆に受け入れられ、道教として発展し、老子は道教の祖として神格化されます。

道教は自然神信仰の多神教です。様々な神の中には、三国志の英雄関羽《かんう》も含まれます。三国時代末期に、塩は朝廷の専売品で、不当に高く民衆に売られていました。関羽は塩を密売し、民衆に安く売りました。密売で民衆を救った関羽は義の神とされ、また、商売の神としても祭られるようになります。

世界各地の華僑が商売の成功を願い、中華街などに関帝廟《かんていびょう》を建立しました。日本の横浜や神戸の中華街にも、関帝廟があり、在日華僑の信仰を集めています。この信仰は道教の一形態なのです。

◆道教の拠点はいつ中国南部に移ったのか

五斗米道は張魯の祖父の張陵《ちょうりょう》が創始した道教教団で、3代目の張魯が教団を武装化し、漢中を攻略し、宗教王国を形成します。信者に米5斗（約20リットル）を寄進させたことから、「五斗米道」と呼ばれるようになりました。張陵以来の血統を引き継ぐ指導者が「張天師」と呼ばれる存在で、その子孫が台湾にいるのです。

しかし、張天師の位を世襲した者が本当に、張陵や張魯の子孫であるかどうかは疑わしいという見解もあります。いずれにしても、五斗米道は歴代の張天師を崇めることから、「天師《てんし》道《どう》」とも呼ばれます。

215年、曹操が漢中を制圧し、張魯ら五斗米道は降伏します。曹操は教団を弾圧しましたが、なんとか消滅を免れ、存続しました。三国時代後の316年、西晋《せいしん》が滅亡し、東晋《とうしん》が東遷《とうせん》したときに、五斗米道はその指導者の張天師とともに、南部の江西《こうせい》省の龍虎山《りゅうこざん》へ拠点を移します。これ以降、五斗米道は「正一教《しょういつきょう》」と呼ばれるようになり、江西省から福建《ふっけん》省や広東《かんとん》省に宗教勢力の基盤を形成していきます。

道教は穏健な宗教観をもち、政治色を帯びなかったので、その後も各王朝で保護されました。とくに北方異民族は道教の神秘主義思想に傾倒し、12世紀に女真《じょしん》族の金《きん》王朝が華北で成立すると、道教がいっそう保護されるようになります。金王朝において、王重陽《おうちょうよう》が道教の革新を唱え、仏教（禅宗）や儒教の教義も取り入れ、三教融合の全真教《ぜんしんきょう》を創始しました。その後、金王朝の支援もあり、全真教は普及し、華南《かなん》（中国南部）の旧来の道教を継承した正一教と勢力を二分するに至ります。

図8-2　道教の勢力基盤変遷

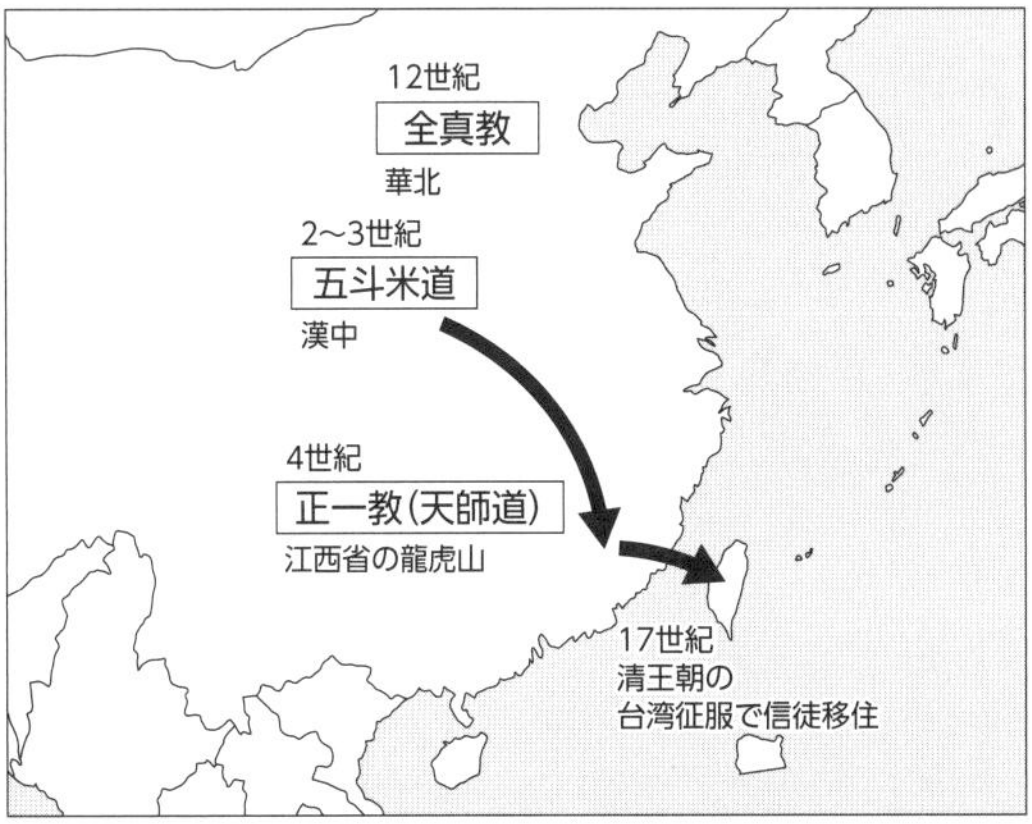

◆共産党の弾圧を避け、張天師が亡命

中国が台湾を支配しはじめるのは1683年、清王朝の康熙帝《こうきてい》のときです。清は福建省の統治下に台湾を編入しました。対岸の福建省や広東省から台湾への移民が急増し、このとき、彼らが信奉していた道教（正一教）が台湾へ流入し、定着していきます。

正一教はこの時代には、仏教や儒教と融合し、世俗化していました。台湾の道教信仰の原型がすでにできあがり、行天宮《ぎょうてんぐう》や天后宮《てんごうきゅう》などの廟が台湾内に多く建立されます。

康熙帝や乾隆帝は儒教理念による統治を推進し、道教を邪教と見なし、迫害しました。そのため、熱心な道教信者は新天地を求め、台湾に移住しました。清王朝の迫害を受けながらも、正一教は4世紀以来、本拠としてきた江西省の龍虎山で、指導者の張天師とともに、なんとかその命脈を保ちました。

1949年、中華人民共和国が成立すると、共産主義体制のもと、すべての宗教がその活動を制限されます。とくに、道教は国民党との結び付きが強かったため、共産党により、「人民を惑わす迷信、悪弊」と一方的に処断されました。第63代の張天師の張恩溥《ちょうおんふ》は、遂に龍虎山を捨て、台湾に亡命します。このとき以降、正一教の本拠は中国から台湾に移りました。

張恩溥の息子たちは死去もしくは消息不明であったため、男系男子の傍系の子孫が後継者として、第64代天師に選ばれます。その後、傍系の男系男子たちが後継資格を次々と主張しはじめ、正一教は半ば分裂状態にあります。

また、張恩溥の親戚が複数、中国本土に残っていたため、中国政府が一連の継承問題に介入し、中国本土の龍虎山で、台湾の張天師とは別の張天師を擁立し、分断工作を図っています。宗教に露骨に介入するのが中国政府のやり方です。

第2部

インド・東南アジア

―多神教拡散の脅威―

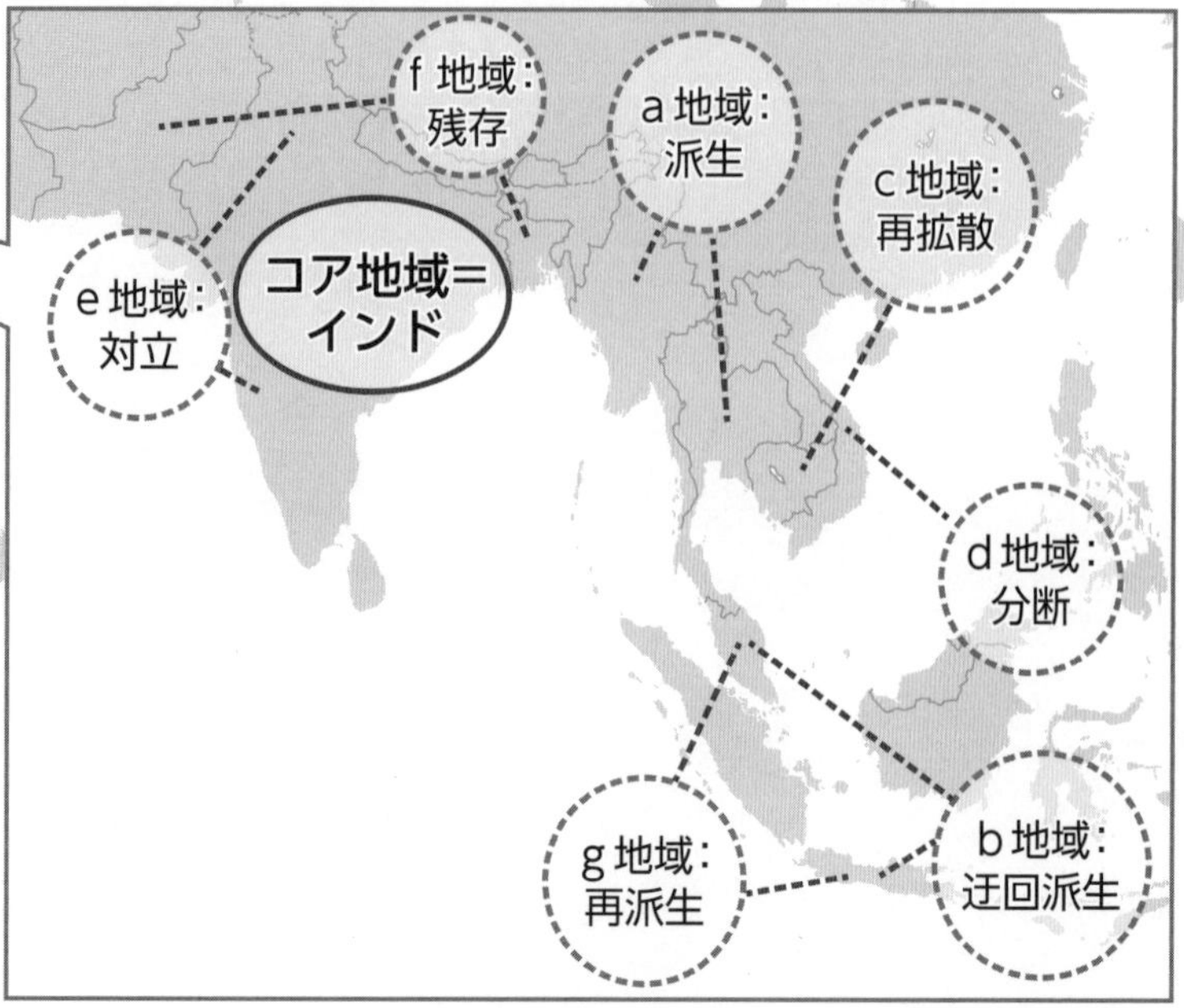

f 地域：
残存
a 地域：
派生
c 地域：
再拡散
コア地域＝
インド
e 地域：
対立
d 地域：
分断
g 地域：
再派生
b 地域：
迂回派生

Chapter 9

なぜ、インドは多くの宗教の発祥地となったのか

【コア地域＝インド】ヒンドゥー教による分断圧力

◆女性を生きたまま焼き殺す儀式

インドでは、19世紀まで、女性を生きたまま焼き殺すサティーというヒンドゥー教の儀式がありました。死んだ夫の亡骸を焼く炎で、生きている妻も焼きました。サティーは「寡婦焚死《かふふんし》」と訳されます。

17世紀半ば、インドを旅したフランス人旅行者で医師のフランソワ・ベルニエはサティーの様子について、『ムガル帝国誌』の中で詳しく書き記しています。ベルニエはインドで、夫を亡くした12歳くらいの少女がサティーで無惨にも焼かれるのを見ました。燃え盛る炎を前に、少女は震え、泣き、逃げようとしましたが、周囲の人間が無理矢理、彼女の手足を縛り、炎の中に押しやったと述べています。

インドでは、１９７８年の幼児婚抑制法が制定されるまで、10歳頃の少女が結婚するのは普

通でした。年老いた金持ちと結婚した場合、10代の少女がサティーで焼かれることはよくありました。

また、ベルニエは上記の少女とは別の若い女性が焼かれるのも見ました。彼女は炎の前で泣き喚き、後ずさりしていましたが、周囲の人たちが棒で彼女を小突き回し、炎から逃げられないようにしたと記しています。

ヒンドゥー教の聖典『マヌ法典』では、「少女、若い女、老女を問わず、女は何事も自分で決めて行なってはならない」「女は幼いときは父に、若いときは夫に、夫の死後は子供に従わなければならない。女は決して独立することはできない」と記され、男性の所有物と見なされていました。そのため、夫が死ねば、所有物も一緒に焼かれるべきで、妻の貞淑を守るためにも、そうするべきだと考えられたのです。ただし、『マヌ法典』に、サティーを認める記述はありません。

宗教の集団ヒステリック

サティーで焼かれるのを拒否した女性もまた、悲惨でした。彼女らは裏切り者として、ヒンドゥー社会から排除され、被差別階級であった「アウト・カースト」、つまりカーストの階層には入れない「不可触民《ふかしょくみん》（触れてはいけない人）」の男らにあてがわれ、慰みものとなりました。

サティーの儀式の場には、無数の「不可触民」の男たちが周囲に群がり、若い女性が炎から逃げるのを待ち構えていました。彼らは逃げた女性をケモノのように貪りました。逃げた女性をあえて公に、「不可触民」の餌食にして見せて、社会的に抹殺したのです。そのため、サティーの儀式には、必ず「不可触民」の男たちが呼ばれました。

サティーの風習があまりにも野蛮であるということで、19世紀、イギリスのインド統治下で禁止法が制定されます。20世紀には、サティーはほとんど行なわれなくなりましたが、今日でも、保守的なヒンドゥー教徒の間で一部、行なわれています。

ヒンドゥー教は極端な男尊女卑で、女性が社会的に保護されていません。そのため、インドではレイプが頻発しており、社会問題化しています。理不尽なことに、レイプをされた女性が罰せられることが多く、男性を取り締まっていません。

ヒンドゥー教に限らず、宗教というのは野蛮で偏狭な狂気をその内部に蓄積していることがあります。しかも、それらは宗教という独特の閉ざされた空間の中で、盲信され、おぞましく歪められた形で現われることがあります。宗教がもつ集団ヒステリックの側面が非合理なものを無批判に正当化するのです。

ガンディーも認めたカースト制

インドでは、ヒンドゥー教の信仰とともに、極端な身分制を強いるカースト制が残っています。前述のように「アウト・カースト」と呼ばれる階層が今日でも存在します。「カースト」というのはポルトガル語の「カスタ」、「家柄」という意味で、15世紀、インドにやってきたポルトガル人が命名しました。「カスタ」は英語の「class（クラス）」です。

インドのヒンドゥー教徒の中で、上層階級のバラモン（僧侶、司祭階層）、クシャトリア（貴族階層）は約10％しかいません。これに、ヴァイシャ（商人階層）が続きます。そして、多数派がシュードラ（奴隷階層）で約60％を占めています。

シュードラよりも下位に位置し、カーストの枠外に放り出されている階層が「アウト・カースト」で、彼ら自身は自分たちを「ダリッド（抑圧された者）」と呼びます。約25％もの人々が、この階層に属します。

このような封建的な身分制が、現在でも維持されていることに驚きますが、インド独立の父ガンディーさえも、カースト制を「出自に基づいた良識ある分業」として、尊重していました。ただし、ガンディーは「不可触民」に対しては同情的でした。ちなみに、ガンディーは第3身分のヴァイシャ（商人階層）の出身です。ガンディーの一族は商人として成功し、裕福でした。なぜ、ヒンドゥー教はこのような極端な身分制を強いるのでしょうか。また、どのような経緯で、カースト制が形成されたのでしょうか。

紀元前13世紀、外来のアーリア人がインドを征服したとき、先住民のドラヴィダ人を支配するため、「自分たちは神に選ばれた種族である」と吹聴しました。それを証明するため、バラモン教という宗教をつくり上げます。バラモン教は「ブラフマン（Brahman）」と呼ばれる宇宙の根源者を崇めます。バラモンとは「Brahman」のカタカナ読みです。そして、ブラフマーはブラフマンの神格である創造神です。

バラモン教はその思想を紀元前５００年頃に、『ヴェーダ』と呼ばれる聖典にまとめ上げました。われわれが、仏教用語として知る梵我一如《ぼんがいちにょ》・業《ごう》・輪廻・解脱《げだつ》などの言葉はもともと、バラモン教の中で説かれた理念で、後に、仏教がこうしたバラモン教の宇宙観を取り入れたのです。

そして、神に最も近いアーリア人を神格化するため、バラモン教教義にヴァルナ（種姓）という身分制を組み入れ、アーリア人を支配者とする社会秩序を形成したのです。これがカースト制のはじまりです。

図9-1　インド宗教の変遷

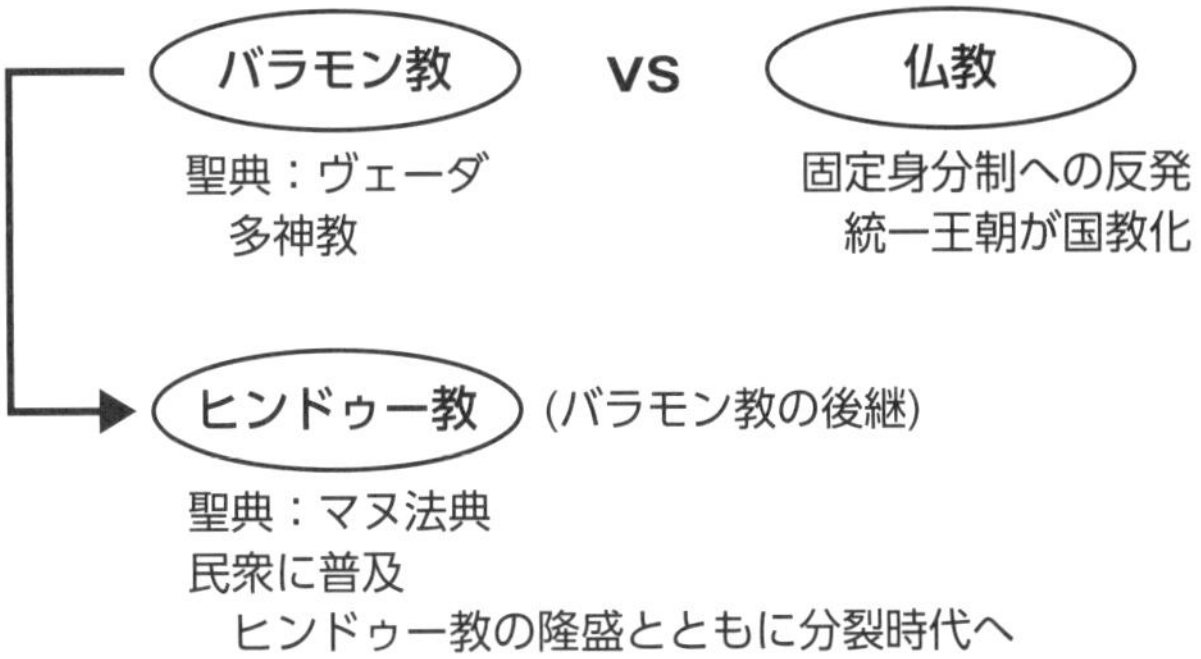

◆ヒンドゥー教は「インド教」

バラモン教の聖典『ヴェーダ』は難解で、哲学的でした。そこで、『ヴェーダ』をわかりやすくしたテキストである『マヌ法典』が編纂されます。『マヌ法典』は民衆の守るべき生活規範を定めた聖典で、これにより、バラモン教は一般民衆に普及しました。

人類の始祖とされるマヌが受けた神の啓示を綴《つづ》った『マヌ法典』は、その製作年がはっきりせず、前200年〜後200年頃のものとされます。この時代、インドでは、仏教が隆盛を極めており、バラモン教は信徒を仏教に奪われていました。これに対抗するため、民衆に向け、わかりやすい『マヌ法典』を編纂し、勢力拡大を狙ったのです。

この狙いは成功しました。『マヌ法典』が普及し、4世紀頃には、バラモン教は従来の儀式主義を排し、民衆生活と密着した大衆宗教に変貌を遂げました。この時代、バラモン教はバラモン教とは呼ばれず、ヒンドゥー教と呼ばれるようになります。ヒンドゥー教はバラモン教の発展バージョンで、同じ宗教です。

「ヒンドゥー」とはバラモン古典語であるサンスクリット語の「シンドゥ（sindhu）」（水、大河の意味）のことで、インダス川を指しています。「シンドゥ（sindhu）」はペルシア語で「ヒンドゥ（Hindu）」、ギリシア語で「インド（Indos）」となります。この言葉の意味からもわかるように、ヒンドゥー教は「インド教」のことです。

創造神ブラフマー（1700年頃の画、ボストン美術館蔵）　ヒンドゥー教では「三神一体論（トリムルティ）」という理念があり、本来は一体である最高神が、３つの役割「創造（過去）、維持（現在）、破壊（未来）」に応じて三大神のブラフマー、ヴィシュヌ、シヴァとして現われる。ブラフマーは人気が低く、ヴィシュヌ神とシヴァ神が多くの信者の人気を集めている。

ヒンドゥー教では、雷神、水神、火神など、人間の身の回りの自然神について説かれます。農耕を主とするインド社会において、人々は常に自然と向き合っていました。ヒンドゥー教は人々に身近な神の存在を示したのです。『マヌ法典』では、宇宙の根源者「ブラフマン（Brahman）」についてもわかりやすく説かれています。「ブラフマン」の神格たるブラフマー神は宇宙を維持するヴィシュヌ神、破壊の神シヴァとともに、雷神インドラ、水神ヴァルナ、火神アグニなどよりも上位にある神と位置づけられています。

現在、約13億5000万人のインドの人口のうち、ヒンドゥー教徒が79・8％、イスラム教徒が14・2％、キリスト教徒が2・3％、シク教徒が1・7％、仏教徒が0・7％、ジャイナ教徒が0・4％（2011年国勢調査）となっており、ヒンドゥー教徒が圧倒的多数を占めています。

ちなみに、インドでは無宗教と答える人はほぼおらず、何らかの宗教を信仰しています。

バラモン教への対立から生まれた仏教とジャイナ教

バラモン教が形成したカースト制は、支配者が秩序を得るために有効なツールでした。しかし、一方で、支配される側の反発も当然、生じてきます。バラモン教の身分制や儀式主義に反対し、バラモン教を否定する宗教が現われます。仏教とジャイナ教です。この2つの宗教は紀元前5世紀に誕生しています。

さらに、順世派《じゅんせいは》と呼ばれる思想家たちからも、バラモン教は批判されました。順世派は宗教ではなく、無神論を唱える思想家の一派でした。順世は「世俗にしたがう」という意味です。順世派の代表者アジタ・ケーサカンバリンは神や霊魂の存在を否定し、「人は死ねば、物質に帰って消滅する」として、宗教を嘲笑しました。

今日でこそ、このような無神論は一般的ですが、古代において、神や霊魂の否定者は背徳者であり、悪魔であり、人間とは見なされないこともありました。

バラモン教は仏教やジャイナ教を無神論の順世派とひとまとめにして、「ナースティカ（異端派）」とすることで排撃しました。つまり、仏教やジャイナ教を信じる者は順世派と同じく、人間ではないと糾弾されたのです。

このように、古代インドで、バラモン教の強力な身分制支配に対する反発として、次々と新しい宗教が生まれました。また、古代インドは中東のアケメネス朝ペルシアと交易を行ない、繁栄しました。経済成長に伴う富の余剰が宗教文化の発展を支えたのです。

バラモン教は反対勢力に囲まれ、仏教に覇権を奪われますが、中世の7世紀には、ヒンドゥー教として復権します。以下、どのように、仏教とヒンドゥー教が興亡したのかを追っていきます。

仏教を利用した統一王朝

紀元前326年、インド社会に激震が走ります。ペルシア王国を征服したアレクサンドロス大王がインドへ攻め込んできました。ギリシア人のアレクサンドロスが中東地域を越え、はるかインドにまで到達したのですから、その遠征は壮大なものでした。アレクサンドロスはインダス川を越えて、インド北西部に侵入し、さらに南下しようとしましたが、部下がそれ以上の侵攻は危険であると反対したため、やむなく撤退します。

当時のインドは部族社会で、小王国が各地に割拠していました。外敵の脅威に晒《さら》された小王国は軍事力を拡大させ、弱い勢力や部族を吸収していきます。こうして、インドの部族社会は次第に統合されていき、新たに統一王朝が生まれます。マウルヤ朝（紀元前4世紀成立）、クシャーナ朝（1世紀成立）、グプタ朝（4世紀成立）、ヴァルダナ朝（7世紀成立）という統一王朝が興亡しました。

これらの統一王朝はすべて、仏教を国教とします。なぜ、バラモン教ではなく、仏教を国教にしたのでしょうか。

バラモン教は多神教で、最高神ブラフマンを中心に、様々な神がいます。インド各地において、それらの神が尊重され、1つの宗教の中でも、バラバラなことを人々が主張し、信仰の形も様々でした。バラバラな状態では、国家を統一できません。一方、仏教はブッダのみを信仰し、教義も統一されたので、統一王朝にとって、使い勝手がよいものでした。

また、統一王朝が中央集権を推進するために、バラモン教の神官の勢力が邪魔でした。神官をはじめとするバラモン教保守派を排除するためにも、仏教が利用されたのです。仏教は殺《せっ》生《しょう》を厳しく禁じています。統一王朝が成立し、安定が達成された後、動乱を封じ込めるために、殺生を禁ずる仏教の教理が利用されました。

この教理は平和な商取引環境を望む商人たちに歓迎されました。商人は豊富な資金で、王朝の財政を積極的に支援し、各地の寺院建設などにも関与します。

◆なぜ、ヒンドゥー教が優勢だったのか

仏教の全盛時代でも、バラモン教は消えることはありませんでした。バラモン教はヒンドゥー教へと変貌を遂げ、民衆に普及していきました。ヒンドゥー教の定める日常規範がインド農民たちの日々の暮らしに浸透していました。

図9-2　仏教とヒンドゥー教の覇権抗争

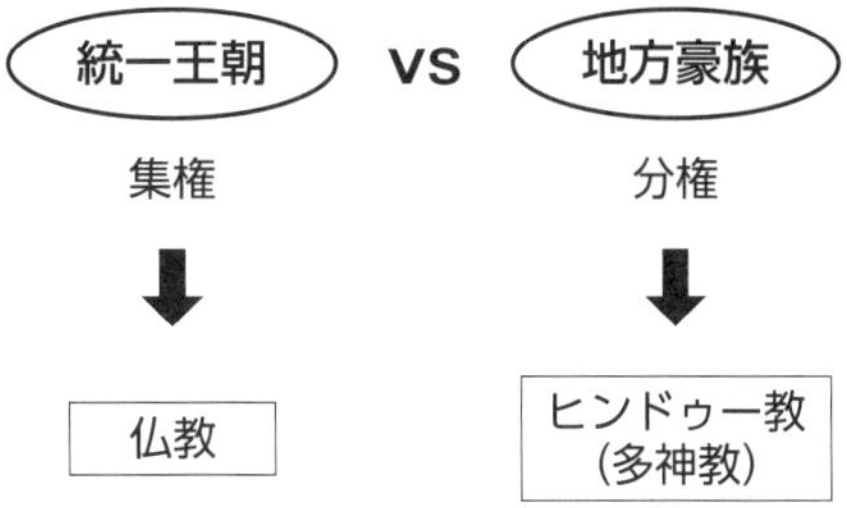

一方、仏教は民衆にとって、難解でした。また、統一王朝の進める仏教政策には、強制が伴い、人々はこれに反発しました。統一王朝の中央集権化を阻止したい地方の豪族勢力は人々の反発を増幅させるために、仏教を攻撃し、ヒンドゥー教を保護します。仏教とヒンドゥー教の宗教覇権を巡る争いは実態としては、統一王朝と地方豪族の覇権争いであったのです。

仏教を奉じる統一王朝は地方豪族勢力を抑えることができず、その意味において、王権は弱いままでした。ヒンドゥー教勢力はバクティ運動と呼ばれる伝道活動を展開します。バクティとは「信愛」を意味する言葉です。バクティの伝道者たちは煩わしい儀式主義を排除し、ヒンドゥーの教義を単純化して民衆に伝え、大きな効果を上げました。地方豪族たちはバクティ運動を支援し、民衆を囲い込んでいきました。

統一王朝は地方豪族に対抗できず、ヒンドゥー教の勢いに押されていきます。王朝は統一を嫌うインド特有の部族社会の体質を変えることはできませんでした。

インドと同じく中国も、もともと部族社会（氏族社会）でしたが、モンゴルなどの北方異民族の外敵の脅威に常に晒されるため、国家がまとまらなければなりませんでした。中国で漢王朝などの強力な統一王朝が続いた最大の理由がここにあります。一方、インドでは、紀元前4世紀のアレクサンドロス大王の侵攻以後、外敵の脅威もなく、平和な時代が続いたため、あえて、国家がまとまっている必要がなく、統一王朝の存在理由も希薄でした。

4つの統一王朝の最後のヴァルダナ朝はとくに王権が弱く、わずか50年足らずで崩壊します。7世紀、統一王朝時代が終わると、保護者を失った仏教はインドで、急速に衰退していきます。その後、ヒンドゥー教の多神教的な世界観のなかで、各地に独立した地方政権が乱立し、インドは分裂時代へと入っていきます。

インドが再び統一されるのは、イスラム教を奉じるムガル帝国が登場する16世紀でした。しかし、ムガル帝国の支配下においても、インド人の大多数はヒンドゥー教信仰を維持し続け、イスラム化されることはありませんでした。

Chapter 10

タイやミャンマーの統一王朝が求めた宗教原理

【a地域：派生】タイやミャンマーの仏教

仏は神ではない

お釈迦《しゃか》様（ブッダ）が仏教の神だと誤解されることがよくあります。ブッダは神よりも格上の「仏（ブッダ）」です。「ブッダ（buddha）」とはサンスクリット語で「悟る」という動詞の「ブドゥ（budh）」の過去分詞形で「悟りをひらいた者」という意味です。つまり、「ブッダ」とは名前ではなく、尊称です。

ブッダの本名はガウタマ・シッダールタです。ブッダが釈迦（シャカ）とも呼ばれるのは、シャーキヤ族の王族で、「シャーキヤの聖者」という意味の「釈迦牟尼《しゃかむに》」という言葉が中国で使われたためです。ブッダの生没年については、諸説ありますが、前563～前483年説と前463～前383年説が有力です。

この世で、「悟りをひらいた者」はガウタマ・シッダールタのみで、「釈迦の前に仏なし、釈

図10-1　仏教における各部区分

区分	主な仏・神	
如来	釈迦如来　大日如来　阿弥陀如来　薬師如来　多宝如来　宝生如来など	仏（ブッダ）
菩薩	弥勒菩薩　文殊菩薩　観音菩薩　千手観音　日光菩薩　月光菩薩など	仏（ブッダ）
明王	不動明王　軍荼利明王　金剛夜叉明王などの五大明王	仏（ブッダ）
天部	梵天　弁財天　大黒天　毘沙門天　吉祥天　帝釈天　摩利支天など	諸神

迦の後にも仏なし」といわれますが、ブッダのみが「仏（ブッダ）」なのです。中国では、ブッダに「仏陀」の当て字が使われるようになり、日本語で「仏」と略されます。「仏陀」のほかに、「浮屠」の当て字が使われることもありました。

「仏（ブッダ）」はバラモン教の最高神のブラフマン（梵天）などの諸神を下位に従えています（図10－1参照）。仏教では、宇宙の根源者たるブラフマンでさえ、真理を司るブッダよりも下位に置かれるのです。「仏（ブッダ）」には、図10－1のように、大きく3つの形があります。如来《にょらい》、菩薩、明王《みょうおう》までが「仏（ブッダ）」であり、これらはすべてブッダの姿を映したものです。

如来はブッダが悟りをひらいた後の姿で、衣をまとっただけの質素な姿です。如来とは「真如《しんにょ》（真理のこと）より来現した人」という意味です。菩薩はブッダが修行中で王子だった頃の姿で、一般的に、王子の冠、首飾り、イヤリングなど装飾品を身に付けています。菩薩とは「菩提薩埵（ぼだいさった）」の略で、「菩提」は仏の悟り、「薩埵」は求める人（修行者）という意味です。明王はブッダが姿を変え、人々を救うため、人々を悪から守るために、憤怒の形相で奮闘している姿です。天部はバラモン教などの古代インドの神々です。

仏教はもともと宗教ではなく、「自己啓発」

仏教の開祖ブッダは、バラモン教の権威や儀式を認めず、またカースト制も否定しました。ブッダは儀礼や身分にとらわれない、自己の解放を目指すことを説きました。この時代、インドの古代社会は大きく発展し、バラモン教が規定する従来の儀式主義や固定的な身分制に対し、人々の疑念がつのっていました。ブッダはそのような人々や社会に、自己の解放を目指す新しい思考の枠組みを提示したのです。

ブッダは超越的な神（絶対神）の存在を認めず、自分自身を神格化することもしませんでした。絶対神を置くからこそ、その神を祀るための儀式主義が横行し、神に仕える神官などの身分が必要になってきます。バラモン教がもたらす弊害を批判したブッダが絶対神を否定したのは当然です。

絶対神を介在させず、人間の生き方や心得を純粋に説いたという意味では、仏教は宗教ではなく、現代でいうところの「自己啓発」のようなものでした。ただし、ブッダの死後、ブッダは事実上の絶対神のように扱われていきます。仏教では、前述のように、ブッダはバラモン教の最高神ブラフマンをも下位に従える超越存在として崇められます。したがって、仏教の原理は、ブッダに世界の根源を帰結させるという意味において、一神教的な性格が強いと捉えることもできます。

◆インドシナへの宗教伝播《でんぱ》

ブッダの死後、仏教は多くの流派に分裂しました。その中でもおもな流派が上座部仏教と大乗仏教です。

上座部仏教の「上座部」は戒律を厳格に守った保守派の指導層のことです。上座部仏教が保守的で貴族的であったのに対し、広く民衆を救済することを目指すのが大乗仏教です。仏教を救済のための「大きな乗り物」とすることから、この名が一般化しました。大乗仏教は上座部仏教を「小乗仏教《しょうじょう》」という蔑称で呼びました。

仏教はインドのみならず、海外へも伝わります。紀元前3世紀、インドのマウルヤ朝の全盛時代を築いたアショーカ王は王子をスリランカに派遣して、仏教を布教させました。さらに、僧をミャンマーにも派遣して、布教させます。以後、上座部仏教がミャンマーやタイなどインドシナ半島北西部の主流宗教となり、東南アジアの仏教文化繁栄の基礎となります。

また、紀元後2世紀頃、大乗仏教がインド北側にある当時のハイウェイのシルクロードに乗って、後漢《ごかん》時代の中国に伝播し、さらに朝鮮半島を経て、6世紀に日本に伝えられました。聖徳太子は『勝鬘経《しょうまんきょう》』、『維摩経《ゆいまきょう》』などの仏教の注釈書を書き、仏教の理念を国家経営の中心に据えました。

図10-2　インドシナ半島への宗教伝播

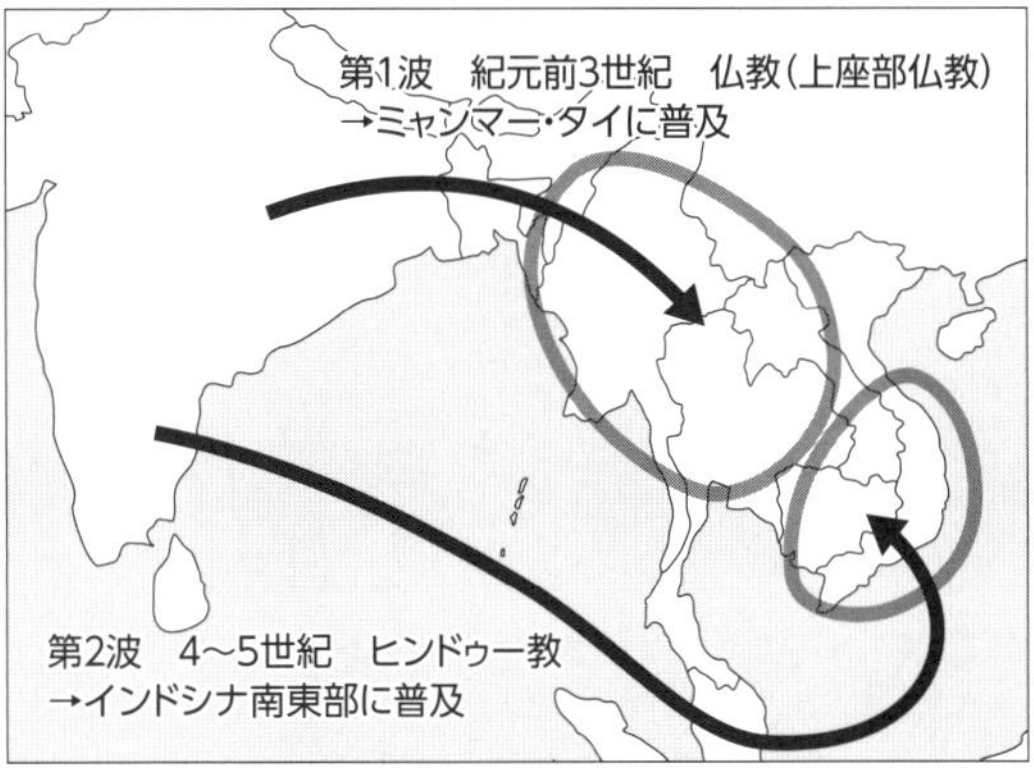

一方、インドシナ半島には、上座部仏教だけではなく、ヒンドゥー教も伝わります。インドと東南アジアの交流は1世紀末からはじまります。南インドからカンボジアやベトナム南部をつなぐ海上ルートが形成され、さらに、このルートはベトナムから中国へと伸びていました。中国の歴史書『後漢書《ごかんじょ》』に、166年、大秦王安敦《たいしんおうあんとん》の使者がベトナムの日南郡（現在のベトナム中部）に渡来したことが記述されており、「安敦」はローマの五賢帝の1人マルクス＝アウレリウス＝アントニヌスではないかといわれています（諸説あり）。

使者はこの海上ルートをたどってきました。

4世紀にインドで、グプタ朝という統一王朝が成立し、インド古典文化の全盛期を迎えます。インド商人が活発に東南アジアとも交易を行ない、ヒンドゥー教文化が東南アジア全域に拡がりました。ヒンドゥー教はベトナム南部やカンボジアなど、インドとの海上ルートに直接つながっているインドシナ南東部に拡がっていきました。

カンボジアのクメール文字はインド文字をもとにつくられていきますが、この時代に定着しています。さらに、クメール文字からタイ文字もつくられていきます。

◆ミャンマーとカンボジアの宗教覇権抗争

カンボジアのアンコール王朝が9世紀に台頭し、12世紀には、ヒンドゥー教寺院であるアンコール・ワットを建立し、全盛時代を築きます。アンコール王朝はインドシナ半島全域に支配を拡げましたが、タイやミャンマーにおける仏教の信仰は揺らぎませんでした。こうした意味では、アンコール王朝の支配は実質的には、タイやミャンマーまで及んでいなかったと捉えられます。

タイもミャンマーも歴代統一王朝は仏教を国教としました。ミャンマーのパガン朝（11世紀

〜14世紀）は仏教のパガン遺跡で有名で、タイのアユタヤ朝（14世紀〜18世紀）は同じく仏教のアユタヤ遺跡で有名です。

ミャンマーとタイの北部には、大理（Chapter7参照）と呼ばれる王国が存在し、大理の少数民族やチベット人勢力が侵入していました。また、アンコール王朝のカンボジア人ヒンドゥー教勢力とも戦わねばならず、強大な軍事力が必要とされました。ミャンマーやタイはこのように、外部からの侵入に対抗し、国をまとめるために、統一王朝は多神教のヒンドゥー教ではなく、仏教を国教に定めました。

とくに、ミャンマーのパガン朝はヒンドゥー教に宗教覇権を奪われてしまえば、アンコール王朝に服従することになってしまうため、仏教を砦にして、異教徒と聖戦を展開するということを政治的な名目としていました。しかし、民衆には、ヒンドゥー教信仰が浸透しており、朝廷はヒンドゥー教をあえて弾圧せず、寛容な態度を示し、融和を図りました。

図10-3　東南アジアの宗教遺跡

パガン朝の王都に残されたパガン遺跡はカンボジアのアンコール・ワット、インドネシアのボロブドゥールとともに、世界三大仏教遺跡の1つに数えられます。約40平方キロメートルもの広大なエリアに、3000を超えるといわれるパゴダ（仏塔）や寺院の遺跡が散らばっています。これほどの大規模な遺跡群でありながら、パゴダの修復方法に問題があったために、世界遺産として認められていませんでしたが、状況が改善されて、ようやく2019年に認められました。パガン朝は約250年間続きましたが、1287年、元王朝のフビライによって、滅ぼされます。

その後、ミャンマーはタイのアユタヤ朝に支配されますが、16世紀前半、トゥングー朝が成立しました。18世紀の半ばには、コンバウン（アラウンパヤー）朝が創始されます。これらのミャンマーの王朝は一貫して、仏教を王朝の統一の理念とし、保護しました。

ミャンマー政府が2014年に31年ぶりに実施した国勢調査によると、仏教徒の全人口に占める割合は87・9％、キリスト教徒は6・2％、イスラム教徒は4・3％と続きます。

バングラデシュとの国境沿いに位置するミャンマー西部のラカイン州には、イスラム教徒のロヒンギャ族が100万人以上いますが、ミャンマー政府は彼らをバングラデシュからの不法移民とみなし、国民と認めていないため、ロヒンギャ族は上記統計には含まれていません。ミャンマー政府は明らかにイスラム人口の急増を隠蔽《いんぺい》しようとしています。

アユタヤ朝が宗教覇権を握った背景

13世紀に、アンコール王朝が寺院建築で国力を消耗させ、ヒンドゥー教の分派抗争で衰退すると、1257年、タイ北部に、最初の統一王朝であるスコータイ朝が建国され、タイがアンコール王朝から分離独立していきます。

スコータイ朝の第3代の王ラーマ・カムヘンの時代に、モンゴル元王朝がインドシナに侵攻します。ミャンマーのパガン朝やカンボジアのアンコール朝は元の強大な軍事力の前に屈服します。ラーマ・カムヘンは、モンゴル人に追われタイへ逃れてきた雲南の大理国人も取り込みながら、その勢力を拡大させます。

モンゴル侵攻により、カンボジアとミャンマーが衰退していく一方、相対的にタイの地位が高まり、スコータイ朝は仏教を王国統一の理念として発展していきます。ユネスコの世界遺産にも登録されている仏教遺跡のスコータイ歴史公園はスコータイ朝の王都であった場所です。公園の中心部にあるワット・マハタート寺院の遺跡はラーマ・カムヘン王時代に建立されたものと考えられています。

スコータイ朝の南部の有力諸侯であったラーマ・ティボディが1350年、スコータイ朝の

図10-4　インドシナ王朝の変遷

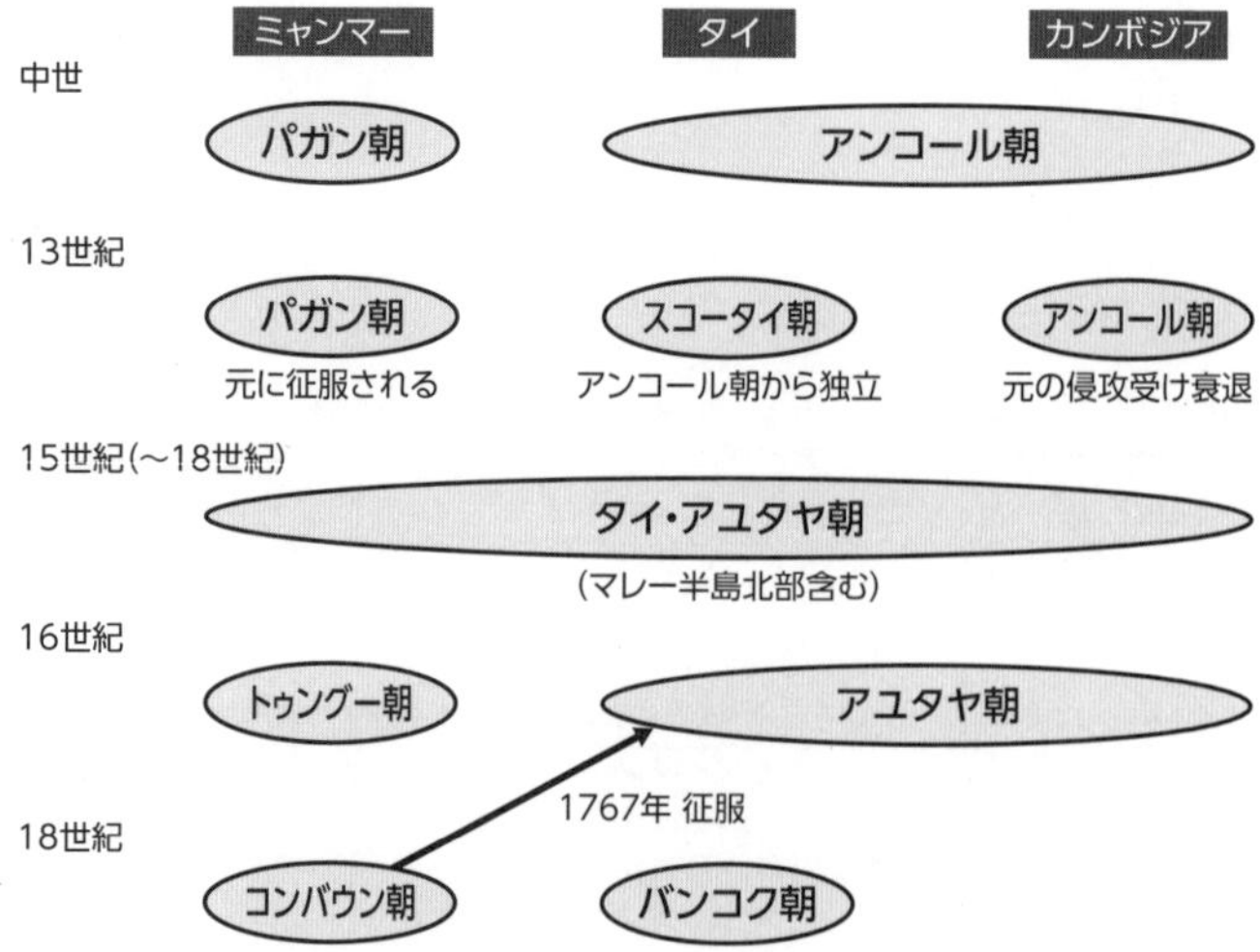

衰退に乗じてクーデタを起こし、アユタヤ朝を創始しました。アユタヤ朝では、仏教寺院が盛んに建設され、それらの遺跡が世界遺産にも登録されています。

アユタヤ朝の王は仏教の保護者「ダルマラージャ」とされ、神格化されました。王の神格化が強まり、「王は神である」とする思想が形成され、王に触れたり、顔を見たりする一般人を処刑する法律もつくられるようになります。こうした王の神格化思想は、仏教の教義にはないため、ヒンドゥー教の影響とする説もあります。

アユタヤ朝はマレー半島をも支配し、マラッカ海峡を押さえ、南シナ海やインド洋の交易を活発に行ない、発展します。首都のアユタヤは東南アジアの国際商業の中心地として栄え、日本町も建設され、山田長政らが移住しました。アユタヤ朝は1431年、カンボジアのアンコール王朝を滅ぼし、さらにミャンマーにも進出し、インドシナ半島全域を支配し、覇権を握りました。これ以降、アンコール王朝以来のヒンドゥー教信仰は急速に消滅し、カンボジアは仏教国へと変貌していきます。タイの仏教文化はラオスにも波及し、ランサン王国が14世紀に成立し、仏教文化が栄えます。こうして、ベトナム以外のインドシナ半島の国々は熱心な仏教国となり、今日に至ります。

仏像の頭部がないのはなぜか

アユタヤ遺跡の寺院の仏像の中には、頭部がないものが多数あります。アユタヤ朝は1767年、ミャンマーのコンバウン朝に滅ぼされます。このとき、アユタヤは破壊され、仏像の頭部も切り落とされたのです。

なぜ、ミャンマー人たちが仏像を破壊するような行動をとったのか、はっきりとわかっておらず、諸説あります。仏像の中に財宝が隠されていると考えられ、壊されたという説。敵国の守護仏であるため、壊されたという説。そして、最も可能性として高いのが戦利品として、頭部だけが持ち去られたという説などです。

ミャンマーのコンバウン朝は熱心な仏教国でした。歴代国王は、仏教を保護し、膨大な寄進などの資金援助も行なっています。王や支配者層は仏教に深く帰依しながらも、末端の兵士にまで信仰が浸透していなかったためか、タイで、寺院の破壊や略奪が容赦なく行なわれました。

アユタヤ朝の滅亡後の1782年、アユタヤ朝の武将チャクリがタイ人勢力をまとめ、チャクリ朝（バンコク朝）を建国し、この王朝が今日まで続きます。

タイやミャンマーの仏教は日本の大乗仏教と異なり、上座部仏教です。上座部仏教は自分自身での修行を通してのみ、悟りを得られると教えられ、厳しい戒律を守ることや修行が欠かせません。ミャンマー人やタイ人男性の大半は、一定期間、出家して修行を積みます。

タイはミャンマーよりも、仏教徒の全人口に占める割合が大きく、約95％となっています。全国に、3万の寺院があり、30万人の僧侶がいます。

Chapter 11

スマトラ・ジャワの仏教覇権、その力の源泉

【b地域：迂回派生】マレーシア・インドネシアの仏教

◆中国文化を取り入れた先進地域

マレーシアやインドネシアには、4～5世紀以来、ヒンドゥー教が普及していました。もともと、マレーシアやインドネシアはヒンドゥー教勢力として、カンボジアや南ベトナムと親近性がありました。

しかし、7世紀、シュリーヴィジャヤ王国がスマトラ島で建国されて、仏教が信奉されるようになると、ヒンドゥー教が排斥されます。シュリーヴィジャヤ王国はマラッカ海峡を支配し、中国や東南アジア・インドをつなぐ海上交易の中継拠点として発展します。「シュリーヴィジャヤ」とは、古代インドのサンスクリット語で、シュリは「光り輝く」の意味、ヴィジャヤは「勝利」を表わします。

中国の唐王朝の僧、義浄《ぎじょう》は7世紀後半に、この王国を訪れ、仏教が隆盛していることを『南《なん》

図11-1　シュリーヴィジャヤ王国の勢力範囲

海寄帰内法伝《かいききないほうでん》』で記しました。「この室利仏逝（シュリーヴィジャヤ）の城下には僧侶が千余人おり、学問に励み、托鉢を熱心におこなっている。唐の僧でインドに赴いて勉強しようと思う者は、ここに一、二年滞在して、その法式を学んでからインドに向かうのがよい」と述べています。義浄は「シュリーヴィジャヤ」に「室利仏逝」の漢字を当てています。

　シュリーヴィジャヤ王国の仏教は大乗仏教でした。したがって、この仏教伝播はインドから直接にではなく、中国経由で迂回して伝わったものです。大乗仏教は北伝仏教とも呼ばれ、その普及ルートはインド西北部から中国方面へとつながっています。また、大乗仏教のスマトラ島への伝播は5～6世紀と考えられており、中国で大乗仏教が隆盛した時期に一致します。

　マレー半島やスマトラ島はベトナムに次いで、中国文化が海上ルートでいち早く流入する地域でした。中国文化を積極的に取り入れた先進的な勢力（中国系であった可能性あり）が在地のヒンドゥー教勢力を駆逐し、シュリーヴィジャヤ王国を形成しました。

仏教勢力のジャワ島への拡大

シュリーヴィジャヤ王国は東方のジャワ島にも勢力を拡大します。ジャワ島では、ヒンドゥー教が優勢でしたが、シュリーヴィジャヤ王国の影響力が増すにつれて、仏教が広まります。シュリーヴィジャヤ王国と血縁関係の強かった分派のシャイレーンドラ朝が8世紀に、ジャワで台頭します。スマトラ島のシュリーヴィジャヤ王国とジャワ島のシャイレーンドラ朝は仏教国（同じく大乗仏教）として連携しました。「シャイレーンドラ」はサンスクリット語で、シャイラは「山」、インドラは「王」「支配者」を意味しています。シャイレーンドラ朝はジャワ島を統一して強大化し、8世紀後半には、インドシナ半島海域にも進出し、当時、真臘《しんろう》と呼ばれていたカンボジアやベトナム南部のチャンパー王国に攻め入りました。

そして、仏教が真臘のクメール人（カンボジア人）に伝えられます。カンボジアに広まった仏教はシャイレーンドラ朝によってもたらされたと見られています。9世紀にクメール人のジャヤヴァルマン2世がシャイレーンドラ朝の勢力をインドシナ半島から排除し、アンコール朝を創始したとき、仏教に対抗し、ヒンドゥー教を強く掲げました。アンコール王朝がヒンドゥー教勢力であるのは、シュリーヴィジャヤ王国やシャイレーンドラ朝の仏教勢力に対抗しようとする意志が強くあったことがうかがえます。

しかし、仏教に対する信仰は、アンコール王朝のもとでも根強く残り、12世紀末に即位したジャヤヴァルマン7世は仏教を熱心に奉じ、アンコール・トム（偉大な都）を仏教様式で建造しました（Chapter12参照）。

なぜ、ジャワ島にボロブドゥール寺院が建てられたのか

シャイレーンドラ朝はジャワ島における支配を確立するため、島中部にボロブドゥール寺院を建設します。ボロブドゥールは世界最大級の石造仏教寺院として知られ、ユネスコの世界遺産にも登録されています。シャイレーンドラ朝がボロブドゥールのような壮大・壮麗な寺院を建設したのは、仏教の威光をジャワ島の人々に知らしめ、ヒンドゥー教信仰に対抗して、ジャワの支配を確立させるためでした。

同族のシュリーヴィジャヤ王国はボロブドゥール建設を積極的に支援したと考えられます。この時期、シルクロードの陸上交易路と並行し、マラッカ海峡を経由する海の道が頻繁に使われ、この地域を支配していた仏教勢力は海上交易によってもたらされる莫大な富を得て、これ

を資金源として、ボロブドゥール寺院が建設されたと考えられます。「ボロブドゥール」とはサンスクリット語の「僧院」という意味の「バラ（Bara）」と、インドネシア語の「丘」という意味の「ブドゥー（Budur）」が組み合わされ、「僧院の丘」を意味すると解釈されています。

ボロブドゥール寺院は火山灰と密林の中に埋もれ、久しく忘れ去られていましたが、１８１４年に、イギリス人のラッフルズとオランダ人技師コルネリウスによって発見され、その一部が発掘されます。

トーマス・スタンフォード・ラッフルズ
（ジョージ・フランシス・ジョーゼフ画、1817年、ロンドン国立肖像画美術館蔵）
シンガポールの建設者としてよく知られるイギリスの東南アジア植民地行政官。

ラッフルズはナポレオン戦争中、フランスの支配下にあったオランダが領有していたジャワを占領、ジャワ副総督に昇進します。この期間、ジャワ研究に没頭し、私財を投じて、優秀な博物学者や考古学者などを雇い、彼らとともに探検隊を組織し、原住民の人々に会い、多くのものを記録・収集し、ボロブドゥール寺院を発見しました。１８１７年、一時帰国の際、『ジャワ誌（The history of Java)』を著します。

仏教勢力の覇権減退

875年、中国の唐王朝で黄巣《こうそう》の乱が起こり、中国が混乱に陥ると、マラッカ海峡を中継する海上交易の数量も激減します。そのため、シュリーヴィジャヤ王国は収益源を失います。勢力の縮小を余儀なくされ、分派のシャイレーンドラ朝が滅びます。ジャワ島では、再び、ヒンドゥー教が勢力を盛り返し、古マタラム王国が形成されます。

この古マタラム王国は16世紀に成立するマタラム王国（イスラム教国）とは違うものです。古マタラム王国は11世紀にクディリ王国に発展し、さらに13世紀にマジャパヒト王国となり、ヒンドゥー教勢力の全盛期を迎えます。

シャイレーンドラ朝は滅びましたが、本体のシュリーヴィジャヤ王国はその後も存続します。しかし、13世紀になると、イスラム商人がマラッカに進出し、海上貿易の利益を仏教勢力から奪っていきます。そして、14世紀にシュリーヴィジャヤ王国は消滅します。

代わって、イスラム勢力がマラッカを支配し、14世紀末、東南アジア最初のイスラム国家であるマラッカ王国を建国します。［Chapter12に続く］

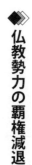

Chapter 12

アンコール・ワット、巨大寺院建設の資金源

【C地域：再拡散】カンボジアのヒンドゥー教

アンドレ・マルローの盗掘

フランスの文学者アンドレ・マルローは1923年、当時、フランス領であったカンボジアを旅します。22歳の若かりしマルローの目的は盗掘でした。

カンボジア北部の密林の奥深くにあるアンコール・ワット寺院群の1つの寺院であるバンテアイ・スレイ寺院の女神像のレリーフを盗み、国外へ持ち出そうとしましたが、逮捕されてしまいました。しかし、カンボジアを植民地支配していたのはフランスであったため、マルローは1年の執行猶予付きで、釈放されます。ちなみに、マルローは盗難事件の前年、妻の財産を株に注ぎ込み、株価暴落によって破産しています。盗掘は株で発生した大損を埋めるための挽回策であったと思われます。

19世紀末から20世紀初頭フランスの調査隊は盛んにカンボジアを訪れ、アンコールなどの美

女神（デバター）像（アンコール遺跡群バンテアイ・クデイ寺院。著者撮影）　寺院には、祠堂へと通じる回廊と門や中庭がいくつもあり、その回廊の周壁に、様々な個性豊かで優美なデバター像が多く彫られている。

術品を、調査と称して遺跡から持ち出し、大量に本国へ持ち帰りました。現在、それらの多くがパリのギメ美術館に収蔵・展示されています。

アンコール・ワット寺院群の中には、この上なく美しい神々の像や建造物があり、マルローをはじめ、多くの人々を魅了してきました。マルローは自身の「盗難事件」から想を得て、小説『王道』を著します。「王道」というのは、アンコール・ワットの正門に通じるアンコール遺跡の中央道と、そこから全国に伸びていた幹線道路を指しています。『王道』の主人公は盗掘した彫像とともに、ジャングルの中をさまよいます。

アンコール・ワットはいまから８００年以上前の12世紀、アンコール王朝の王が創建したヒンドゥー教の寺院です。アンコール・ワットの周辺数キロには、大小の寺院の遺跡が無数に散在しています。それらの寺院の中に、女神像の浮き彫りなど、ヒンドゥーの神々やその世界観を表した彫刻・壁画が無数に存在します。些末な日常に追われる現代人が決して見ることのできない、はるかな世界の神々しい形而上の造形を、中世カンボジアの人々はアンコールの地に体現したのです。

ヒンドゥー教では、シャクティ（性力）信仰というものがあります。ヴィシュヌ神の妻ラクシュミーのほかに破壊の女神カーリーやドゥルガーなどの女神（デバター）が男神に性力を与えると信仰されています。命の根源である女神崇拝がアンコール遺跡群を覆っています。

マルローが描いた「王道」

アンコール・ワットは19世紀後半、フランス人博物学者アンリ・ムオが「発見」（フランス側の立場での発見）するまで、ジャングルの奥深くで放置されていました。ジャングルの中から現われた巨大遺跡を見て、フランスの「発見者」たちは「一体これは何だ」と仰天したことでしょう。

アンコール遺跡群を建立したカンボジアのアンコール王朝は9世紀に台頭し、12世紀に全盛期を迎え、インドシナ半島の大半を支配しました。アンコールとは「都」という意味で、アンコール・ワットは「都の寺」という意味です。

カンボジアは隣国のベトナムやインドネシアと抗争を繰り返しながら、勢力を拡大し、アンコール王朝を形成します。第18代国王のスールヤヴァルマン２世（在位１１１３〜１１５０年）の時代の12世紀に全盛期を迎えます。

スールヤヴァルマン２世はベトナム南部のチャンパーを征服し、メコン川下流域を勢力下に入れ、タイ中部からチャオプラヤ川流域まで、インドシナ半島の大部分を支配しました。メコン川下流域はインドと中国をつなぐ陸と海の交易ルートの中継拠点で、アンコール王朝に莫大な富をもたらしました。

首都アンコールはインドシナ半島の真ん中に位置し、東はベトナム、西はタイ、ミャンマー、インド、南は南シナ海の海上ルート、北はラオス、中国に至る交通の要衝でした。マルローのいう「王道」はアンコールを中心に四方に伸びる交易路を暗示しています。

近年、石澤良昭・上智大学教授の研究により、「王道」の存在が明らかになってきています。アンコール・ワットよりも、さらに大きい5倍から10倍の規模をもつ地方の五大遺跡が存在します。アンコールから１００キロから１５０キロ程度離れたこれらの遺跡は、王朝内で地方都市が形成されていたことを示し、これらの都市を結ぶ道のすべてがアンコールへつながっていました。石澤氏は「すべての道はローマに通ず」という格言がアンコール王朝にも当てはまる、と主張します。

アンコール王朝ができる以前から、カンボジアは隣国のベトナムや南方のインドネシアと抗争を繰り返していました。とくにベトナム南部のチャム人たちは海路で中国と交易を行ない、豊かで先進的でした。

密林の部族社会に生きていたカンボジアの人々は、こうした周辺の勢力に対抗するため、一致結束し、アンコール王朝を創設したのです。

なぜ、巨大な宗教寺院がつくられたのか

部族ごとに分かれていたカンボジアの人々は氏族・血族を中心に社会を形成していましたが、彼らを1つの王国に統合するために、宗教の力が必要とされました。

ヒンドゥーの神々への信仰は、自然信仰の強かった密林の人々にとって、受け容れやすいものでした。仏教のような戒律を重んじる宗教よりも、自然神信仰で、緩やかに地域を統合する方が都合がよかったのです。

王は神々の栄光をこの世に現わし、その偉大さを証明するために、アンコール・ワットなどの巨大寺院を建設します。王はヒンドゥー教の最高神の1つヴィシュヌ神の化身とされました。アンコール・ワットなどのヒンドゥー教寺院は、王が神と一体となる儀式を執り行なう場とし

て、また、王が神々の栄光をこの世に現わし、その偉大さを証明するために建設されたのです。

12世紀前半、アンコール・ワット建設の大プロジェクトを遂行した国王スールヤヴァルマン2世は、約1万人を35年間にわたり雇い入れました。彼ら従事者とその家族に充分な食糧を提供するため、大水田も開発されます。アンコール遺跡群の周辺には、貯水地や水路など、当時の高度な水利技術をうかがわせる跡が残っています。

豊富な食糧生産は都市人口の増大をもたらし、最盛期に、約40万人が王都アンコールで暮らしていたとされます。王朝は首都だけでなく、地方行政を掌握し、前述のような地方都市においても、巨大寺院を建設し、同様に大量の人員を雇い入れました。

都市の発達によって、都市間を結ぶ交易道が整備され、物流と交易のネットワークが拡大されて、ついにカンボジアを中継拠点としたインドから南中国にいたる交易の大動脈が形成されていきます。これが、マルローのいう「王道」です。王朝各地の都市間の交易を活性化させるための「王道」が点と点を線で結び、経済の波及効果を増大させたのです。

◆巨大寺院の造営を可能にさせたカネ回り

アンコール・ワットをはじめとする各地の巨大寺院の建設が経済発展を誘発しました。繁栄と富の余剰はさらなる宗教的な大伽藍《だいがらん》の建築を可能にし、それが新たな人員の大量動員と経済規模の拡大を生むという好循環が続きます。

宗教はその情熱だけでは存続できません。人々の畏敬の念を集めるための仕掛けが必要です。

その仕掛けとして、見る者を圧倒する荘厳な宗教的建築物が造営されます。

図12-1　寺院建設のための資金繰り

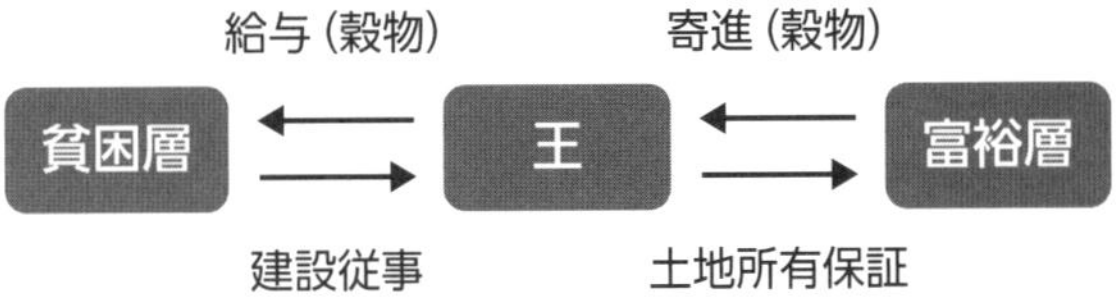

そして、その建築が単なる浪費に終わってしまうと、人々の信仰は急速に失われます。建築が公共事業としての意味をもち、建設従事者の大量動員などで、農業、産業、商業などの経済圏の拡大が生じ、経済成長の恩恵が人々に実感されなければ、宗教は持続可能なものとはなりません。

アンコール・ワットのような巨大寺院は単なる宗教的な施設に留まらず、まして王族たちの道楽や贅沢品では決してなく、経済成長を促進するための必要不可欠な起爆剤でした。

経済成長を見込んだ富裕層は、積極的に寺院建設に「投資」（＝寄進）します。図12-1のように、富裕層は、年貢とは別に、貯め込んだ余剰穀物を王に寄進します。その見返りに、王から様々な商業的な利権や土地開発・開墾の認可を与えられ、土地所有を保証され、新たな領地を併合していくことができました。王は、富裕層から余剰穀物を得て、それを貧困層に支給します。そして、貧困層を寺院建設に従事させます。

王の威信にあやかり、土地を得ようとする富裕層が、進んで余剰穀物を王に寄進するようになります。「投資」は宗教的な一体性のなかで、高い信用により支えられ、また、そのような出資をすることは功徳《くどく》として捉えられ、人々の信用を生む要因ともなります。

寺院の建設を投資対象にした巨額の寄進が雇用を生み、水利工事と貯水池建造や、道路敷設などの種々のインフラ整備に波及し、王朝は神々の栄光とともに現世の繁栄をもたらしました。

従来、アンコール・ワットだけでなく、ピラミッドなどの歴史上の巨大建築物は、大量の奴隷を過酷に使役した圧政の象徴のように捉えられてきましたが、むしろ、貧困層をいかにして救済するかということに政策上の関心が向けられた恩情政治の現われとして捉えるべきです。

◆仏教寺院バイヨンと王朝の黄昏

アンコール王朝が全盛を迎え、中央集権化を図ろうとしたとき、ヒンドゥー教の多神教教義が障害となりました。地域により神々の信仰はバラバラであり、ヒンドゥー教では、国内を1

つにまとめることは難しく、このことはインドの統一王朝が直面した困難と同じでした。

そこで、アンコール王朝の第22代国王ジャヤバルマン7世（在位1181〜1218年または1220年）は仏教に頼りました。彼はヒンドゥー教を継承しながらも、仏教政策を打ち出し、徐々に仏教を根付かせていこうと考えました。

ジャヤバルマン7世はアンコール・トム（「偉大なる都」の意味）を造営し、アンコール・ワットを含む広大なエリアを区画整備し、王朝の中央集権化を推進します。ジャヤバルマン7世はバイヨンなどの仏教寺院を造営しました。「バイヨン（Bayon）」とは「美しい（バイ）塔（ヨン）」を意味するクメール語で、無数の塔に彫られている人面像は観音菩薩像とされています。

日本において、ジャヤバルマン7世は三島由紀夫の戯曲『癩王《らいおう》のテラス』によって、よく知られています。三島は1965年にタイやカンボジアを訪れています。バイヨン寺院を見た三島はその偉容に衝撃を受け、『癩王のテラス』を書くことになります。この戯曲では、癩病（ハンセン病）に苦しむジャヤバルマン7世が自らの身命を賭して、バイヨン建設に格闘する姿が描き出されています。三島は以下のように、述べています。

「肉体の崩壊と共に、大伽藍が完成してゆくといふ、そのおそろしい対照が、あたかも自分の全存在を芸術作品に移譲して滅びてゆく芸術家の人生の比喩のやうに思はれたのである」

しかし、ジャヤバルマン7世が、実際に癩病にかかっていたかどうかはわかっていません。遺跡にあった彫像がジャヤバルマン7世と人々に信じられ、その彫像が酷く変色していたために、王が癩病であったと憶測されているのです。また、ジャヤバルマン7世は国内各地に、100以上の病院を建設したことでも知られ、自ら病に苦しむ王が民をいたわったとも考えられています。

ちなみに、三島由紀夫はタイのバンコクにおいて、ワット・アルン寺院の壮麗な美しさにインスピレーションを受け、小説『暁《あかつき》の寺』(『豊饒《ほうじょう》の海』第三巻)を書いています。

ジャヤバルマン7世は仏教の統一的な教義で国を統率していこうとしましたが、失敗し、かえって国内を分断させる結果になります。各地域で、諸侯らの紛争、宗教分派の抗争などが多発します。

また、アンコール王朝は度重なる遠征や大寺院の建設などで、国力を急激に疲弊させていきます。寺院建設の公共事業はかつてのような景気刺激効果を失い、財政を逼迫《ひっぱく》させる要因となっていきます。

1283年、アンコール王朝はフビライ・ハンの侵攻を受け、モンゴルに臣従します。15世紀、タイのアユタヤ朝が強大化し、仏教によって中央集権化を進めていきます。アンコール王朝はアユタヤ朝に侵略され、1431年、王都アンコールは陥落しました。

Chapter 13

中国文明に対抗するインド文明の最前線

【d地域：分断】ベトナム南部のヒンドゥー教

◆ベトナム中南部はヒンドゥー文明圏だった

ベトナム中部の世界遺産都市ホイアンの西方約40キロのところに、ミーソン聖域と呼ばれる世界遺産に登録されているヒンドゥー教寺院の遺跡群があります。「ミーソン」とは「美山」のベトナム語読みです。

ミーソン聖域で、4世紀後半から、神殿の建造がはじまり、7世紀から13世紀にかけて大規模な神殿がつくられるようになります。そのほとんどがカンボジアのアンコール・ワット遺跡群より古い時代のものです。神殿は複雑な造形や精緻なレリーフ等の装飾を施され、アンコール遺跡群に劣らない高度な技術力を示しています。

なぜ、このようなヒンドゥー教寺院の遺跡がベトナムにあるのでしょうか。もともと、ベトナム中南部に居住していたチャム人は北部ベトナム人とは民族が異なっています。チャム人たちは古代において、北部のベトナム人と同じく、中国の支配を受け、中国文明の影響を受けていました。

しかし、後漢時代の１９２年に独立します。チャム人たちは自らの王国を形成し、その王国を「チャンパー王国」と名づけます。チャンパー王国は3世紀の三国時代、呉に使者を送り、朝貢しています。チャンパー王国は中国の史書に、「瞻波」、「占婆」、「林邑」、「環王」、「占城」と記されています。

ミーソン聖域の神殿（著者撮影） 20世紀初頭、フランス人に発見されたが、その後、美術品の多くが盗掘により失われた。ベトナム戦争でアメリカ空軍の爆撃を受け、遺跡全体が大きく損傷。盗掘を免れた一部の石像はダナン市のチャム彫刻博物館に収蔵されている。

9世紀以降、「占城」という表記が一般化します。チャンパー王国を原産とする早稲の占城稲（チャンパー米）が中国に伝わり、江南地方の二期作を可能にして、米の生産高が急速に増しました。チャンパー王国は中国も一目置く強大な国でした。

図13-1　扶南国とチャンパー王国

◆なぜ、中国文明圏から離脱したのか

チャンパー王国の発展はメコン川下流域（カンボジア南部やベトナム南部）を領域としていた扶南国《ふなんこく》と大きな関係があります。

扶南国は1世紀から7世紀にかけて栄えたヒンドゥー教の国家です。「扶南」は中国から付けられた名称で、彼ら自身が自らを何と呼んでいたのかは不明です。民族はチャム人と同じオーストロネシア系で、マレー半島やインドネシア島嶼部の海洋民族と同じ系統であり、クメール人（カンボジア人）とは異なります。

扶南国は中国とインドをつなぐ海洋交易によって栄え、外港オケオには、莫大な富が集積していました。扶南国はとくに、インドと盛んに交易をしており、インド文化の受容が1世紀頃からはじまり、多くのインド人が官僚として採用され、サンスクリット語が法律用語として使われるなど、東南アジアで最も早くインド化された先進地域でした。

4世紀頃から隣国のチャンパー王国に、扶南国の高度なインド文化が伝わり、チャンパー王国も中国の文化圏から脱して、ヒンドゥー教を受け入れます。密林に暮らす人々の精神世界にヒンドゥー教は馴染みやすく、ヒンドゥー教は一気に広まります。こうした状況で、前述のミーソン聖域のヒンドゥー教寺院が建造されます。扶南国の人々と同系列の言語をもつチャム人は親近性が強く、両者の移住や混血も頻繁であったことでしょう。

チャンパーはインドシナ半島におけるインド文明の最前線として、中国文明に対抗する勢力となりました。

◆チャンパー王国の落日

6世紀に、カンボジア北部のクメール人の真臘が台頭し、南部の扶南と激しく戦います。628年、真臘のイシャーナヴァルマン1世が扶南を滅ぼします。商業国家の扶南は軍備を疎かにし、国家が団結しておらず、北方の農耕勢力の団結に屈することになります。

ミーソン聖域の碑文には、扶南の滅亡について記されています。チャンパー王国にとって、文化的に宗主的な地位にあった扶南の滅亡は大きな出来事でした。

その後、真臘から発展したアンコール王朝が強大化し、チャンパー王国は後退し、11世紀には、王都のダナンやミーソン聖域を放棄し、南方のヴィジャヤ（ビンディン省の省都クイニョン付近）に遷都しています。

12世紀に、チャンパー王国はアンコール王朝に服従します。チャンパーは13世紀には、北ベトナムの統一王朝の陳朝と同様に、モンゴルの元軍を撃退し、アンコール王朝の支配からも脱します。

陳朝などのベトナムの統一王朝は北部の紅河《こうが》（ソンコイ川）デルタというハノイ周辺の領域を支配するのみにとどまっており、中南部のチャンパー王国の領域に支配は及んでいませんでした。しかし、15世紀に成立した黎《れい》朝は強大な軍事力をもち、南進してきました。そして、1471年に首都ヴィジャヤを占領され、チャンパー王国は滅亡しました。黎朝は南北ベトナムを統一します。

チャンパー王国の遺民であるチャム人はベトナム南部の海岸地帯や山岳地帯に移住し、現在でも、少数民族として暮らしており、ヒンドゥー教文化を継承しています。

Chapter 14

ヒンドゥー教とイスラム教の宗教覇権に対抗する小宗教

【e地域：対立】インド西北部のジャイナ教やシク教

不殺生《ふせっしょう》主義のジャイナ教徒の食事

ジャイナ教というのは一般に聞き慣れない宗教かと思います。ジャイナ教はインドを中心に５００万～１０００万人の信者がいるとされます。徹底した不殺生《ふせっしょう》で知られ、肉食をしません。歩くときや座るとき、ホウキで掃いて、虫などの小さな生物を踏み殺さないように気をつけます。この世に与えられた生命はすべて、神聖で尊いという信条をもち、彼らは不殺生を「アヒンサー」と呼びます。

神戸の北野異人館街に、ジャイナ教寺院があります。私がそこを訪れたとき、インド人の信者たちに「本当に肉食をしないのか」と聞きました。彼らはガッチリした体格で、菜食主義者には見えなかったからです。肉や魚を一切、口にしないと答えたので、「毎日、何を食べているのか」と聞くと、カレーを食べることが多いと答えました。もちろん、肉の入っていない野菜カレーです。米やナンは普通に食べ、牛乳やヨーグルトをよく口にして、動物性のタンパク質を摂取しているとのことです。体格がよいのも頷けました。

酒は禁じられています。また、ジャガイモやニンジンなどの根菜を食べるのも禁じられています。根を収穫すると植物の命を丸ごと絶ってしまうからです。彼らはたとえ蚊に刺されても、はたき殺すことはしません。蚊が血を吸っているのをただ見守るだけと言っていました。

図14-1　ジャイナ教信者の多いエリア

日本人のジャイナ教信者もいます。ジャイナ教信者の多くは金持ちで、インドでは、全人口の1％にも満たないジャイナ教徒が税金の約4分の1を納めています。マックス・ウェーバーは20世紀初頭、著作『インドの宗教』で「人口わずか0・5％のジャイナ教徒が、インドの富の50％を所有している」と書いています。

ジャイナ教徒に金持ちが多いのは、ジャイナ教が商人層に支持されたからです。徹底した不殺生で、世を平和に導こうとするジャイナ教の教義が商売繁盛を願う商人たちに受け容れられました。ジャイナ教が他の宗教に対して寛容であったことも、異教徒と交易をする商人にとって、都合がよかったのです。

グジャラート州やマハラシュトラ州などのインド西部の商人に信者が多く、これらの地域に荘厳な寺院が建立されています。

◆富裕なジャイナ教が覇権を握れなかったわけ

ジャイナ教の開祖はヴァルダマーナです。信者たちはマハーヴィーラ(「偉大なる勇者」の意)という尊称で呼びます。ヴァルダマーナはブッダとほぼ同時期の人物で、ブッダの生没年が諸説あるように、ヴァルダマーナの生没年もはっきりしていませんが、前6〜前4世紀頃に活躍したとされます。「ジャイナ(Jaina)」とは迷いに打ち勝った「ジナ(Jina)」(勝利者)の教えを意味します。

ジャイナ教では、不殺生などの戒律とともに、ヴァルダマーナに倣《なら》い、苦行が求められます。また、財産の所有も悪とされ、無欲無我の境地を目指さなければなりません。ヴァルダマーナは所有の欲求は必然的に増幅して強欲となり、それは他人を害し、最後は殺生につながると説

ヴァルダマーナ像（シアトル・アジア美術館蔵） ヴァルダマーナは苦行を続け、72歳で断食により、「身体を放棄して解脱」し、死去した。

いています。そのため、衣服さえ所有してはならず、衣服を用いない裸形《らぎょう》が修行の理想とされます。

ジャイナ教はこうした厳しさのために、仏教よりも信者を拡大させることができませんでした。ジャイナ教は富裕でありながらも、数の力をもたなかったため、宗教覇権を形成することができませんでした。

一方、在家の信者が財産を寄進することにより、所有などの罪を減ずることができるという妥協策も示され、富裕な商人の支持を獲得しました。

ジャイナ教は仏教と同じく、バラモン教を否定し、絶対神を介在させず、人間の生き方や心得を説きました。ブッダの死後、ジャイナ教は仏教により、批判されます。ヴァルダマーナは「真理は多様に表現され得る」として、一方的断定を避ける相対主義を重視しましたが、絶対真理を信じる仏教はこの相対主義を認めなかったのです。

◆アージーヴィカ教「人間の努力は無駄である」

仏教やジャイナ教のほかに、バラモン教に反対した宗教として、アージーヴィカ教があります。「アージーヴィカ」とは「命ある限り」という意味で、信者は文字通り、命ある限り誓いを守らねばなりませんでした。マウリヤ朝のアショーカ王碑文に仏教、バラモン教、ジャイナ教と並んで、アージーヴィカ教のことが記されています。

アージーヴィカ教はマッカリ・ゴーサーラというヴァルダマーナの弟子であった人物によって創始されました。運命がすべてを決定しているという悲観的宿命論とともに、苦行により餓死し、現世への執着を絶つことを喜びとしました。断食による餓死である「スッダーパーヤナ」という苦行が心や身体によるすべての行為を消滅させる解脱であり、救済であるという厭世《えんせい》主義に立脚しています。一時期、興隆しましたが、13世紀以後、消滅します。

マッカリ・ゴーサーラは「人間の努力は無駄である」と虚無主義を主張したため、ブッダや師のヴァルダマーナによって批判されます。

戦闘集団であったシク教

16世紀初め、ヒンドゥー教の改革を訴え、ナーナクがシク教を創始します。インド西北部からパキスタンにまたがるパンジャーブ地方を拠点として、勢力を拡大しました。「シク」とはサンスクリット語で「弟子」の意味で、開祖ナーナクを師（グル）とする、その弟子（シク）たちの宗教ということでシク教と呼ばれるようになりました。

シク教はイスラム教の影響を受け、偶像崇拝やカーストを否定しました。一切の具象を伴わない「絶対真理（サト・ナーム）」という純粋理念のみを信仰します。初代のナーナクから10代のグルが存在しました。第10代グルの息子たちがムガル帝国との戦争で戦死し、グルの継承

図14-2　シク教の拠点、パンジャーブ地方

者が途絶えます。10代のグルたちの言葉は『グル・グラント・サーヒブ』に収められ、シク教の聖典とされています。

シク教は当時のムガル帝国（イスラム）に抵抗し、19世紀には、イギリスの侵略に対しても戦いました。そのため、シク教は戦闘集団としての色彩を強め、信徒たちは常に日本の武士のように剣を持ち歩きます。

シク教徒は現在、パンジャーブ地方を中心に約2400万人の信者がいます。インドのヒンドゥー教やパキスタンのイスラム教を嫌い、イギリスやアメリカ、香港などに移住したシク教徒も多くいます。本拠はインド西北部のアムリットサルの黄金寺院（ゴールデンテンプル）です。シク教徒の一部の過激派はインドからの独立を主張しました。インディラ・ガンディー首相は独立運動を武力で鎮圧したため、過激派によって1984年暗殺されました。

◆なぜ、シク教というマイナー宗教が生まれたのか

シク教徒はインド全体で1・7％の人口シェアをもっています。なぜ、このようなマイナー宗教が16世紀に誕生することになったのでしょうか。これは、シク教が発祥したパンジャーブ地方の事情が関係しています。

図14-3 インド宗教人口の割合

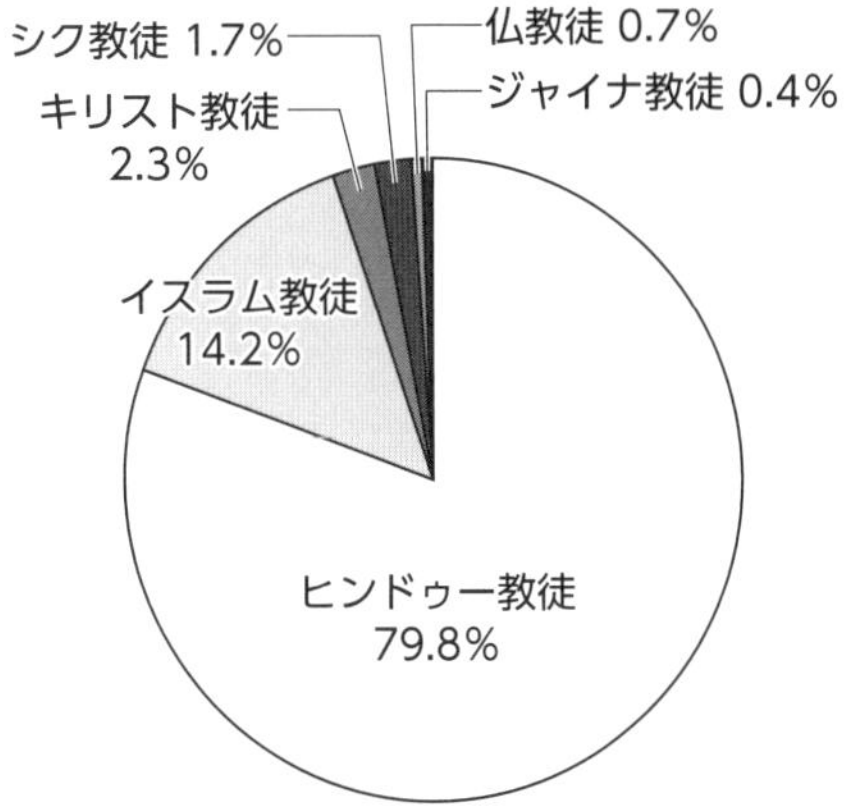

（2011年　インド国勢調査）

16世紀にムガル帝国が成立する以前、パンジャーブ地方はデリー・スルタン朝（次のChapter15参照）と呼ばれるインド北西部を支配していたイスラム王朝の拠点でした。この地域には、パンジャーブ語という独自の地域言語があります。

パンジャーブ地方は歴史的にイスラム教が信奉されていた地域でしたが、インドのヒンドゥー教文化も流入して、半ば混在していました。インド人の移住もあり、パンジャーブの地域民はイスラム教とヒンドゥー教に分断されました。

地域勢力の集団的な結束を強めるため、イスラム教でもない、ヒンドゥー教でもない、第3の道が必然的に模索されるようになります。パンジャーブ地方はインドから中央アジアや中東へとつながる交通の要衝で、古来、貿易で栄え、富も集積していました。この地域が結束すれば、非常に大きな勢力になり得るという経済的な思惑もあり、シク教のような新宗教の枠組みが社会的に要請されたのです。また、シク教が誕生した16世紀初めはデリー・スルタン朝時代の末期で、王朝のイスラム教支配が緩み、社会の流動性が増し、経済的には飛躍しながらも、政治的には安定しませんでした。

宗教というものは概して、経済の繁栄と政治の不安定化という社会の亀裂の中から誕生するということが一般原理としてあります。シク教の誕生もそのような一般原理の典型といえます。

シク教徒は17世紀後半に、ムガル帝国のアウラングゼーブ帝の弾圧に抵抗して戦い、結束を強めていきます。そして、西北インドの一大勢力となり、豪族のランジート・シングがシク教徒をまとめ上げ、1801年、首都をラホールに定めて、シク教国を建国します。

しかし、1839年、ランジート・シングが死去すると、内部紛争が生じ、イギリスがその混乱の隙をついて、侵攻します。

勇敢なシク教徒たちもイギリス軍の火力を前に敗北し、1849年、シク教国は滅ぼされ、パンジャーブ地方はイギリス領植民地となります。

ランジート・シング（マヌ・カウル・サルージャ画、2009年、個人蔵）　シク教勢力の全盛時代を築き上げ、パンジャーブ地方を本拠に領土を拡大した。武の守護者として、シク教徒に崇められている。

Chapter 15

ムガル帝国のイスラム主義の継承者

【f地域：残存】パキスタン・バングラデシュのイスラム教

なぜ、パキスタンはイスラム化されたのか

２０１９年８月に、インドのシン国防相はツイッターで、「インドは核の先制不使用方針を固く守っているが、将来どうなるかは状況次第だ」と投稿し、核の先制使用もあり得ると述べました。同年２月、両国が領有権を主張するカシミール地方で、パキスタンのイスラム過激派がインドの治安部隊を攻撃し、緊張が高まったことが背景にあります。

これに対し、パキスタンのカーン首相は「核兵器による先制攻撃は行なわない」と表明し、インドが国際社会で責任ある行動を取っていないと批判しました。インドとパキスタンはともに核武装しています。

パキスタンは国土の面積が日本の約２倍あり、２億人もの人口を擁する巨大国家です。西はイラン、東はインド、北は中央アジアにつながる交通の要衝で、古来、様々な民族が集う「人

種の坩堝《るつぼ》」として、インド系、イラン系、トルコ系などの少数民族が無数に分布しています。しかし、どの民族もイスラム教を信奉しており、宗教が連帯の基盤となっています。

中国北方に居住していたトルコ人が8～9世紀に西進し、中央アジアへ入り、10世紀にカラハン朝を建国します。さらに、トルコ人は同世紀、アフガニスタンのガズナ（ガズニー）を首都として、ガズナ朝を建国します。トルコ人らはイスラム教を受容し、これ以降、中央アジア、アフガニスタン、パキスタンがイスラム化されはじめます。もともと、この地域は仏教やヒンドゥー教が信仰されていました。

13世紀に、モンゴル人勢力が台頭し、中央アジアを席巻すると、トルコ人は南部に押し出され、パキスタンや西北インドに、デリー＝スルタン朝と呼ばれるイスラム5王朝が16世紀まで、興亡します。デリー＝スルタン朝時代に、仏教やヒンドゥー教を奉じていた土着豪族が武力で一掃され、イスラム化統一が達成されていきます。

この地域の諸民族はバラバラのまま分断されているよりも、イスラムにより統合され、地域勢力の団結を推進していったほうが経済的にも政治的にも有利と考える、世俗的な動機をもっていました。

また、イスラム教の寛容性が、諸民族の世俗的な利害関係を柔軟に調整するツールとして、この地域では有効に機能したことも大きな特徴でした。統合も強権的なものではなく、穏健で

図15-1　インドへと向かうイスラム化の波

	時期	地域	支配勢力
第1波	10～16世紀	西北インド	ガズナ朝～デリー＝スルタン朝
第2波	16～18世紀	インド中央部	ムガル帝国 → イスラム化失敗

緩やかな地域連合の形態で、諸民族の文化や慣習などが尊重されました。

ヒンドゥーの土着豪族

イスラム化はパキスタンや西北インドに及びましたが、最終的に、インド中心部には及びませんでした。図15-1のように、16世紀からイスラム教国のムガル帝国がインドで成立しますが、インド人たちのヒンドゥー教信仰を揺るがすことはできませんでした。

ムガル帝国の前身はモンゴル帝国です。チンギス・ハンらモンゴル人はもともと、原始的な自然神を信仰していました（現在、モンゴル人のほとんどはチベット仏教を信仰）。チンギス・ハンの孫のフラグが中東でイル・ハン国を建国します。このイル・ハン国の7代目ハンのガザン・ハンが１２９５年、即位したとき、イスラム教を正式な国教と定めます。

14世紀末、イル・ハン国をはじめとするチンギス・ハンの末裔たちの国家はティムール帝国に吸収統合されます。ティムール帝国もイスラム主義を継承しました。１５０７年、ティムール帝国が消滅したとき、ティムール帝国の皇族の1人であるバーブルはティムール帝国の残存勢力を率い、中央アジアを捨て、豊かなインドへと南下します。

バーブルは前述の北西インドのデリー・スルタン朝最後のロディー朝を破り、1526年、デリーを占領して、ムガル帝国を建国しました。

ムガル帝国の「ムガル」は「モンゴル」が訛《なま》ったものです。ティムール帝国はモンゴル人政権で、ティムール帝国の王族であるバーブルもまた、モンゴル人政権の後継者であったため、「ムガル」と呼ばれるようになります。

ムガル帝国はイスラム教を奉じていましたが、3代目皇帝のアクバルは現地インド人のヒンドゥー教を認め、人頭税（ジズヤ）を廃止するなどして、ヒンドゥー教徒との融和に努めました。アクバルはインドのヒンドゥー土着豪族を排斥することは不可能と考え、融和が得策と考えたのです。

17世紀後半に君臨した6代目皇帝アウラングゼーブはヒンドゥー教や土着豪族を弾圧し、イスラム化統一を図りますが、失敗します。アウラングゼーブはヒンドゥーの土着豪族を制圧しない限り、帝国としての実態を確立できないという信念をもっていましたが、実現することはできませんでした。

こうした意味では、ムガル帝国は統一帝国というものの、真の統一は達成されておらず、実際には、ヒンドゥーの土着豪族が各地で割拠する分断状況が中世以来変わることなく続いていました。

ムガル帝国において、ヒンドゥー教徒の全人口に占める割合は今日のインドと同じく、8割くらいと想定されます。インドの歴史において、ヒンドゥー教徒の割合は一貫して圧倒的多数を維持していたのです。

中国を巻き込んだインド・パキスタン戦争

19世紀、イギリスの侵略により、ムガル帝国が崩壊させられると、イスラム勢力はパキスタンやインド北東部（バングラデシュ、後段詳述）にのみ残存することになります。イギリスは植民地支配において、ヒンドゥー教勢力とイスラム教勢力を互いに反目させて、対立を煽りながら、両者を分割統治していました。

イギリスの策謀で、ヒンドゥーの国民会議派とイスラムの全インド・ムスリム連盟の政治対立も増幅されていき、融和不可能な状態となります。1947年、イギリスのアトリー内閣のもとで、イギリス議会がインド独立法を可決したことにより、インドとパキスタンが分離して、それぞれ独立します。

ムハンマド・アリー・ジンナー　パキスタン建国の父。パキスタン人はヒンドゥー教のインド人とは民族が異なるため、彼らとは異なる独立した国家をもつべきとする「二民族論」を唱えた。

ガンディーは分離独立に強く反対しましたが、両者が妥協する余地はありませんでした。インドはネルーを首相とし、パキスタンはジンナーを総督としました。

ガンディーはイスラム勢力との対話を試み続けましたが、ヒンドゥー教徒はガンディーの融和姿勢を裏切りと捉えました。ガンディーは１９４８年、狂信的なヒンドゥー教徒の青年によって暗殺されます。

イギリスは国境のカシミール帰属問題などを解決せず、半ば問題を放棄する形で両国の独立を承認したために、その直後、インド・パキスタン戦争が起こり、今日に至るまで事実上の交戦状態にあります。インドは１９７４年、核保有し、パキスタンもこれに対抗して、１９９８年、核保有しました。

インドは当初、中国と友好的でしたが、１９５９年、チベットで中国に対する反乱（チベット動乱）が起こると、ネルーはチベット支持を表明し、ダライ・ラマ14世の亡命を受け入れ、中国との関係を悪化させます。そして、１９６２年、中印国境紛争（中印戦争）が起こります。これ以降、中国はインドを牽制するため、パキスタンを支援します。追い込まれたネルーはアメリカに援助を求め、インド・パキスタン戦争の構図が複雑化します。

中国は近年、経済圏構想「一帯一路《いったいいちろ》」の中核として、「中国・パキスタン経済回廊」を打ち出し、ますます、パキスタンとの連携を強めています。

シク教・パンジャーブ、スリランカ

このほか、インド政府はシク教勢力とも抗争しました。１９６６年、ネルーの娘のインディラ・ガンディーが首相となります。インディラはインド・パキスタン戦争の戦時体制を理由に、強権的な政治運営を進めます。自治の要求をしていたパンジャーブ州のシク教徒を武力で弾圧したため、シク教徒により、１９８４年、暗殺されます。

インド政府はシク教徒への弾圧を強めますが、シク教はインド航空機を爆破するなどのテロを過激化させます。１９９０年代前半以降、両者の話し合いにより、対立は緩和されますが、根本的な解決には至っていません。パキスタンが背後からシク教勢力を支援しているとも見られています。

図15-2　スリランカ内戦の構図

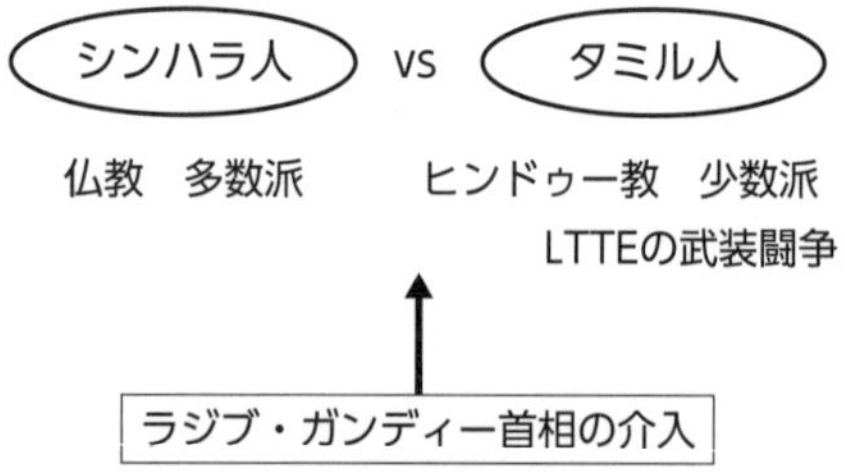

インディラ・ガンディーが暗殺されると、その息子のラジブ・ガンディーが首相となります。ラジブは１９８７年、スリランカ内線に介入し、軍を派遣します。

スリランカでは、インド・アーリア系で仏教徒のシンハラ人と、ドラヴィダ系（インド原住民）でヒンドゥー教徒のタミル人との民族・宗教的な対立が激化していました。多数（約70％）を占めるシンハラ人に対し、少数（約20％）のタミル人が分離独立を要求、「タミル・イーラム解放の虎（ＬＴＴＥ）」が武装闘争を開始し、１９８３年、スリランカは内戦となります。

ラジブはシンハラ人とＬＴＴＥとの仲介に乗り出しましたが、事態の改善には至らないまま、１９９０年、インド軍を撤退させます。１９９１年、ラジブは選挙戦の最中に、彼を裏切り者と考えるタミル人の狂信者によって、暗殺されました。２００９年、ＬＴＴＥはスリランカ政府軍により鎮圧され、内戦は終結しました。

内戦後、スリランカでは高い経済成長が達成され、復興も進んでいますが、シンハラ人とタミル人の対立が根本的に解消されたわけではありません。

◆バングラデシュがイスラム教国であるのはなぜか

1971年、インドはパキスタンの飛び地である東パキスタンの分離独立運動を支援し、バングラデシュとして分離独立させます。バングラデシュは国土は日本の約4割しかありませんが、人口は約1億5000万もあり、首都ダッカの人口密度は世界最高水準です。

図15-3 パキスタンとバングラデシュ

ガンジス川下流のベンガル地方では、イスラム教徒が大部分を占めていました。1947年、インドとパキスタンが分離独立したとき、この地域のイスラム教徒たちはヒンドゥー教のインドに統合されるのを嫌がり、パキスタン政府に参加し、パキスタンと国土が離れた飛び地となります。

しかし、東西のパキスタンは民族も言

語も異なり、領域も離れていたため、ベンガル人（東パキスタン人）はパキスタンからの分離独立を目指すようになります。インドはこれを、パキスタンを弱体化させる絶好の機会と捉え、上記のように、ベンガル人の分離独立を支援し、バングラデシュを成立させたのです。

ベンガルはもともと、14世紀にイスラム化されました。西北インドのデリー＝スルタン朝の分派であるベンガル＝スルタン朝がこの時代に成立し、ヒンドゥーの土着豪族を排斥し、イスラム化を進めます。ベンガル＝スルタン朝はムガル帝国のアクバルに滅ぼされる16世紀後半まで続きます。

今日、バングラデシュでは、イスラム教徒が人口の約9割を占めていますが、これはベンガル＝スルタン朝とムガル帝国のイスラム主義を歴史的に引き継いだものです。

Chapter 16

イスラム教勢力が狙ったマラッカ海峡の交易利権

【g地域：再派生】マレーシア・インドネシアのイスラム教

◆イスラム主義で中国資本に対抗

インドネシアとマレーシアはイスラム教国です。インドネシアの人口の約9割がイスラム教徒で、マレーシアは6割以上がイスラム教徒です。

インドネシアで、ジャカルタなどの都市部の若い人々を中心に、イスラム教の熱心な信徒が増えています。彼らは都市生活の寂寞《せきばく》の反動として、イスラム教に心の拠り所を求めているのです。

２０１６年の2月12日、イスラム強硬派はイスラム主義の復権のためのデモを行ない、それ以降、この運動は「２１２運動」と呼ばれるようになります。２１２運動を推進する人たちは、非イスラム、とくに中国系が経済を牛耳っていることに強く反発しています。インドネシアの人口の大半はイスラム教徒であるにもかかわらず、中国系の企業の売上が大半を占めています。

不満を抱く貧困層が中心となり、212運動を通して、非イスラム教徒からインドネシア経済を取り戻し、中国系資本を排除しようとしているのです。

212運動に参加する人々は「212マート」というスーパーマーケットをインドネシア各地につくり、イスラム教の教えに反する酒や肉などの商品を置かないようにしており、また、イスラム教徒の生産した商品を優先的に置きます。こうして、中国系の店の商品を買わないように、呼びかけているのです。212運動は着実な拡がりを見せています。

マレーシアでも、イスラム主義の復権運動が盛んです。マレーシアの二大野党で、イスラム主義を掲げる統一マレー国民組織（UMNO）と全マレーシア・イスラム党（PAS）は連合を結成し、政権交代を目指しています。これらの野党連合は、マハティール政権が中国系資本に妥協的であると見なし、マハティール政権では、マレー系住民の優遇（ブミプトラ）政策を推進できないと考えています。

インドネシアもマレーシアも、イスラム主義復権により、多数派のイスラム教徒が団結し、経済を中国系から取り戻そうとしています。いわば、階級・経済闘争に宗教がうまく利用されている側面もあります。

カンボジアやミャンマーなどの仏教国は中国資本に対抗する軸がなく、金の力でねじ伏せられ、中国による事実上の経済侵略を被っている一方で、インドネシアやマレーシアはイスラム教で対抗しようとしているのです。

イスラム教勢力の東南アジア進出

インドネシアやマレーシアはもともと仏教国でした。スマトラ島に本拠を置くシュリーヴィジャヤ王国が消滅する14世紀には、イスラム商人がマラッカに進出し、インド・中東イスラム圏と中国の明王朝を中継貿易でつなぎ、莫大な富を蓄積していました。

このイスラム商人たちはアラブ系、イラン系、トルコ系など中東やインドから来航した人々で、彼らが現地の人々を取り込んで、イスラム教勢力を形成していきます。この時代、造船や航海の技術が飛躍的に上がり、イスラム教勢力が海洋進出を活発に展開していました。イスラム教勢力が交通の要衝、マラッカ海峡を狙い、交易利権を独占しようとしたのは必然でした。

中世の時代から、仏教国として栄えたシュリーヴィジャヤ王国は北方のタイ・アユタヤ朝の攻撃に晒されていました。アユタヤ朝の攻撃から逃れるため、シュリーヴィジャヤ王国の王族はマレー半島に移住します。このとき、王族はイスラム教勢力を頼り、イスラム教に改宗します。そして、マレー半島で１４０２年、新たにマラッカ王国を建国します。

「マラッカ」という地名の語源についてですが、シュリーヴィジャヤ王族がスマトラからマ

図16-1　東南アジア島嶼部の王朝変遷

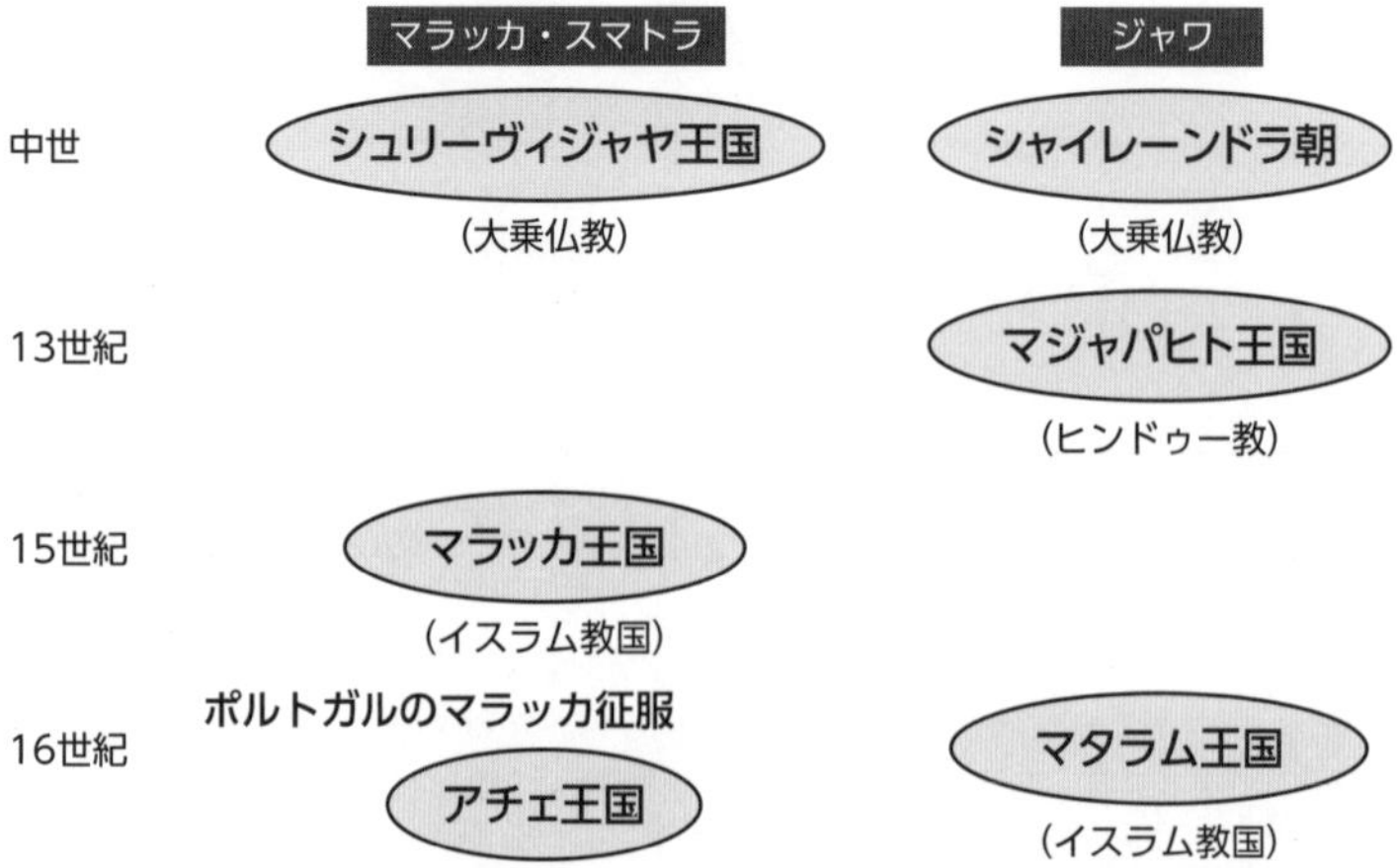

レー半島に逃れた際に、「この地の名前は何か」と現地人に聞いたとき、現地人が「この木の名前は何か」と問われたと勘違いして、側にあった木の名前である「マラカ（トウダイグサ科コミンソウ属の落葉高木）」と答えました。そして、この地は「マラカ」と名付けられ、王都となりました。「マラッカ」は「マラカ」の英語読みです。

　マラッカ王国は東南アジア最初のイスラム国家です。マラッカ王国は仏教国のアユタヤ朝に対抗するために、イスラム教を奉じ、結束することが戦略的に好都合でした。

　当時のアラブ人の航海者たちは、マラッカ王国における人々のイスラム教の戒律意識が低く、飲酒や肉食をしていたと記しています。イスラム教は支配層や商人らに信奉されていましたが、すべての人々に浸透していたとはいえず、また政治戦略上の政策という側面もあり、その信仰は緩いものでした。今日でも、マレーシアやインドネシアのイスラム教徒と称する人が半ば公然と飲酒しています。

マラッカ海峡からスンダ海峡へ

マラッカ王国の成立以降、イスラム商業圏の拡大とともに、マレーシアのみならず、インドネシア、ブルネイ、フィリピン南部などの東南アジアの島嶼部にイスラム化の波が及びます。16世紀後半、ジャワ島でヒンドゥー教国のマジャパヒト王国に代わり、イスラム教国のマタラム王国が建国されます。

14世紀から16世紀に、イスラム教勢力は世界的に拡大しました。ティムール帝国、オスマン帝国、マムルーク朝、ムガル帝国などの強大なイスラム国家が興隆します。この時期に、モロッコの大旅行家イブン・バトゥータ（１３０４〜１３６８年）などが世界を巡っています。拡大するイスラム教勢力が海を渡り、マラッカ海峡に到達したことは時代の必然でした。

マレーシアのマラッカ王国は15世紀後半に最盛期を迎えますが、16世紀以降、大航海時代に入ったヨーロッパ勢力が進出してきます。１５１１年、圧倒的な火力を武器にしたポルトガル人によって、マラッカを占領され、マラッカ王国は滅ぼされてしまいます。

図16-2　マラッカ海峡迂回ルート（16世紀後半）

ポルトガルがマラッカ海峡を制圧したため、イスラム商人やマラッカ王国の残存勢力はスマトラ島に渡り、島の西沿岸域に港をつくり、マラッカ海峡を経由せずに交易ができるルートを新たに形成します。

このルートの開発により、スマトラ島のアチェ王国、バンテン王国が新たに発展します。これらのイスラム教勢力はポルトガルに対抗します。

スマトラ島西沿岸部のルート開拓により、スンダ海峡の重要性が増し、富がジャワ島にも波及して、前述のように、16世紀後半、イスラム教国のマタラム王国が誕生します。

しかし、17世紀以降、オランダが進出し、マラッカ、スマトラ島やジャワ島など地域全体を植民地化していきます。

第3部

ヨーロッパ
―宗教改革がもたらした近代国家の誕生―

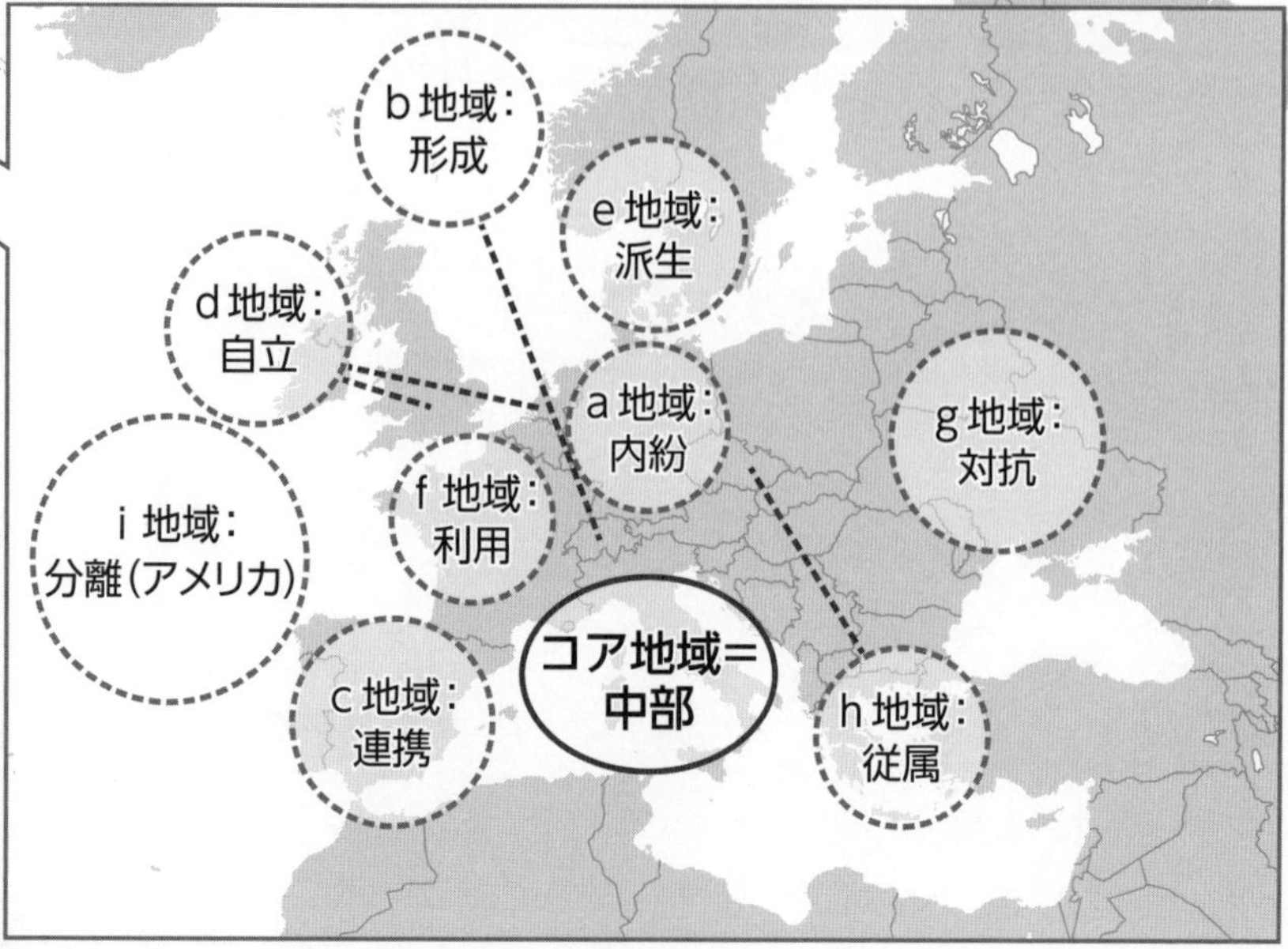
b 地域：形成
e 地域：派生
d 地域：自立
a 地域：内紛
g 地域：対抗
i 地域：分離（アメリカ）
f 地域：利用
コア地域＝中部
c 地域：連携
h 地域：従属

Chapter 17

「わが声はペトロの声なり」、教皇の宗教統治

【コア地域＝ヨーロッパ中部】カトリックの権威主義体制

◆「法王」から「教皇」の呼称にメディアが一斉に変えたわけ

ローマ教皇が２０１９年11月23日、38年ぶりに来日されました。

１９８１年のヨハネ・パウロ２世のとき以来です。フランシスコ教皇は３日間、日本に滞在し、被爆地の広島や長崎を訪問され、核兵器の廃絶を訴えられました。教皇の演説は多くの人々に感銘を与えました。この演説を日本の周囲の核保有国や核保有国とされる国にこそ、真摯《しんし》に聞いていただきたいものです。東京ドームで行なわれたミサには教皇の演説を聞こうと５万人の人々が来場し、会場は熱気に包まれました。教皇は、日本が経済的に発展した一方で、利益や効率を追求する過剰な競争意識によって感性や豊かな人間性が失われている状況にあると警鐘を鳴らしました。

以前、ローマ教皇を「ローマ法王」と言い表わしていたメディアも、このときから「ローマ

教皇」でほとんど揃えるようになりました。

カトリック教会は「教皇」を正式な呼び名としています。1943年、日本とバチカン（ローマ教皇庁）が外交関係を樹立したとき、「法王」を定訳としたため、日本では、この呼び名が慣例となっていますが、カトリック教会は、世俗の君主のイメージの強い「王」という字を含む「法王」でなく、「教える」という字を含む「教皇」の方がふさわしいとしています。また、「王」でなく「皇」とするのも、かつて、教皇が皇帝（神聖ローマ皇帝など）と並び立つ存在であったという歴史的経緯を勘案されたものと考えられています。

2019年の教皇の訪日で、「法王」から「教皇」の呼称にメディアが一斉に変わったのは、韓国が天皇を「日王」と呼ぶ非礼とも関係していると指摘する識者もいます。日本のメディアもこうした他国の非礼から学び、称号に対して、いっそうの注意を払うべきとして、「教皇」の呼称に揃えたようです。

訪日の際、フランシスコ教皇聖下《せいか》は天皇陛下とも会見されました。神道の大神主である天皇とカトリックの最高指導者である教皇、世界を代表する宗教君主のお二人がこうして懇談されたのは、実に意義深いことです。

ところで、皇帝たる天皇はローマ教皇よりも格上とする俗説がありますが、そのような根拠はありません。そもそも、天皇と教皇の格や権威を比べることはできません。

◆ローマ・カトリック教会を揺るがすスキャンダル

2013年、フランシスコ教皇聖下が就任し、それまで隠蔽されてきた教会のスキャンダルに切り込みました。教皇は調査を命じ、不正を正そうとしています。

ローマ・カトリック教会の聖職者による性的虐待が数万件という規模で発覚し、世界の13億人のカトリック信者に衝撃を与えています。性的虐待は教会や教会が運営する学校で起きており、被害者の多くは未成年で、男児です。教会が事件を隠蔽しており、カトリックの神父や司教、枢機卿《すうききょう》など、あらゆる階層の聖職者が性的虐待に関わっていたとされます。

なぜ、男児が狙われているのか、聖職者たちの同性愛指向の原因は何か、はっきりとわかっていません。男性ばかりの神学校教育に問題があるのか、そういう嗜好をもった者が聖職者になりたがるのか、理由がわかっていないのです。聖職者は独身でなければならず、性的関係をもつことが禁じられています。

カトリックには、自らの罪を聖職者に打ち明ける「告解《こっかい》」という宗教文化があります。そこで、聖職者たちは精神的な接近を図り、性的虐待に及ぶとされます。

聖職者による性的虐待の問題は以前からありましたが、フランシスコ教皇聖下が不正を許してはならないという信念のもと、問題の追及を断行しているのです。

「カトリック」という言葉はギリシア語で「普遍的」を意味する言葉から来ています。異端や分派に対し、ローマ教会が自らの正統性を主張するため、この言葉を用い、ローマ教会は「ローマ・カトリック」と呼ばれるようになります。とくに、ローマ教会が東方のコンスタンティノープル教会との対立を強めていく8世紀以降に、東方の異端者に対し「カトリック」という言葉が使われるようになります。

教皇はキリストの12使徒の1人ペトロの後継者です。キリストの死後、ペトロがローマにやってきて、この地に教会を開きました。

当初、ローマ帝国の迫害を受けながらも、ローマ教会は信徒により守られ、発展していきます。ローマ帝国が4世紀にキリスト教を公認して以降、ローマ教会の地位が確立し、その主座である教皇の地位も認知されました。教皇は使徒ペトロに由来する特別な起源をもつことから、キリスト教世界の指導者となります。

5世紀半ばの教皇レオ1世は「わが声はペトロの声なり」と述べ、イエスや使徒の代理人を自認します。教皇の位は歴代引き継がれ、今日まで続き、現在のフランシスコ教皇は266代目です。

フランシスコ教皇はイタリア系アルゼンチン人です。教皇はイタリア人から選出されること

図17-1　キリスト教諸派

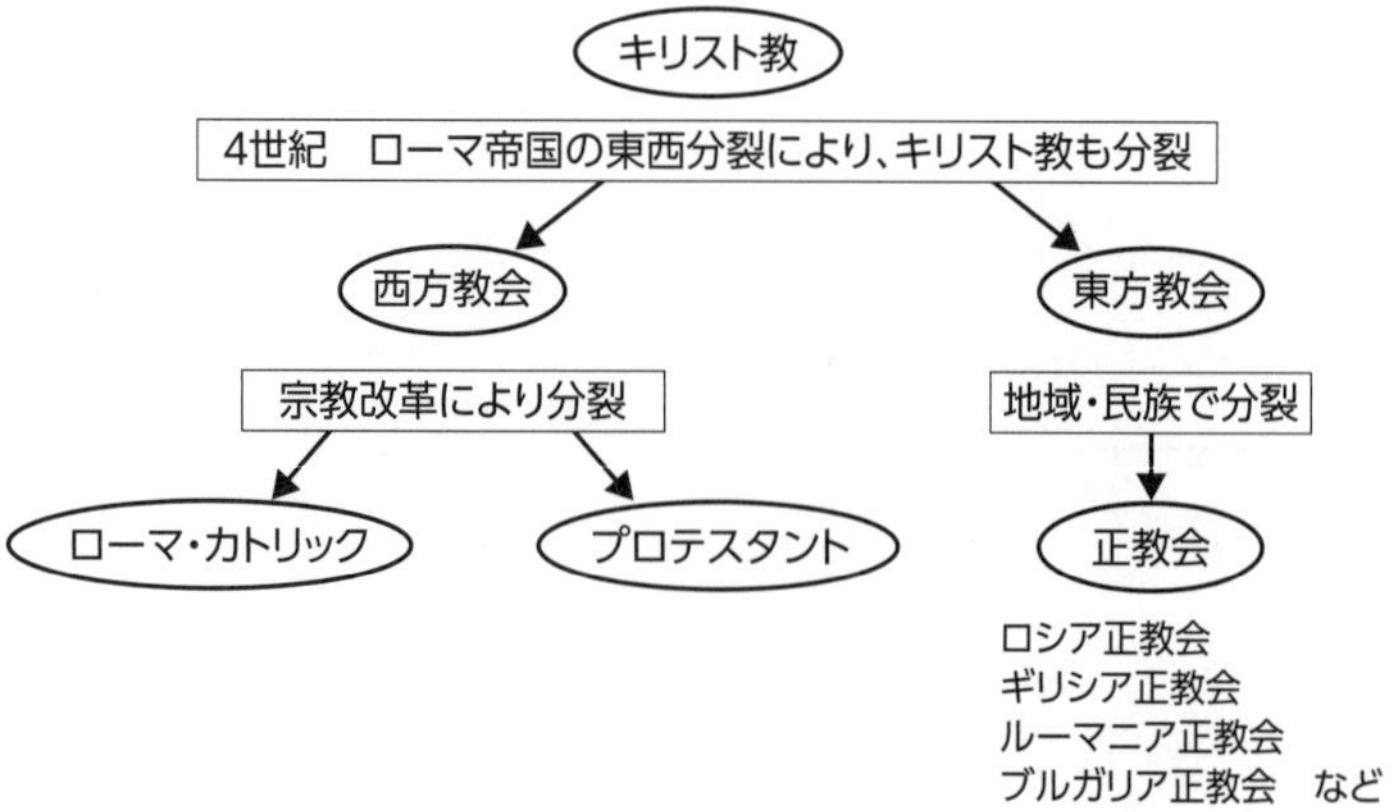

が多かったのですが、近年では、先々代のヨハネ・パウロ2世（在位1978〜2005年）がポーランド人、先代のベネディクト16世（在位2005〜2013年）がドイツ人であり、イタリア人以外からの選出が続いています。

教皇は各地のカトリック教会を代表する枢機卿（カーディナル）たちが「コンクラーベ」（ラテン語で「鍵がかけられた」の意）という選出会に集まり、外部と隔離された状態で教皇を選挙します。したがって、教皇位の継承は世襲ではありません。教皇の任期は原則として終身制です。

13世紀、教皇権力の絶頂期にあったインノケンティウス3世が「教皇は太陽、皇帝は月」と教皇権の強大さを喩《たと》えたことがありました。この時代、教皇は皇帝や王を従属させていました。教皇に逆らった神聖ローマ皇帝が教皇に跪《ひざまず》いて、許しを請うた「カノッサの屈辱」という事件などもありました。教皇の「太陽と月」の喩えは権威や権力の序列を表わす言葉として、よく知られます。

教会や聖職者の権力の源泉

ヨーロッパ中世において、教皇や聖職者は宗教世界だけに留まらず、世俗世界に対しても、支配権をもちました。ヨーロッパの各地域で徴税権を握り、地方政治を取り仕切り、軍隊をもコントロールしたのです。

聖職者がなぜ、そのような世俗的な力をもち得たのでしょうか。一言でいえば、聖職者に信用があったからです。神が絶対であった中世において、神の威光を背景にした聖職者の判断が尊重されました。あらゆる分野において、聖職者の判断が求められ、聖職者が認めたもののみが正当性をもち、それを中心として物事が回りました。

中世の時代、人間の叡智よりも神の叡智が優先され、神学上の解釈は法をはじめ、政治制度、商慣習など、あらゆる分野に大きな影響を与えました。中世の神学は宗教上の範囲内に留まるものでなく、神学上の聖書解釈が神定法として、世俗法に直接反映されました。たとえば、ある1つの民事上の争いを裁くにあたり、聖書にはどう書かれているかを参考にして、法解釈を

『十字軍のコンスタンティノープル入城』（ウジェーヌ・ドラクロワ画、1840年、ルーブル美術館蔵）　第４回十字軍は聖地エルサレムには向かわず、同じキリスト教国の東ローマ帝国（ビザンツ帝国）のコンスタンティノープル（現イスタンブール）を攻略し、略奪した。

していくといった具合です。つまり、聖職者や神学者は法を司る裁判官でもあったのです。

近代ヨーロッパの法律は、中世の時代の神定法を基礎として、生まれたものです。そのため、ヨーロッパの近代法において、民法、刑法はもちろん、商法に至るまで、とくに罰則などの倫理規範を要するものに関し、キリスト教の倫理基準が隅々に反映されています。

日本は明治維新後、フランスやドイツの法律をもち帰り、それをほとんどそのまま、自国の法律としました。明治時代に制定された法文は、とくに民法などで、今日の現行法として継承されています。このような事実から、われわれ日本人も、知らずしらず、キリスト教の倫理観に大きな影響を受けています。

カトリックの最高指導者である教皇は世俗への介入を強め、11世紀にはヨーロッパ各地の有力者を従え、独裁的な権力を確立するに至ります。教皇は十字軍を編成し、軍事権をも握ります。十字軍は東側ヨーロッパに侵入したイスラム教国のセルジューク朝を撃退することに成功しました。

13世紀初頭に、十字軍はビザンツ帝国に圧力をかけ、東側ヨーロッパをも支配します。十字軍の指導者たる教皇の権威も高まり、教皇インノケンティウス3世の時代に教皇権力の絶頂期を迎えます。ヨーロッパには、教皇と皇帝という2つの権力がありました。一般に皇帝は世俗世界の指導者であるのに対し、教皇は宗教世界の指導者と解説されますが、教皇はこの時代、世俗世界をも支配し、皇帝を屈服させていました。

中世ヨーロッパで集権国家が生まれなかったわけ

教皇という宗教権威者を頂点に、教皇の息のかかった聖職者や地方豪族（諸侯）が支配階層を形成し、ヨーロッパ全域に拡がりました。そのため、中世ヨーロッパでは、キリスト教による連帯や、それに基づく宗教的な組織への帰属意識が強く、国家の存在やその意識が稀薄でした。宗教が国家や民族を超えて、連帯への意識の中核となっていたのです。中世において、フランス国王、イギリス国王、ドイツ皇帝などの国家君主は名ばかりのものでしかありませんでした。

教皇は強大な権力をもちながらも、地方の政治を地方の聖職者や豪族に委任し、地方分権的で緩やかな教皇連合体を形成していました。中央集権的な国家は生まれず、地方がそれぞれのやり方で、統治を任されていたのです。

この緩やかな分権体制のなかで、中世の都市が育ちました。都市は商工業により発展し、マーケットを生みます。マーケットでは、貨幣やモノが交換され、流通経済の拡散がヨーロッパ経済全体を浮揚させていきました。12世紀、ヨーロッパは空前の好景気に見舞われ、ヨーロッパ各地で商業都市が形成されます。

商業都市の経済発展により、商人同士の取引活動が増加していくなか、商取引のための法体系が必要とされ、また、商取引の環境やインフラを整備するために高度な行政機関も必要とされました。そして、前述のように、神学に基づく法が教会によって定められ、聖職者が法を司る裁判官として、法を運営しました。

教会が地方の行政権や徴税権を握り、行政機能や秩序維持の中心的な役割を担います。そのため、教会を中心に取り囲むようにして、都市が形成されます。

12〜14世紀に、建築技術が飛躍的に改良され、背の高い塔を積み上げる建築が可能となります。尖塔《せんとう》を特徴とするゴシック式と呼ばれる教会建築が主流となり、全ヨーロッパに普及し、教会建築のラッシュに入ります。ゴシックとは「ゴート族の」という意味です。ゴート族はゲルマン人のことです。イタリア人らが中世の初期に古代ローマ風のロマネスク様式の建築スタイルを展開したのに対し、中世の後期に、ドイツやフランスなどにおいて、ゲルマン文化を反映したゴシック様式が展開されました。

建物を支える技術の向上もあり、中世の初期の頃にはできなかった広い窓（ステンドグラス）を壁面に取ることもできました。フランスのアミアン大聖堂、シャルトル大聖堂、ノートルダム大聖堂、ドイツのケルン大聖堂、イギリスのカンタベリ大聖堂、イタリアのミラノ大聖堂など、代表的なゴシック式教会建築はこの時代につくられました。

景気の浮揚とともに、教会の税収も増えました。この富の余剰を、貧しい農村部にまで行き渡らせる再分配機能として利用されたのが、農村各地にも及んだ教会建設という公共事業でした。農村部の人々を教会建設に従事させることで、カネやモノを分配したのです。

教皇をはじめとする教会勢力は地方を区に細分化し、隅々にまで、支配権を及ぼそうとしました。教会によって区割りされた行政区を教区と呼びます。1教区に1つの教会が必ず建設され、地方行政を管轄する拠点とされました。ヨーロッパでは、どのような小さな村にも教会がありまず。日本の地方行政の区割り単位は学区です。1学区に1つの小学校が置かれ、学区を中心に、行政の管理が行なわれます。ヨーロッパでは、今日でも、教区が行政の単位として使われています。

◆「憤死教皇」ボニファティウス8世の真相

14世紀になると、十字軍の失敗が明らかになり、指導者の教皇の力が失われ、代わって、人間世界（俗権）の代表者である王が力をもちはじめます。また、それまで、教皇に付き従っていた各地の諸侯や都市商業勢力も、教皇から離れていきます。

フランス王フィリップ4世は国内のカトリック教会を支配するため、教会への課税を試みました。そのため、当時のローマ教皇ボニファティウス8世と対立します。

フィリップ4世は1302年、三部会という議会を開きます。三部会は聖職者、貴族、平民の代表による身分制議会です。フィリップ4世は諸侯らの土地所有の権利を認める代わりに、自分を支持するように求めました。三部会で諸侯らの支持を確保したフィリップ4世は教皇ボニファティウス8世をローマ東部郊外のアナーニで捕らえて幽閉します（アナーニ事件）。この事件で、教皇は屈辱のうちに憤死します。

ボニファティウス8世は世俗の欲にまみれた人物で、文学者のダンテなども「地獄に堕ちた教皇」と酷評しています。派手好きで、きらびやかな宝石を身につけていました。博打に入れ込む体質の人間で、夜な夜な教皇庁をカジノのようにしたとされます。また、大変な好色家で、多くの高級売春婦が教皇庁に出入りしました。

一方で、ボニファティウス8世は知性豊かな人物で、教会法に精通していました。若いときから学識が際立っており、枢機卿時代には、その学識ゆえに、教皇から信頼を得ていました。教皇に選ばれてからは、バチカンの公文書保管庫を改造して、蔵書の目録をつくらせたり、ローマ大学を創設したり、ジョットら芸術家のパトロンとなり、文化を保護しました。

ボニファティウス8世（アルノルフォ・ディ・カンビオの彫刻、1300年前後、バチカン蔵） 彼の名は「憤死（怒り狂って死ぬという意味）」という言葉とともに、歴史に刻まれている。もともと腎臓が悪く、そこに激しい怒りが加わったため、体がもたなかったと見られている。

ボニファティウス8世は合理主義者で、教皇でありながら、信仰心をもたず、「イエス・キリストは自分の身さえ救うことのできなかった男だ。そんな男が他人のために何ができるというのだ」と言っていました。ローマ教皇は枢機卿たちの中から、互選選挙（コンクラーベ）で選出されます。そのため、枢機卿たちをカネの力で買収できた者が教皇に選ばれる仕組みになっていました。教皇はボニファティウス8世に限らず、俗世の権力闘争に長けた者がその座を得て、金権政治をはびこらせていたのです。

こうした腐敗が常態化し、カトリックの最高指導者としての教皇は、多くの敬虔《けいけん》な人々から疑いの目で見られ、その権威を失墜させていました。フィリップ4世はこのような状況を好機と捉え、アナーニ事件を起こしたのです。当時、教皇が憤死したというニュースは人々の失笑を買いました。ボニファティウス8世がフランスに連行されていれば、人々は事態を真剣に捉え、フランス王を批判したかもしれません。フランス王にとっては、教皇の憤死という結末はこの上なく好

シエナの聖カテリーナ（ジョバンニ・バティスタ・ティエポロ画、1746年頃、ウィーン美術史美術館蔵）　ドミニコ会の修道女カテリーナ・ベニンカーサ。彼女はキリストと同じ聖痕が現われたとされる。1376年、アヴィニョンを訪れ、教皇クレメンス11世にローマへ帰還するように説得した。ローマ・カトリックはこのような聖女・聖伝を必要とするほど、困窮していた。

都合でした。

ボニファティウス8世の死後、フィリップ4世は豊富な資金で枢機卿たちを買収し、フランス人枢機卿ベルトランを教皇にするように根回ししました。ベルトランが教皇クレメンス5世になると、1308年、教皇庁はローマから南フランスのアヴィニョンに移されます。これ以降、1377年までの間のアヴィニョンの教皇は歴代、フランス人によって占められ、フランス王が教皇を支配します。この状態は旧約聖書に出てくるユダヤ人のバビロン捕囚になぞらえて、「教皇のバビロン捕囚」と呼ばれます。

1377年、英仏百年戦争で混乱していたフランスを離れて、教皇グレゴリウス11世がローマに帰還しました。しかし、翌年、グレゴリウス11世が死去すると、フランス人がローマ教皇庁とは別に、独自の教皇を樹立したため、「教会大分裂（シスマ）」という分裂状態が37年間続くなど、教皇権は地に墜ちます。

フランス王やフランス諸侯に続いて、16世紀には、ドイツ諸侯もローマ・カトリックに反旗を翻します。ドイツ諸侯はカトリックの権威そのものを否定し、さらに対立を先鋭化させ、カトリック支配を名実ともに破壊していきます。こうした動きについて、次のChapter18で詳しく見ていきます。

Chapter 18

宗教改革という名の醜悪なる利権闘争

【a地域：内紛】ドイツのルター派

◆教皇の借金とフッガー家

かつて、聖職者たちは「贖宥状《しょくゆうじょう》を購入してコインが箱にチャリンと音を立てて入ると霊魂が天国へ飛び上がる」という説教をしながら、贖宥状を売りました。人は罪を犯します。カトリックの教えでは、その罪に見合った償いをしなければなりません。そこで、カネを教会に支払えば、罪が赦されるとする贖宥状を発行して一儲けしようと企んだのです。

16世紀ドイツでは、贖宥状の値段は諸侯金貨25枚、貴族金貨10枚、上級官吏金貨10枚、上流市民金貨6枚、その他の市民庶民は金貨1枚以下と定められていました。

贖宥状はもともと、イスラムから聖地を奪還するための十字軍に従軍した者に対し、与えられました。また、従軍できない者については、カネを教会に支払うことでも与えられました。

これ以降、教会が行なう公共事業の資金を集める目的などで、たびたび贖宥状が販売されるようになりました。

ローマ市内にある教皇の公邸バチカン区の中にカトリック総本山のサン・ピエトロ大聖堂があります。16世紀初頭、サン・ピエトロ大聖堂の大規模な改築工事が行なわれていて、資金が不足していました。この資金を融通するため、当時の教皇レオ10世はドイツの金融財閥フッガー家に借金しました。レオ10世は贅沢好きで、個人的にも膨大な金額をフッガー家に借金していました。

フッガー家はレオ10世への貸付金を回収するべく、一計を案じます。ドイツの有力諸侯の1人、アルブレヒト・フォン・ブランデンブルクがドイツの教会の中でも最大の勢力を誇るマインツ大司教の座を狙っていました。アルブレヒトの一族はホーエンツォレルン家という貴族で、ドイツ東北

レオ10世（ラファエロ・サンティ画、1519年、ウフィツィ美術館蔵） フィレンツェの黄金時代を築いたロレンツォ・デ・メディチの次男ジョヴァンニ・デ・メディチ。ジョヴァンニはカネで教皇の座を買い、教皇レオ10世となった。ジョヴァンニの浪費癖と好色は有名で、「神は私に教皇職をくださった。大いに楽しもうではないか」と言い放っていた。

部を所領としていました。アルブレヒトの兄がブランデンブルク選帝侯でした。ホーエンツォレルン家は後にプロイセン王国を築き、ドイツ統一を主導していきます。この地域は、開墾が組織的に進み、農産品輸出で大きな利益を上げ、成功していました。

フッガー家はこのアルブレヒトに目をつけます。フッガー家はレオ10世に、マインツ大司教の座をアルブレヒトに売るように、説得します。その代金で、借金を返すように求め、レオ10世も応じました。このときの売買代金はローマ教皇庁の予算1年分に匹敵する金額であったと伝えられます。

◆販売のプロモーター、ドミニコ会ヨハン・テッツェル

しかし、有力諸侯とはいえ、若いアルブレヒトがマインツ大司教の座を買うことができるような巨額の金を用立てることはできません。そこで、フッガー家はアルブレヒトに、贖宥状の販売をもちかけます。ただし、アルブレヒトは自領で贖宥状を売るにしても、それを多くの人に買ってもらわなければ、利益を上げることができません。フッガー家は強力な販売プロモーターを連れてきます。ドミニコ会の修道士ヨハン・テッツェルです。

テッツェルの弁舌はきわめて巧みで、彼が街で贖宥状販売の演説をはじめると、どこでも人

だかりができるという人気ぶりでした。前述の「チャリンと音を立てて入ると霊魂が天国へ飛び上がる」という言葉はテッツェルのものです。アルブレヒトはテッツェルらドミニコ会に贖宥状販売独占権を付与します。

『贖宥状を売るヨハン・テッツェル』（フランツ・ヨハン・ダニエル・レブレヒト・ワグナー画、19世紀） 彼の演説はセンセーションとなり、ザクセンなど贖宥状の販売が禁止されていた領民も呼び込み、贖宥状を売った。贖宥状の売上の一部は、手数料として、テッツェルらドミニコ会の利益になった。

図18-1 フッガー家の贖宥状ファイナンス

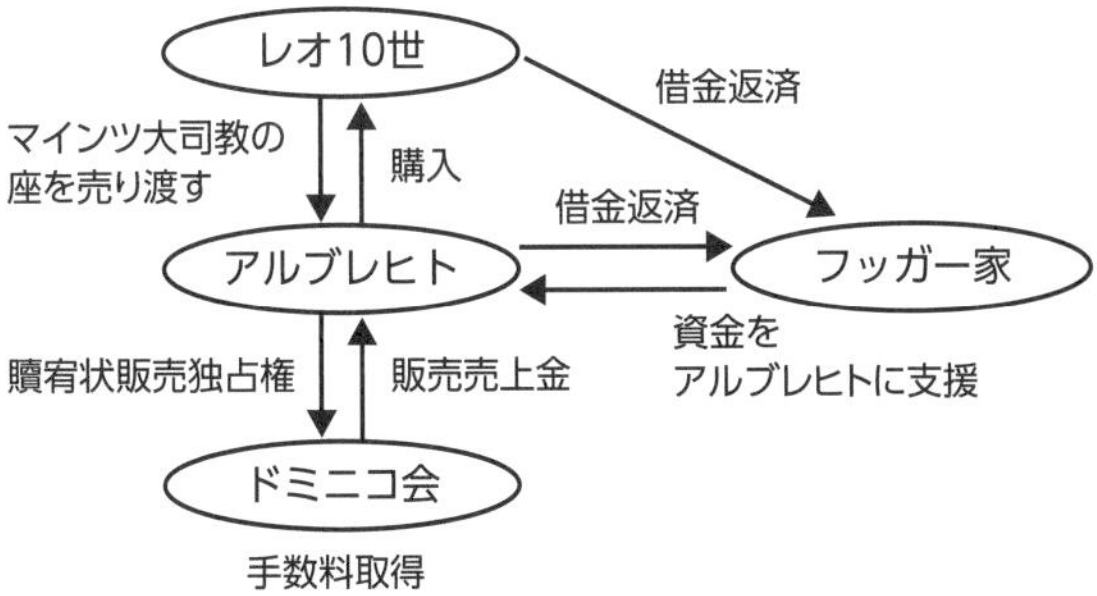

フッガー家がプランニングした資金の流れにより、フッガー家はレオ10世の貸付金と利子を取り立てることができ、アルブレヒトもマグデブルク大司教とマインツ大司教を兼任したうえに、1518年、枢機卿に登り、ドイツのカトリック教会を支配しました。

しかし、なぜ、人々はこのような胡散《うさん》臭い贖宥状をわざわざ買い求めたのでしょうか。ペストの流行に見られるように、当時の人々は病魔に襲われることを極端に恐れ、その恐怖心に教会がつけいり、善行を行なうことで神の御加護を得られるが、罪を犯せば、煉獄《れんごく》の苦しみを味わわなければならないなどと説き、人々を一種の集団催眠にかけていました。

このような迷信を信じたのは全員ではなかったものの、かなりの数の人がいたことは事実です。人々はフッガー家が描いた資金計画の「裏事情」は一切知りませんでした。

なぜ、ルターはドイツ諸侯に利用されたのか

こうした贖宥状を巡る騒動に、真っ正面から批判の声を上げたのが、聖アウグスチノ修道会員で、ヴィッテンベルク大学教授マルティン・ルターです。ルターは、1517年、『95ヶ条の論題』と呼ばれる意見書を大学の聖堂の扉に張り、信仰の問題を問いました。その後、ルターの発言は過激化していき、1519年のライプツィヒ論争で、教皇の権威を否定するに至り

ます。

ルターの『95ヶ条の論題』は、当時、発明されたばかりの印刷術によって、大量のパンフレットに印刷され、ヨーロッパ中に出回り、拡散しました。

ルターを支持する人々が急増します。教皇を中心に、既得権を形成していた有力者たちへの人々の反発が背景としてありました。彼らはローマ・カトリックに抗議（プロテスト）したことから、「プロテスタント」と呼ばれるようになります。これ以降、ローマ・カトリックを旧教、プロテスタントを新教と呼ぶようにもなります。

プロテスタントは教皇をはじめとするローマ・カトリックの金権体質を批判し、カトリックの支配から脱却し、キリスト教の新しい時代を築こうとしました。このようなプロテスタントによる一連の刷新運動を「宗教改革」と呼びます。

そして、ザクセン選帝侯などのドイツ諸侯たちはルターのローマ・カトリック批判を利用します。ドイツ諸侯はルターと連携し、教会の腐敗をキャンペーン化して、教会勢力を叩きました。ちなみに、前述のホーエンツォレルン家アルブレヒトなど一部の諸侯はローマ・カトリックと癒着していたため、教会叩きには反対していました。

中世以来、ドイツ諸侯たちの領土の中に、カトリックの教会勢力が土地を保有し、独立圏を維持していました。教会の広大な土地に対し、ドイツ諸侯たちも、手出しすることはできませんでした。諸侯の領土の中に、諸侯がコントロールできない教会の支配圏があるということで、互いに利害が激しく対立していたのです。

そのような状況で、ルターの教会批判は諸侯らにとって、利用する価値が大いにあったのです。ドイツの宗教改革は信仰の信念を貫こうとした宗教的な動機によって推進されたものではなく、その実態は諸侯と教会との利権闘争でした。

ローマ・カトリックと訣別するドイツ

ルター派諸侯と教会の対立は、皇帝が介入することで深刻化していきます。当時の皇帝はハプスブルク家のカール5世でした。

中世以来、ドイツは「神聖ローマ帝国」と呼ばれていました。9世紀に西ローマ帝国を復活させたカール大帝の子孫であるドイツ国王が大帝の意志を継ぎ、西ローマ帝国を再復活させようとして、ドイツ王国を「神聖ローマ帝国」としました。

カール5世は「神聖ローマ帝国」の名に恥じぬ強大な帝国を築く野心をもち、まず、足元のドイツを統一しようとします。そのためには、地方に割拠する諸侯たちを潰さなければなりません。カール5世はドイツのカトリック教会と連携して、ドイツ諸侯に圧力をかけます。

図18-2　皇帝と諸侯の対立

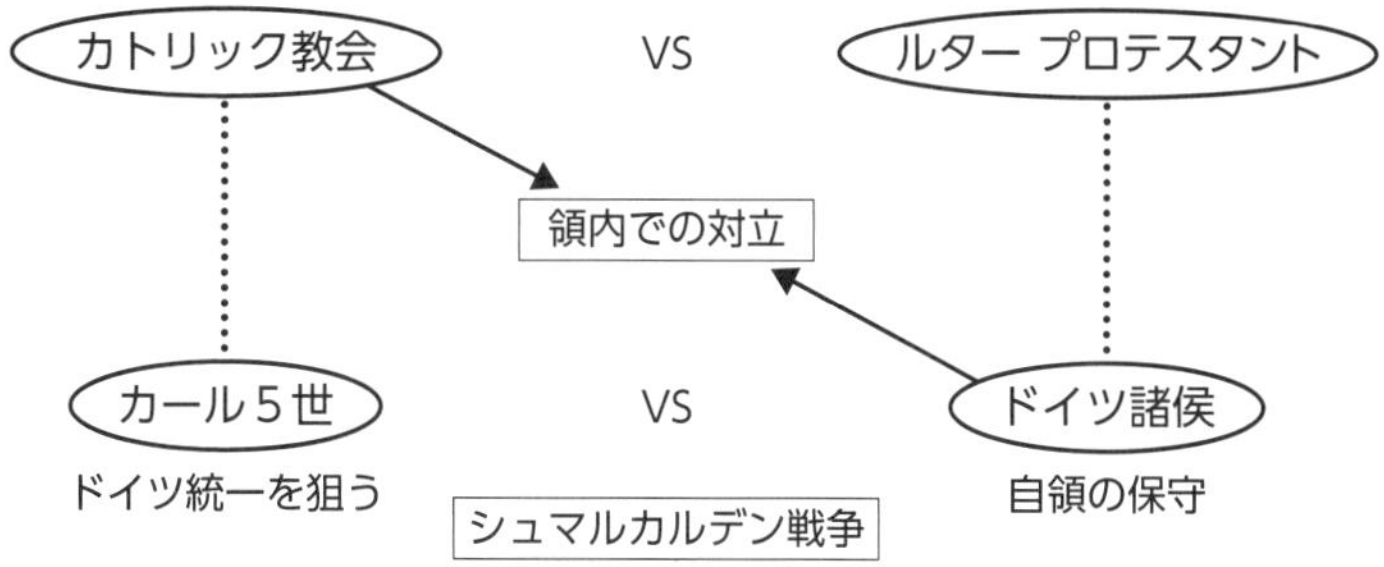

そして、ドイツで、カール5世とルター派諸侯の全面戦争であるシュマルカルデン戦争が1546年、起こります。カトリック教会と対立していたドイツ諸侯はルターを担ぎ、プロテスタントの信仰の理念を掲げ、カトリック教会の腐敗を正すという宗教的な使命感を巧みに演出アピールしました。カール5世は諸侯たちの激しい抵抗に会い、最終的に敗退します。

1555年、カール5世とルター派諸侯たちは、アウグスブルクの和議を結びました。和議とはいえ、カール5世とカトリック教会の敗北を決定づける内容になっていました。和議の条文の中に、「領邦教会体制を承認する」という一文が入っています。これは、ルター派諸侯の領土の中で、カトリック教会の運営を禁ずるもので、事実上、ルター派諸侯らによるカトリック教会の領土・財産の没収を意味しました。諸侯たちは「信仰の勝利」と自らを美化しましたが、実際には、醜悪な領土の奪い合いでした。

こうして、ドイツは南部地域を除いて、カトリック教会支配圏から離れ、新たにプロテスタントを掲げ、カトリック勢力と対立するようになります。

自領内で独裁権を固めたルター派諸侯たちは、地方行政を掌握していきます。一方、ドイツ統一を阻まれた皇帝の帝権は弱体化し、ドイツでは、分裂状態がその後も300年以上続き、中央集権化を推進した隣国フランスと比べ、大きく遅れを取ることになります。

ルターは正義感に燃えた偏屈者にすぎませんでしたが、彼のはじめた宗教改革の運動は、自らの利権を守ろうとした諸侯たちに利用され、ヨーロッパを分断するプロテスタント（新教）とカトリック（旧教）の勢力対立の起点となり、その激震の余波はオランダ、イギリス、北欧にも波及していくことになります。

中抜きされた聖職者

ルターによってはじめられたプロテスタントは、カトリックとどこが違うのでしょうか。カトリックは、神の教えは教会によって授けられると主張します。プロテスタントは、神の教えは聖書によって授けられると主張します。教会が重要か、聖書が重要か、この違いがカトリックとプロテスタントの決定的な違いです。

ルターは聖書によってのみ、信仰は成就するのであり、そこに教会や聖職者を媒介させる必要はない、と主張しました。ルターがこのような主張をする背景に、印刷術という新しいテクノロジーの存在がありました。印刷術が発明される以前、聖書は手書きの「書き写し」で製造され、きわめて高価なものであったため、一般民衆は手にすることができませんでした。

印刷術は11世紀の中国で、膠泥《こうでい》印刷というセメントを使ったものからはじまり、15世紀のヨーロッパで、ドイツの金属加工職人のグーテンベルクが金属印刷を実用化し、大量印刷が可能となりました。グーテンベルクの印刷術によって、活字合金の鋳造技法と油性インクの使用、紙のプレスなど、画期的な技術革新がなされ、書籍の大量生産を可能にしました。

グーテンベルクの印刷術で印刷された書籍はおもに聖書でした。一般民衆には手の届かなかった聖書が手に入るようになり、ルターは「聖書による信仰」を主張することができたのです。また、ルターはギリシア語やラテン語の古典語で書かれていた聖書をドイツ語に翻訳し、一般のドイツ人が聖書を読めるようにしました。

それまで、神の言葉は聖職者のありがたい説法によってのみ、民衆に届けられていましたが、印刷術というイノベーションによって、伝導者たる聖職者たち、いわば仲介メディアの役割が不要となり、中抜きされていき、神と民衆が直接つながりました。ルターの「聖書による信仰」は、時代にマッチングした、新しい信仰スタイルでした。

Chapter 19

巨大化する教団を支える資金はどこから

【b地域：形成】スイスのカルヴァン派

カリスマ宗教家カルヴァンの既得権打破

ルターの思想や運動は、プロテスタントの拡大とともに、ヨーロッパ各地の改革者に引き継がれます。フランス人の改革者ジャン・カルヴァンはカトリック信仰の強いフランスで受け入れられませんでしたが、スイスでは、ルターの影響を受けていた改革派都市がいくつかあり、ジュネーブに招かれて、宗教改革を行ないました。

カルヴァンはもともと、フランスでカトリック神学を研究していましたが、24歳の頃、宗教改革の影響を受け、改革運動家に転じます。32歳でジュネーブに招聘《しょうへい》されるまで、各地を追われ、逃亡の日々を過ごしました。

カルヴァンはルターの思想をさらに推し進め、徹底した教会改革を行ない、既存の政治権力を脅かしたため、いったんジュネーブを追放されます。しかし、1541年、改革派により、ジュネーブに呼び戻され、封建領主を追放して、政治権力を掌握します。
カルヴァンはジュネーブの市政を掌握し、「神権政治」と呼ばれる宗教と政治が一体となった支配体制を敷きます。カルヴァンの神権政治により、禁欲を旨とするプロテスタントの教義が確立します。

市民の日常生活から贅沢が排除されたため、ジュネーブの街では、華美な衣服や高価な嗜好品が姿を消しました。また、享楽的な言動や娯楽も厳しく規制されました。腐敗や汚職が摘発され、街の治安も改善され、財政は規律を取り戻し、福祉・医療へと予算が回り、失業や貧困も撲滅されました。

説教するカルヴァン ジュネーブ市民は熱狂的に彼を支持した。カルヴァンの政治手腕は巧みであり、人材をうまく使いこなした一方、独裁権を握り、自らに従わない者を容赦なく弾圧した。

ジュネーブではもともと、ローマ・カトリック勢力が封建領主と結びつき、金権政治を行ない、一般市民を搾取し、苦しめていました。しかし、市民は信仰心が篤く、教会に逆らうことはありませんでした。そこに、カルヴァンというカリスマ性をもった異邦人が現われ、信仰を守りながら腐敗を排除する具体的な方法論や、その正当性を説きました。

また、一般市民が経済成長のなか、富を獲得し、台頭していましたが、一部の既得権層の規制と抑圧に阻まれ、成長の機会を奪われていました。そのような抑圧を一般民衆が打破することの正当性を、カルヴァンが保証したのです。

プロテスタントという新しい信仰の枠組みのなかで、真に神の御心に沿いながら、理想的な社会を建設しようとするカルヴァンの主張が一般市民を覚醒させました。つまり、カルヴァンの宗教改革は宗教の枠には留まらない一般市民の既得権層に対する戦いであり、クーデターでした。

カルヴァンの権力の源泉

カルヴァンのプロテスタント改革は政治権限と一体化するなかで、その思想や教義が人々によって、厳格に実践されました。

一方、ドイツのルター派は、ルター自身がプロテスタント教会を統率したわけではなく、ドイツ諸侯たちがプロテスタントの保護者となり、教会運営を指揮しました。彼ら世俗領主は宗教家ではなかったため、自分の都合のよいように、教会の運営方針をネジ曲げることもありました。ルターの主張は教義としての理念的なものに留まりました。

ルターは著書『キリスト者の自由』で個人の信仰を重視し、教会などの組織よりも、神に向き合う個人の内面世界がいかにあるべきかを説きました。ルターは大学教授として、または修道士として、どこまでも純粋に理念的であり続けたのです。

それに対し、カルヴァンはジュネーブで神権政治を行なう支配者として、組織や集団のあり方を重視し、指導しました。彼は巨大なカルヴァン教団を率いる経営者でもあったのです。

カルヴァンのプロテスタント教団はヨーロッパに拡がり、その組織の運営には巨額の資金が必要でした。ジュネーブの市政の税収だけでは、足りません。そこで、カルヴァンは当時、台頭していたブルジョワ階級に目をつけました。ブルジョワは商工業に従事する市民たちで、この時代の経済発展に伴い、莫大な利益を産み、大きな力をもちはじめていました。

カルヴァンはブルジョワ商工業者に向けて、従来のカトリック教義とは異なる新しい教義をつくります。従来のカトリック教義の価値観では、カネを貯め、利益を追求することは卑しいこととされていました。このような考え方に対し、カルヴァンはすべての職業は神から与えられたものであり、それに精励することで得られる利得は神からの恩恵である、として、利益の追求を認めました。

カルヴァンは「営利蓄財の肯定」を唱え、ブルジョワ資本主義を宗教的な立場から擁護しました。近代資本主義が発展するとともに、ブルジョワ階級の銀行家や商工業者たちは富や利潤追求を肯定する教理解釈を必要としており、カルヴァンはこれに応え、ブルジョワの支持と彼らの富を獲得しました。

宗教が経済の運命を決めるのか

富や利財を世俗的なものとして忌避し、カネに携わる商人などの職業を蔑視する従来のカトリックの考え方に対し、宗教改革を行なったルターやカルヴァンはすべての職業は尊いと主張し、「職業召命《しょうめい》」の理念を唱えます。「ベルーフ（Beruf）」（職業）というドイツ語は「呼ぶ」という本義的な意味をもっています。神が人を呼び召して、使命を与えるというのが「召命」で、その「召命」によって、各自の使命たる職業が与えられるとする考え方です。

マックス・ウェーバーという20世紀のドイツの思想家がいます。ウェーバーの代表作は『プロテスタンティズムの倫理と資本主義の精神』（１９０５年）です。この「ベルーフ」という単語は、ルターによって意図的に使われはじめたとウェーバーは述べています。日常の職業労働に励むことが、プロテスタントにとって、宗教的な勤めを果たすことであり、仕事によって得られる報酬は神の恵みと考えられました。勤労と節約によって蓄財されたカネが資本となり、近代の資本主義はそれをもとに発展していくとウェーバーは主張します。

従来、忌避された利子取得を主とする銀行業などがカルヴァン以降、公的企業として認知され、近代的な金融資本が発展します。ウェーバーはカルヴァンの「営利蓄財の肯定」が資本主義の精神基盤となり、ヨーロッパの近代化を支え、また資本主義社会発展の原理となったと主張します。

図19-1　ウェーバーの資本主義論

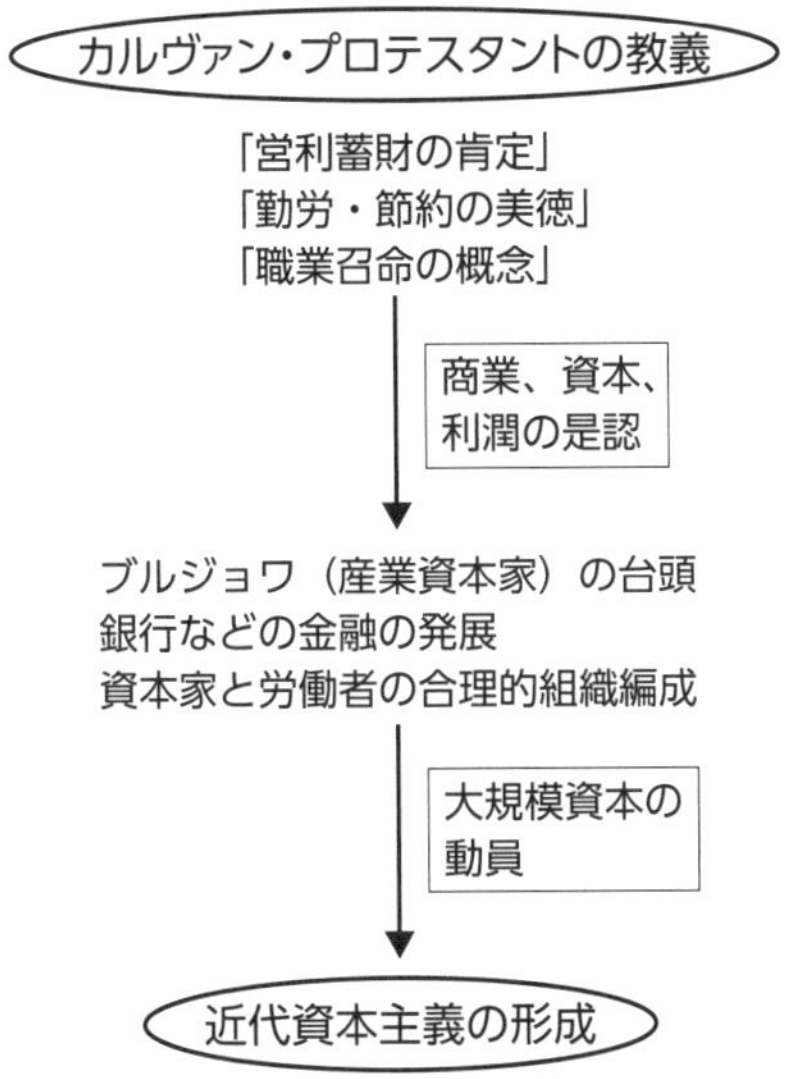

われわれ日本人は一般的に、資本主義というものは、労働や経済が宗教的諸拘束から解放されたことによって生じるものと考えがちですが、ウェーバーは神に与えられた「召命」としての勤労と、その勤労・節約によってもたらされる財が資本を組織的に生む要因となったのであり、宗教から切り離された合理主義によって、資本主義は形成されたものではないと主張しています。

プロテスタントが資本主義を生んだとするウェーバーのテーゼは20世紀、きわめて大きな影響力をもちました。しかし、宗教が経済の運命を決めたとするウェーバーのテーゼと理念に対し、経済が宗教の運命を決めたという逆の定理、つまり、先にブルジョワ（産業資本家）の台頭があり、カルヴァンの「営利蓄財の肯定」が要請されたと考えることもできます。20世紀の後半以降、ウェーバーのテーゼに、様々な疑義と批判を展開する学者たちも多く現われました。

◆利子取得禁止のカトリック教義を回避する方法

中世ヨーロッパでは、カトリック教会が利子の徴収を禁止していました。利子は時間によって生み出されるものであり、利子を取ることは、神の所有物である時間を、人間が奪い取ることであると考えられました。

しかし、12世紀以降、貨幣経済が広く浸透し、徴利禁止の規定は次第に空文化していきます。1197年、カトリック教会によって開催された第3回ラテラン公会議では、利子を取る者は破門し、キリスト教徒として埋葬しないと決議されました。

しかし、1215年の第4回ラテラン公会議では、支払い期日を守らない債務者によって、債権者に損害が発生した場合、利子（ペナルティーとしての延滞利息）が認められるとされました。これが、教会法の抜け穴となり、利子取得は一般的に行なわれるようになります。

ちなみに、この会議で認められた利子の上限は33％という、今日の常識では考えられない高水準で設定されていましたが、この時代、貸付信用は低く、債務者が逃亡したり、破産したりすることが頻発し、債権者のリスクを勘案すれば、このくらいの金利が適切とされました。とくに、商人の遠隔地商業、海洋交易に伴うリスクは大きく、ヴェネツィアやフィレンツェでは、2〜3か月の遠隔地商業関連の事業に対し、25〜50％の利子が求められて、年率で換算すれば100〜200％の利率が一般的でした。

中世最大の神学者トマス・アクィナスは第4回ラテラン公会議の決議を踏まえ、資金返済の遅延による損害の賠償について、債権者と債務者が協定することは正当な権利であることを主張し、事実上、利子徴収を論理正当化していきます。

人々は、ラテラン会議の決議やトマス・アクィナスの論理を利用して、資金の貸付時に、極端に短い返済期限を設定し、それ以降の期間についての返済の遅延を延滞利息として計算するという方法をとりました。これが利子徴収の最も一般的な方法となりますが、そのほかにも、為替決済を利用し、貸出と返済を異なる貨幣で行ない、その為替差益を事実上の利子とする方法、借用証書に記入する金額を実際の貸出高よりも大きくする方法、資金貸付の便宜への謝礼という名目で、事実上の利子を受け取るなど、徴利禁止の教義を回避する方法がとられました。

このような手法を駆使し、銀行業で華々しく成功する事業家一族が次々に登場します。12〜13世紀に、ルッカのリッチャルディ家、シエナのブオンシニョーリ家、フィレンツェのバルディ家とペルッツィ家が台頭します。そして、14世紀以降、フィレンツェのメディチ家、アウグスブルクのフッガー家、ローマのキージ家のような一族が大銀行を設立し、ヨーロッパ金融界に君臨します。

こうして、利子徴収の禁止はますます空文化したため、カトリック教会は１５１７年、第5回ラテラン公会議で、利子徴収を解禁しました。この公会議を主導したのは教皇レオ10世です。

さらに、16世紀に、カルヴァンが５％の利子取得を認めたため、イギリスやオランダなどのプロテスタント諸国で金融業が拡大し、市場に豊富な資金をもたらしました。

Chapter 20

カトリック資金が大航海時代を生んだ

【C地域：連携】スペインのカトリック

◆両教の融和からレコンキスタへ

イベリア半島はヨーロッパの西の端として、異教徒の侵入の脅威に晒されました。イスラム教勢力は698年、ビザンツ帝国領カルタゴ（現在のチュニジア）を占領し、北アフリカにおける足場を確保しました。さらに西進してモロッコを制圧、ジブラルタル海峡を越え、711年、スペインを占領、西ヨーロッパ勢力と対峙します。

以来、イベリア半島はイスラム勢力の支配に組み込まれます。イスラム支配は15世紀末まで、700年以上も続きます。これほどの長期間、イスラム支配が続きながら、この地域でキリスト教信仰が生き続けることができたのは、イスラム教が他の宗教に対し、寛容であったからです。

イベリア半島のイスラム教勢力はヨーロッパ人のキリスト教信仰を弾圧せず、異教徒に求められる税金さえ徴集できれば、信仰の自由を認めました。中世のイベリア半島は、異教が互いに融和し、同居していた地域でした。イベリア半島を両勢力の攻防の最前線の地域だったとする捉え方がありますが、そのような先鋭的な対立があったわけではありません。

一方、イスラム教徒の男がキリスト教徒の白人の女を好んで妾にしていました。これは事実上の性奴隷で、支配層の特権でした。そして、生まれた混血児たちは「ベルベル人」と呼ばれ、官僚や軍人としても積極登用されました。このベルベル人の中から、コルドバ生まれの哲学者、医学者であるイブン・ルシュドのような有能な学者も輩出しました。

しかし、このような融和のバランスが12世紀に崩れます。スペインのキリスト教諸侯が結束し、イスラムを排斥する運動がはじまります。この運動は「レコンキスタ」と呼ばれ、英語でいう「リカバリー（回復）」のことで、キリスト教徒によるイベリア半島の国土回復運動を指します。

12世紀、ヨーロッパの経済が飛躍的に拡大しました。この時代の繁栄は14世紀後半からはじまるルネサンス時代に比して、「12世紀ルネサンス」と呼ばれます。それまで、文化的にも経済的にもイスラムに劣っていたヨーロッパが中世商業都市を各地で発展させ、次第に力をつけていきます。

イスラム教勢力は内紛を繰り返し、混乱していました。その隙を突いて、イベリア半島北部

『グラナダ陥落』（フランシスコ・オーティス画、1882年、スペイン国会議事堂蔵）
右側の白馬にまたがっているのがイサベル１世、赤い馬にまたがっているのがフェルナンド。ローマ教皇アレクサンデル６世は夫妻に「カトリック両王」の称号を授与し、讃えた。

のレオン、カスティリャ、ナヴァル、アラゴンなどのキリスト教諸侯が領土を南に拡大しながら、統合を進めていきます。

そして、１４７９年、アラゴン王子フェルナンドとカスティリャ王女イサベルの結婚により、スペイン王国が成立します。

イベリア半島南部に追いつめられた最後のイスラム国家がナスル朝です。このナスル朝はイスラム建築の最高峰とされるアルハンブラ宮殿を建設したことでよく知られています。スペイン王国は１４９２年、首都グラナダを占領してナスル朝を滅ぼし、レコンキスタを完了させました。

カトリック連盟、スペインに向かうイタリア資本

レコンキスタを勝利に導いたスペイン王国はキリスト教勢力の聖戦士と全ヨーロッパから讃《たた》えられ、キリスト教信仰も強まります。こうした歴史背景もあり、スペインでは、熱狂的なカトリック信者が多く、それはいまも昔も変わりません。

レコンキスタ成功の直後、スペイン女王イサベル1世はコロンブスに会っています。スペインの西回りのインド航路開拓は経済的な動機が先行していましたが、全世界にカトリックを布教しなければならないという宗教的な動機もありました。

イサベル1世らスペイン国王夫妻は、男子の後継ぎがなかったため、1501年、フアナ王女が王位継承者となります。フアナはハプスブルク家のフィリップと結婚します。1516年、フアナの長男カールがスペイン王カルロス1世となります。カルロス1世はきわめて有能な国王で、カール5世として、神聖ローマ帝国の皇帝位も兼任し、スペイン王権を強大化させ、ハプスブルク朝の全盛期を形成しました。

カール5世（カルロス1世）はカトリックを掲げ、ローマ教皇と連携し、スペイン人に対しては懐柔的な政策をとり、一方、ドイツのルター派諸侯と戦いました。ハプスブルクはルター

図20-1 カール５世時代のハプスブルク帝国領土

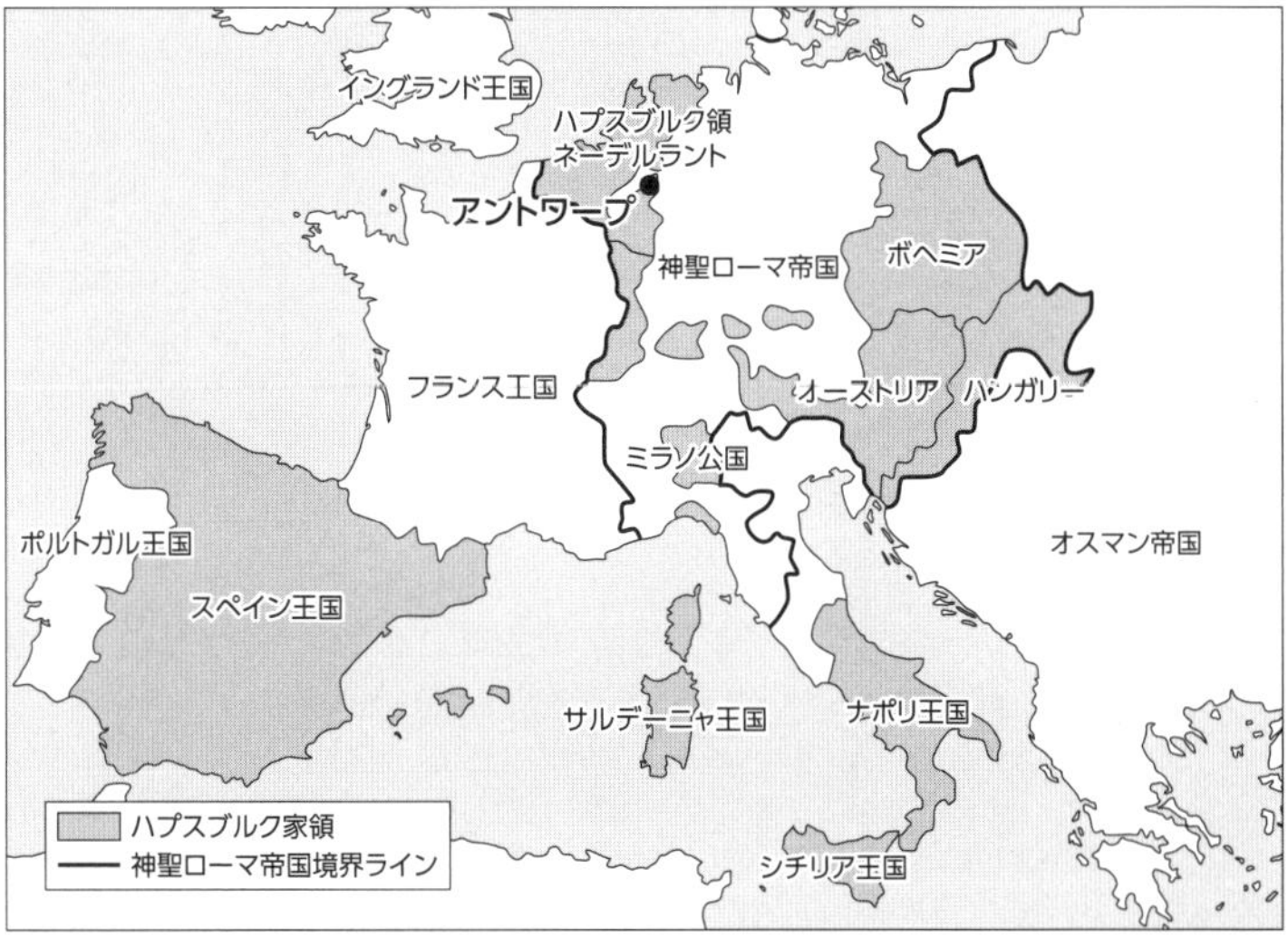

派諸侯と戦ううえでも、カトリック政策を強力に推進しなければなりませんでした。

カール５世は神聖ローマ皇帝位を弟に引き継がせ、スペイン王位を子のフェリペ２世に引き継がせます。フェリペ２世は新大陸（アメリカ大陸）から、アジアに勢力を拡大し、１５７１年、フィリピンにマニラを建設し、太平洋地域の拠点とし、中国とも交易をします。「フィリピン」はフェリペ２世の名にちなみ、名付けられました。その広大な領土は「太陽の沈まぬ帝国」と評されました。

新大陸やアジアに及ぶ広大な植民活動には莫大な資金が必要です。スペインはその資金をジェノヴァなどのイタリア資本に頼りました。イタリアの諸都市はルネサンス時代から富を集積させていました。カトリック圏であるイタリア資本は当時、ルター派新教徒の台頭の著しかったドイツには向かわず、同じカトリック勢力圏であるスペインに向かいました。

イタリアはフランスとは同じカトリックですが、フランス王の度重なるイタリア侵攻もあり、政治的に対立していました。一方、スペインとは、政治的に強い友好・連携関係があり、イタリアの余剰資本はスペイン、またはポルトガルに向けられたのです。

イタリアはカトリック勢力圏を世界に拡大させたいという宗教的価値観においても、スペインと一致しました。まさに、カトリック連盟によるカトリック資金が大航海時代を生んだといってよいでしょう。

新教徒が集った国際都市アントワープ

フェリペ2世の父カール5世は「遍歴王」と呼ばれるように、広大な神聖ローマ帝国領を移動しながら統治していましたが、フェリペ2世はスペインから離れず、マドリードのエル・エスコリアル宮殿に閉じ籠《こも》りました。フェリペ2世は「書類王」と呼ばれ、エル・エスコリアル宮殿の執務室で、ひたすら書類に囲まれて、政務を取り仕切りました。また、質素倹約を旨としていました。

また、フェリペは異常なほど敬虔なカトリック教徒でした。カルヴァン派新教徒の多かったスペイン属領のネーデルラント（ベルギー、オランダ）に対し、カトリック政策を強要したため、それに反発したネーデルラントが1568年、独立戦争を起こします。

フェリペはカルヴァン派新教徒を厳しく弾圧します。フェリペは「異端者に君臨するくらいなら、命を100度失うほうがよい」と述べ、新教徒を神に逆らう逆賊として敵対視しました。1576年、新教徒の拠点であったアントワープは、スペイン軍によって略奪・破壊されました。それ以降、新教徒の商工業者はオランダのアムステルダムに逃れます。

話は前後しますが、アントワープに新教徒が集っていたのは、もともとスペインの政策によるものでした。スペインは植民活動の利益の多くをジェノヴァなどからの貸付金の利払いに充てていました。スペインの国家収入の約7割が対外利払いに回されていたのです。

そこで、スペインは自前で資金を調達するためのシステムを構築します。所領のネーデルラントの中心都市アントワープを特区地域として開放し、ここで起債し、資金を調達しました。アントワープはイギリス、オランダ、フランス、ドイツを結ぶ中心に位置し、それらの国々の資金や物資が集まりやすく、地理的な優位性をもっていました。新教徒の商工業者がアントワープに集い、様々な起業をしていました。

また、ハプスブルク・スペインの発行する債券は高い信用を得て、よく売れました。ヨーロッパ広域にまたがるハプスブルク帝国の所領内で、その債券は今日のユーロ通貨の如く、共通通貨として流通しました。ハプスブルクの強みが存分に活かされて、資金調達は円滑に進みました。

スペインはジェノヴァなどのイタリア都市の資金にだけ頼るのではなく、自前でも資金を調達する仕組みを短期的に形成することに成功したのです。

カトリックにこだわったフェリペ2世の失策

アントワープは大きな可能性を秘めた国際都市で、スペイン王国の財源にもなっていました。しかし、フェリペは、新教徒が多く集うアントワープを自らの手で、破壊したのです。いかに宗教的な対立があったとはいえ、自らの資金源を壊すようなことをなぜ、行なったのでしょうか。

一言でいえば、フェリペには「カネ勘定」という感覚がまったくなかったのです。書類に囲まれて、緻密な政務を仕切っていたフェリペですが、王国の財務については無頓着でした。新大陸など広大な植民地から上がってくる収益をほとんど把握しておらず、中抜き、闇取引が横行し、それが放置されていたのです。驚くべきことですが、王室は植民地開拓に予算を投下するも、植民地から上がってくる収益を貴族や有力商人に横取りされていました。

敬虔なカトリック教徒のフェリペにとって、カネの流れを追うというのは卑しい所業でした。フェリペは王室財政を支える資金の出所を把握しておらず、また、関心も示しませんでした。

フェリペにとって、有数の商工業都市アントワープは、国庫を潤す貴重な財源としてではなく、不埒な新教徒たちの悪の巣窟と映っていました。フェリペはアントワープを失うことに何の躊躇《ちゅうちょ》もなかったのです。

フェリペは1557年に破産宣告（国庫支払い停止宣言）をし、債務をその額の5％の年払いとする長期公債に切り替えて、財政をしのぎました。その後も、支払い停止措置を1560年、1575年、1596年に出しています。フェリペの時代の王室財政はすでに持続不可能な状態に陥っていたのです。

当時、商工業により台頭していたカルヴァン派新教徒はカトリックを強要したスペインを嫌い、オランダやイギリスなどの新天地へと大挙、移住しています。カトリックにこだわったフェリペは商工業の担い手であった新教徒を失い、また、経済発展の機会をも失ったのです。

スペインの衰退は決定的となり、代わりに、アムステルダムやロンドンなどの新しい商工業都市、金融センターを擁するオランダやイギリスが台頭します。

アントワープが破壊されて以降、商工業の中心がアムステルダムに移り、オランダが力をつけ、スペインから独立して、覇を唱えます。さらに、1588年、スペインはアルマダ海戦でイギリスに敗退します。

スペインの富は流出し続け、1581年以来、スペインに従属していたポルトガルはスペインに見切りをつけて反乱を起こし、1640年、分離独立しました。ポルトガルは政治的に独立しましたが、熱心なカトリック教国であるのはスペインと同じです。

レコンキスタ以来、異教徒と戦ってきたスペインはカトリック保守の牙城でした。カトリックによって体制を強化し、イタリア諸都市とカトリック連盟を結び、カトリック資金が流入し、世界に進出し、黄金期を形成しました。しかし、16世紀の後半、新教徒が台頭する状況で、硬直的な保守カトリック政策に拘泥したため、時代の潮流から取り残されてしまいます。

Chapter 21

宗教人口の大移動がもたらした社会変動

【d地域：自立】オランダ・イギリス

なぜ、オランダは大国スペインに勝てたのか

16世紀後半、オランダとイギリスは、スペインのカトリック強制政策から逃れてきたカルヴァン派新教徒（プロテスタント）を保護し、彼らの商工業技術を活かして発展しました。オランダは1581年、オランダ独立戦争で、スペインから独立します。イギリスは1588年、アルマダ海戦で、スペイン無敵艦隊を撃破しました。この2つの戦争では、ともに、オランダとイギリスが連携して、カトリック・スペインを敗退させました。

この時代、フランスでは、階級や宗教が複雑に絡み合う長期内戦のユグノー戦争（1562～1598年）が起こり、その力を発揮することができませんでした。

オランダに集まった新教徒の商工業者が行なったビジネスはイギリス産の毛織物製品を大陸で売りさばくリテール（小売り）でした。彼らはイギリスの毛織物製品を一手に引き受け、ヨ

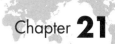

ーロッパ大陸で売りさばきました。このリテール商法は大当たりし、短期間でオランダ経済は躍進します。

オランダでは、イギリス製品を買い入れるための問屋制度が発達します。そして、買い入れ資金の確保・供給のファイナンスが重要となり、アムステルダムに、銀行、証券会社、保険会社などの金融機関が創設され、豊富な資金を問屋に供給しました。

アムステルダムは世界の金融センターに発展します。その金融はほとんど、証券・株式発行による直接型金融でした。アムステルダム証券取引所は空前の賑わいを見せました。ビジネスチャンスを狙い、新教徒の商工業者がオランダに集まりました。そこには、スペインやイタリアなどの保守カトリック圏にはない、宗教的にも経済的にも開放的な新天地があったのです。

こうして、オランダは急速に発展した経済力を背景に、大国スペインと互角に戦い、独立することができました。17世紀前半には「黄金時代」と呼ばれる全盛期を迎え、新大陸やアジアへも進出します。江戸時代の鎖国政策下、日本が唯一交渉をもったヨーロッパ人がオランダ人でした。彼らはカトリックのスペイン人のような強い宗教色をもたず、貿易実務に専念していたため、キリスト教を警戒する幕府も交易を許したのです。

一方、ベルギーはオランダ独立後も、スペイン・ハプスブルク支配下に留まりました。そのため、カトリックが多数派を占め、それが今日まで続いています。

オランダは宗教的理由で共和国だった

オランダの新教徒は「ゴイセン（「もの乞い」の意）」と呼ばれました。スペイン側が「もの乞いのようなヤツら」と侮蔑したことから、この呼称が定着しました。彼らがもの乞いのように貧しかったというわけではなく、単なる侮蔑言葉であり、むしろ、ビジネスで成功した彼らは富裕層でした。

オランダの新教徒は平等主義思想をもっていました。新教の創始者ルターは神のもとでの人々の平等を主張し、旧教カトリック教会の権威主義や身分序列を否定しました。信徒は皆平等で、教会聖職者を信徒の上位に置くことを認めません。教えを伝える人は牧師と呼ばれ、司祭や司教と呼ばれる教会聖職者を設けません。カトリック教会のような、身分の垂直的な序列関係を認めない会衆制がルター派の特徴です。

カルヴァンは信徒と聖職者の身分の上下を認めないことについては、ルターと同じですが、ルターのような完全平等な会衆制をとらず、各コミュニティを代表する長老と呼ばれる人々で構成される議会に、教会運営の方針を決定する権限を認めます。これを長老制といいます。長老以外の人々はすべて平等とされます。

ルター派やカルヴァン派の考え方を突き詰めれば、身分制社会を司る王政は否定されるべきものです。オランダの新教徒たちはこのカルヴァン派でした。そのため、オランダは独立を達成した後も王を置かず、共和国となりました。独立運動の指導者オラニエ＝ナッサウ家のウィレムは総督の地位に留まっています。

その後、1802年、オランダはナポレオンにより占領され、フランスの支配を受けますが、ナポレオンが没落すると、オランダは独立します。このとき、オランダは共和国として独立することをヨーロッパ諸国から認められませんでした。1814〜1815年のウィーン会議で、保守協調が主張され、共和派勢力が排除されねばならなかったからです。

オラニエ＝ナッサウ家のウィレム6世が1815年、オランダ王ウィレム1世として、王位に就き、オランダは王国となって、今日に至ります。

アルバ公、フェルナンド・アルバレス・デ・トレド（アントニス・モル画、1549年、マドリッド・リリア宮殿蔵） カール5世とフェリペ2世に仕えたスペインの将軍。属領ネーデルラントの総督となり、「血の審判所」と呼ばれる恐怖政治の執行機関を創設し、多くの新教徒を処刑。オラニエ公ウィレムらが決起する。

イギリス国教会とは何か

イギリスのヘンリー8世は1534年、首長法を制定し、イギリス国教会を創設します。イギリスはもともとカトリック国で、ローマ教皇の介入を受けていました。

当時、ヨーロッパ大陸で、ルターらの宗教改革が勢いづいて、カトリックの権威は衰えており、ヘンリー8世はこの機を逃さず、旧教でも新教でもないイギリス独自の国教会をつくり、自らがその首長に座ることで国王の権威を高めようとしました。

国教会は新教徒の商工業者への配慮から、カルヴァン派の教義を受け入れています。この時代のイギリスは毛織物産業で経済が躍進しており、商工業者たるブルジョワ勢力が台頭していました。王権は中央集権を進めるに当たり、官僚機構、軍事機構を整備しなければなりません。これらの機構を財政面から支援したのは財力の豊富なブルジョワ勢力で、王は彼らの支持を欠かすことができませんでした。

一方、イギリス国教会は儀式や組織運営では、カトリックを踏襲しています。カトリック的な身分制も認めます。その点では、カルヴァン派的な教義と矛盾しています。

また、国王権力の絶対主義化を進めていくには、これに抵抗する貴族や地主などの諸侯を服

図21-1　イギリス国教会（＝イギリス・プロテスタント）

運営形式 カトリック ⇨ 絶対王政にとって
ヒエラルキー（身分制）が必要

教義内容 カルヴァン派 ⇨ 絶対王政にとって
ブルジョワの支持が必要

図21-2　王権強化の構造

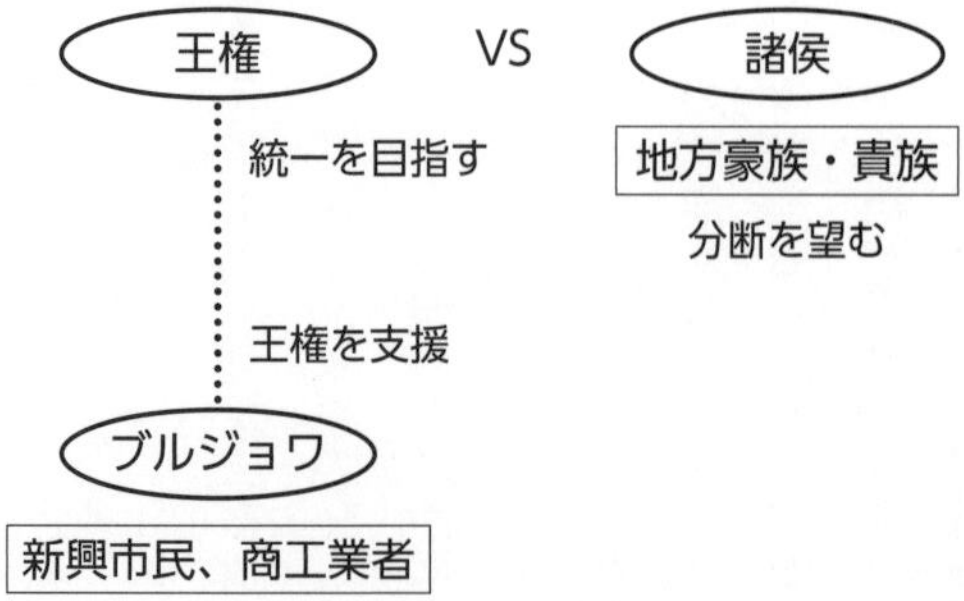

従させねばならず（図21-2参照）、そのためのツールとして、首長法は施行されました。諸侯の大半は保守的で熱心なカトリック教徒で、ローマ教皇の影響下にあり、イギリス国王に服属していませんでした。

首長法には、イギリス国教会に改宗しないカトリック教徒諸侯を排斥することを定めた条項が含まれていました。これによって、ヘンリー8世はカトリック派の諸侯を弾圧し、反対者を葬りながら、王権の強化を図りました。

王権により、諸侯ら封建領主層は解体され、新たに土地を集積し、領主権をも購入した新興地主が台頭し、彼らは牧羊地を経営し、羊毛の原料を供給し、国家が推進する毛織物工業の発展に大いに寄与します。

そもそもヘンリー8世がイギリス国教会を創設したのには、政治的理由とはまったく別の理由がありました。それは自身の離婚問題です。

ヘンリー8世は世継ぎを望めない王妃キャサリンと離婚して、キャサリンの侍女で愛人のアン・ブーリンと結婚しようとします。しかし、ローマ教皇は離婚を認めません。そこで、イギリスにおけるローマ教皇権のすべてを取り除き、離婚問題に決着をつけるために、ヘンリー8世は国王を首長とするイギリス国教会を創設したのです。好色で無慈悲な王の不実な理由によって、イギリス国教会は創設されたのです。

メアリー1世のカトリック政策の真相

ヘンリー8世はイギリス国教会を創設することで、反対する諸侯ら保守カトリック勢力を封じ込めようとしましたが、そのような思惑とは裏腹に、諸侯は徐々に巻き返しをはじめ、抵抗は大きくなり、混乱を呼び、大きな反乱に発展しかねない危うい情勢でした。

ヘンリー8世の死後、在位6年のエドワード6世を挟み、王位を継いだメアリー1世は熱烈なカトリックの信奉者で、カトリックを復活させます。そして、同じく敬虔なカトリックのスペイン王フェリペ2世と結婚します。このような逆戻り路線に異を唱える者が多くいましたが、メアリー1世は彼らを処刑します。その結果、「血塗られたメアリー（ブラッディ・メアリー）」と呼ばれます。

メアリー1世は残酷な女王のイメージで語られることが多いのですが、彼女のカトリック政策は共存共栄のための方策でした。父ヘンリー8世の首長法により、弾圧されたカトリックの保守諸侯らはカトリック教国スペインと結託し、反乱を画策していました。メアリー1世はカトリックを復活させることで、諸侯と和解し、対外的にもスペインと友好関係を維持することができました。

当時のイギリス王室には、内乱や対外戦争に対処できる余裕などなかったということを鑑みれば、メアリー1世のカトリック復活政策は現実を見据えた協調政策として、高く評価することもできます。

メアリー1世の後を継いだ異母妹エリザベス1世は1559年、統一法でイギリス国教会を復活させます。ヘンリー8世の首長法とエリザベス1世の統一法は旧教でも新教でもないイギリス独自の国教会を確立させようという方向性は同じですが、その内容はかなり違います。

首長法はカトリックを認めないとする異端排斥条項が中心に据えられていました。カトリックの保守諸侯を排除するためです。そのことにより、国内が混乱したことを踏まえ、エリザベス1世は異端排除条項を統一法の中に盛り込みませんでした。イギリス国教会を掲げながらも、カトリック勢力を排除しないという妥協策をとったのです。エリザベス1世はまず、国内をまとめることを優先しました。宗教問題で国内が分裂する事態を避けようとしたのです。

その後、王権が強化されるにつれ、カトリック諸侯たちはエリザベス女王に恭順し、自ら、イギリス国教会に改宗していき、イギリス国教会は確立されていきます。

宗教が立憲君主主義を生んだ

1688年、市民革命である名誉革命が起き、立憲君主主義が成立します。君主制と議会主義の折衷ともいえる立憲君主主義が成立した背景には、宗教的な価値闘争がありました。

当時のイギリスでは、商工業者たるカルヴァン派が大きな勢力となっており、保守貴族（国教会）と対立していました。保守貴族は身分制を維持すべきと考えていたのに対して、カルヴァン派は長老制の教会運営の理念に基づき、身分制を認めませんでした。

両者の対立を妥協させる政治体制が立憲君主主義でした。つまり、長老制に基づく民主主義的な平等社会を目指すカルヴァン派の教義が議会主義によって政治に反映される一方、保守貴族などにも配慮され、王政や身分制を維持するということで妥結したのです。この折衷的な政治体制は、カルヴァン派の教義とカトリックの形式性を併せもったイギリス国教会のあり方とも符合し、イギリスの近代化に大きく寄与することとなります。

商工業者たるカルヴァン派は国教会を奉じる保守貴族と融和していき、イギリスでは、カルヴァン派と国教会の区別も消滅していきます。国教会は本来、カルヴァン派プロテスタントとは異なるものですが、今日、ほぼ同一視されるのは、こうした経緯があるからです。

現在も、イギリスや日本をはじめとする世界の国々で受け入れられている立憲君主主義はその歴史背景として、宗教に起因するところが大きく、宗教思想を現実社会に適合・融和させたイギリス人の独自のリアリズムの賜物であったということができます。

英国王室に残る宗教の壁

2018年5月、ヘンリー王子とメーガン妃の結婚式が行なわれました。アフリカ系の黒人を母にもつメーガン妃が英国王室に嫁いだことは、人種の壁を越える画期的な出来事だったと思います。

一方で、宗教の壁はいまだに残っています。イギリス国教会でない異教徒とは結婚することができないとする法律上の規制が、いまだ敷かれているからです。

メーガン妃はカトリックであったので、結婚式に先立つ3月にセント・ジェームズ宮殿内の王室礼拝堂で洗礼を受け、国教会に改宗しました。王室の宗教に合わせた形です。

イギリスでは、1701年に制定された王位継承法で、国教会信徒のみが王位継承権をもち、その配偶者も国教会信徒でなければならないと定められていました。これは宗教戦争が頻繁に発生していたヨーロッパで、異教徒との政略結婚により、王室が乗っ取られることを防ぐための手立てでした。

しかし、2013年、新王位継承法が制定（2015年施行）され、王室はカトリック教徒との結婚が認められるようになりました。そのため、メーガン妃が改宗しなかったとしても、法律上、結婚は可能でした。

ただし、2013年の新法では、王室が結婚できる異教徒はカトリック教徒のみで、その他の宗教は認められていません。今日、宗教戦争の危機は薄らいだとはいえ、宗教の壁を越えるのは容易ではありません。

宗教戦争がEU離脱を複雑化

17世紀半ば、イギリスはアイルランド征服を行ない、カトリック住民を弾圧します。北アイルランド（アルスター地方）では、イギリス人の入植が進み、国教会の住民が多数となります。

18世紀後半、アメリカの独立、フランス革命などの影響で、アイルランドで独立の機運が高まり、これを警戒したイギリスは１８０１年、アイルランドを併合します。イギリスは「大ブリテンおよびアイルランド連合王国」となります。

しかし、アイルランドの独立運動は止まず、カトリックを信奉するアイルランド人の闘争は常に宗教戦争の性格を帯びていました。

図21-3　イギリスとアイルランド

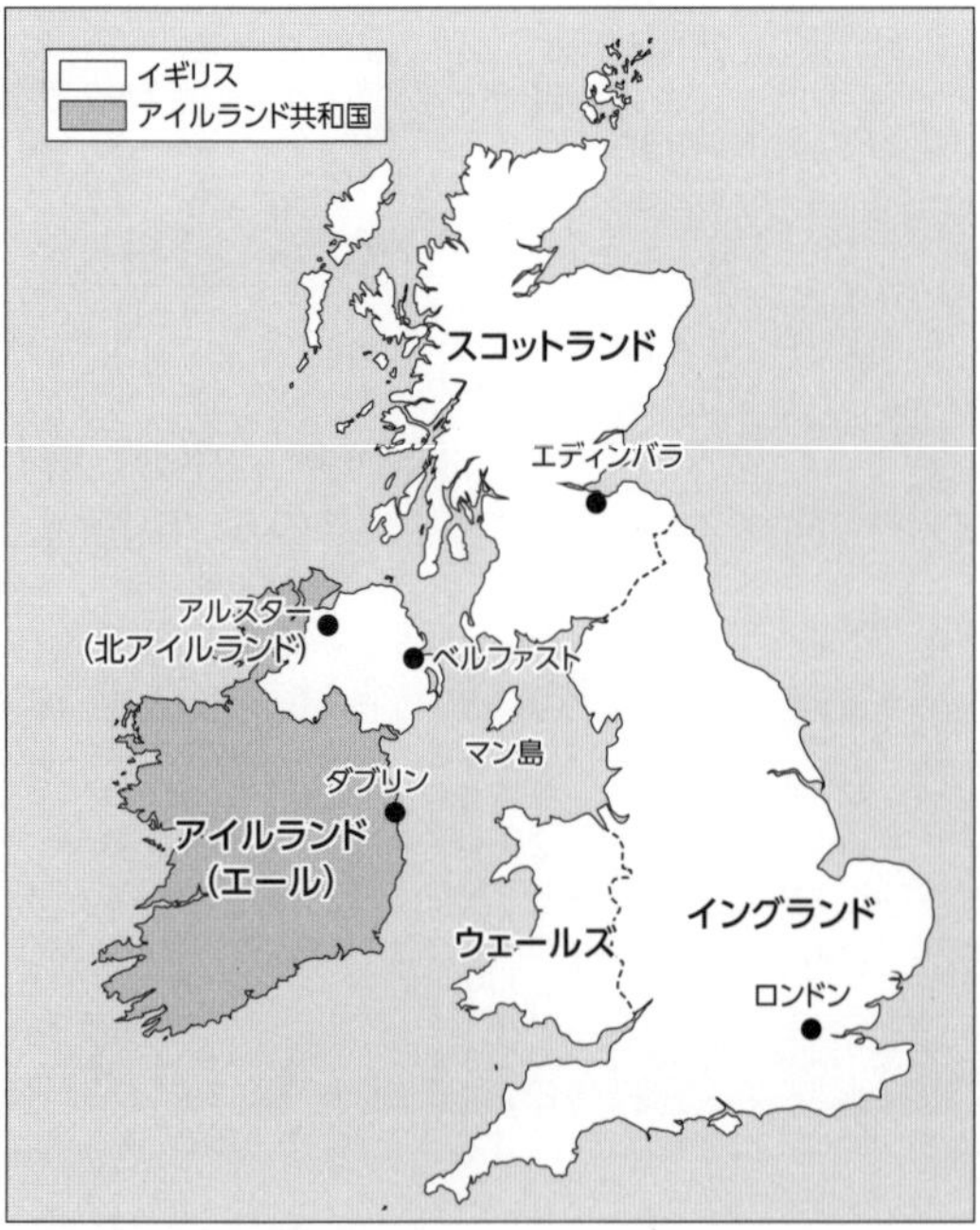

20世紀に入り、アイルランドの独立を目指すシン・フェイン党が結成されます。「シン・フェイン」とは、アイルランド語で「われら自身」を意味します。シン・フェイン党をはじめ独立派がイギリスに激しく抵抗し、ようやく、第二次世界大戦後の１９４９年に、イギリス連邦から離脱して独立し、アイル

ランド共和国となります。

しかし、北アイルランドはイギリス連邦に留まり、多数派のイギリス国教会（「プロテスタント系」と表記されることが多い）と少数派のカトリックが対立します。プロテスタント系によるカトリックに対する政治的・経済的差別が続きます。

カトリック勢力はアイルランドとの合併を目指し、1969年、アイルランド共和軍（ＩＲＡ）を結成し、70～80年代にテロ攻勢を行ないます。90年代に、和平が進み、鎮静化しました。

2016年、イギリスの「欧州連合離脱の是非を問う国民投票」で離脱派が賛成多数となったことを受け、ＥＵ離脱とともに、北アイルランドとアイルランドとの間の国境の取り扱いが問題となり、イギリス議会でも議論が紛糾し、イギリスのＥＵ離脱を複雑にしています。

Chapter 22

知られざる北欧の宗教改革

【e地域：派生】北欧のプロテスタント

旧教と新教の教会、どこで見分ける

教会に行き、カトリック（旧教）かプロテスタント（新教）かを区別するためには、十字架に磔《はりつけ》にされたイエス像があるかないかを見るのが早いでしょう。十字架にイエス像があるのがカトリック、ないのがプロテスタントです。また、教会内部や教会内の敷地に、マリア像や聖人像があるのがカトリック、ないのがプロテスタントです。

『旧約聖書』の「出エジプト記」では、神は預言者《よげんしゃ》モーセに、「十戒」を授け、偶像崇拝を禁じたことが記されています。『新約聖書』の「ガラテヤ人への手紙」、「コリント人への第一の手紙」、「コロサイ人への手紙」でも、偶像や聖像によって神を可視化してはならないと記されています。

プロテスタントはこれらの聖書の教えを厳格に守るべきと考え、教会に十字架のみを置き、

聖像を置かないのです。

このほか、カトリックの教会は華美な装飾が施され、神の栄光と荘厳を視覚的に表現しようとするのに対し、プロテスタントの教会は装飾を排除し、その代わり、賛美歌などの音楽が尊ばれます。そのため、イタリア、スペイン、フランスなどのカトリック圏では絵画や彫刻などの視覚芸術が隆盛し、ドイツや北欧などのプロテスタント圏では音楽芸術が隆盛しました。

北欧3国、つまりデンマーク、スウェーデン、ノルウェーは経済的にも文化的にも、ドイツと強く結びついています。16世紀、ルターの宗教改革の影響も、直接に及びます。

北欧では、1397年、デンマークの女王マルグレーテ1世の提唱により、カルマル同盟が結成され、デンマーク、スウェーデン、ノルウェーはデンマーク王を盟主として連合し、バルト海交易で栄えました。交易で富を蓄積した商工業者も15〜16世紀には台頭していました。

北欧のブルジョワ商工業者はプロテスタントを積極的に受け入れ、結束しました。こうした動きはオランダやイギリスの商工業者たちと同じでした。

「伯爵戦争」とクリスチャン3世

イギリス王ヘンリー8世がプロテスタント商工業者の財力に注目し、彼らを味方につけて王権を拡大したのと同様に、北欧の王もまた、彼らとの連携を深めていきました。

デンマークでは、保守貴族はカトリックの司教たちと癒着し、プロテスタントの布教禁止を国王に要求するなど、プロテスタント新興勢力との対立が顕著になっていました。この対立は1534年、「伯爵戦争」と呼ばれる内戦に発展します。この内戦に勝利したのは、国王クリスチャン3世とプロテスタント商工業者でした。

クリスチャン3世は王太子時代に、ドイツのヴォルムス帝国議会で、ルターの演説を聞き、深い感銘を受け、ルター派に改宗しました。宗教改革により、国家の新しい時代を築くことができると、聡明なクリスチャン3世は見抜いていました。

クリスチャン3世（ハンス・ビンク画、1550年、デンマーク国立歴史博物館蔵）
カトリック教会を激しく弾圧し、短期間のうちに一気に取り潰し、「ハーザースレゥ規約」と呼ばれる宗教綱領によって教会の監督権を握った。

1536年、「伯爵戦争」に勝利したクリスチャン3世は、保守貴族と癒着していたカトリック司教をはじめ聖職者を逮捕・監禁します。そして、カトリック教会がもつ広大な領土を没収し、王領に取り込み、財政再建と王権拡大に利用しました。

プロテスタント商工業者の支援とともに、王権は確立し、デンマークは王国としての発展基盤を築きました。このように、デンマーク国家の原形はプロテスタントの宗教的な推進力により、築かれたといえます。

デンマークはノルウェーも支配していたので、プロテスタントは同地域でも確立しました。

グスタフ・ヴァーサ、スウェーデン独立軍の宗教結束

スウェーデンはデンマーク女王マルグレーテ1世によるカルマル同盟結成以来、デンマークに事実上、支配されてきました。スウェーデンでも、15〜16世紀に、ブルジョワ商工業者が台頭していました。発展とともに、スウェーデンの商工業者はデンマークの支配を嫌うようになり、両者の対立は鮮明になります。

1520年、デンマーク王クリスチャン2世（クリスチャン3世の従兄）はスウェーデン独立派を弾圧します。この弾圧は「ストックホルムの血浴」と呼ばれ、多くの独立派が処刑されました。スウェーデン独立派の貴族グスタフ・ヴァーサはデンマーク軍と戦います。グスタフ・ヴァーサはプロテスタント商工業者の支援を受けて、スウェーデン民衆を率いました。

グスタフ1世（ハンス・ビンク画、1542年、ウプサラ大学蔵）　聖書をスウェーデン語に訳させ、国民に広く配布した。プロテスタントによる国家づくりに精励し、スウェーデン近代国家発展の基礎を築いた。

グスタフ・ヴァーサはデンマーク軍の撃退に成功し、スウェーデンを独立させます。そして、彼は1523年、国王に即位し、グスタフ1世となります。

グスタフ1世は彼を支援していた新教徒のために、プロテスタントを国教と定め、カトリックを排斥します。カトリック教会の領土を没収し、王領とし、王権を拡大します。

スウェーデンはフィンランドの大部分を支配領域にしており、同地域でも、プロテスタントが確立されます。

カトリックの支配体制の崩壊

16世紀にイギリス、オランダ、北欧などの周辺部で起こったプロテスタントの波及は少し遅れて、17世紀に東欧にも達します。そして、東欧におけるプロテスタント勢力の拡大が三十年戦争（1618～1648年）につながります。

三十年戦争の発端はベーメン（チェコ西部）の新教徒がハプスブルク・神聖ローマ帝国のカトリック支配に対し、反乱を起こしたことにはじまります。反カトリック闘争の輪はベーメンだけにとどまらず、ドイツ・ルター派諸侯、デンマークやスウェーデンなど北欧にまで拡大しました。

デンマーク国王クリスチャン4世やスウェーデン国王グスタフ・アドルフ（グスタフ2世）の活躍は目覚ましく、これら新教勢力に対抗するため、ハプスブルク・神聖ローマ帝国も将軍ヴァレンシュタインを投入します。

デンマークやスウェーデンがハプスブルクと戦うための資金を支援したのは同じプロテスタント勢力のオランダの金融機関でした。オランダは豊富な資金力で、デンマークやスウェーデンを動かし、カトリック・ハプスブルクに対し、代理戦争をさせていたのです。

三十年戦争終盤で、新教側の優勢がほぼ確実となり、勝ち馬に乗るべくフランス・ブルボン朝のルイ13世が介入をします。フランスはドイツ方面とスペイン方面のハプスブルク勢力に挟まれていたため、ハプスブルクに対抗することが外交の最優先課題でした。ブルボン朝はハプスブルクと同じカトリックであるにもかかわらず、新教側につき、ハプスブルクを攻撃します。

三十年戦争は当初、プロテスタントとカトリックの戦いでしたが、終盤において、フランスの介入により、宗教戦争の性格が消え、国家間の戦争へと変わっていきます。結果、ハプスブルクは1648年、ウェストファリア条約を締結し、敗退を認めます。ハプスブルク家はドイツへの支配権を完全に失い、本拠地オーストリアの経営に専念することとなり、これ以降「神聖ローマ帝国」の呼称ではなく、「オーストリア」と表わされることになります。

16世紀からはじまったルターの宗教改革はカトリックの保守権威や支配体制を揺るがし、17世紀の三十年戦争で、プロテスタントの勢力基盤が国際的に固まったといえます。

Chapter 23

カトリックを国民統合に利用した指導者

【f地域：利用】フランスのカトリック

◆宗教が、人が人を支配する正統性を与える

5世紀末から6世紀初めのメロヴィング朝フランク王国の初代国王クローヴィスには、ある伝説があります。クローヴィスが決戦を前に、従者に甲冑を取りに行かせると、甲冑に普段の三日月紋ではなく百合紋が描かれていることに気づきます。4度、別の甲冑に取り替えさせても、やはり百合紋がついています。そこで、その甲冑をつけて、出陣したところ、クローヴィスは勝利することができました。

キリスト教徒であった妃クロティルドが、「百合紋を用いて決闘に向かえば、勝利するであろう」との神の啓示を受け、甲冑に百合紋を描かせたのです。

ここから、クローヴィスは神に選ばれた王であり、そのクローヴィスの子孫たるフランス国王もまた、神に選ばれた存在であるという考え方が生まれます。その象徴が、クローヴィスが

神から授けられた百合紋を受け継いだ、フランス王家の紋章です。

また、クローヴィスはカトリックに改宗した際、塗油されて聖別されたとの伝説もあります。そこから、クローヴィスが洗礼を受けたとされる地に建つランス大聖堂（ノートルダム大聖堂）で行なわれる歴代フランス国王の戴冠式で、新しい王はクローヴィス以来の聖香油を塗油され、聖別されるという観念が生まれました。聖香油を塗油されることで、王は神の霊威を獲得すると信じられたのです。

神から選ばれた王たちは神的な力をもっているので、瘰癧《るいれき》（頸部のリンパ節が腫れる結核性の病気）を患う病人に王が触れると、病気が治るという信仰もヨーロッパにはありました。この「瘰癧さわり」の伝統は、中世のクローヴィスの時代から近世に至るまで、ヨーロッパ各地に残っていました。

神に選ばれた王、霊威をもつ王という観念を発展させる形で、近世に登場してきたのが王権神授説です。

太陽王ルイ14世に仕え、王権神授説を唱えたフランスの神学者ジャック＝ベニーニュ・ボシュエは著書『世界史叙説』（1685年）で、「神は国王を使者としており、国王を通じて人びとを支配している。（中略）国王の人格は神聖であり、彼に逆らうことは神を冒瀆することである」と記しています。王権神授説の本質を端的に言い表わした言葉です。

人が人を支配するとき、支配する側は、人を超える存在によって付与される神的な権威を必ず必要とするのです。

宗教勢力の均衡

フランスの南西方面にイタリアとスペインなどのカトリック領域が、北東方面にオランダとドイツ、イギリスなどのプロテスタント領域があります。フランスは地政学上、旧教と新教の狭間にあり、両勢力の衝突の場となります。

こうした宗教対立に、貴族の政治闘争が結びついて起こった戦争が1562年からはじまるユグノー戦争です。「ユグノー」とはフランスのカルヴァン派の呼称で、ドイツ語に由来する「盟友」という意味があるといわれます。ユグノー教徒は他国と同じく、おもにブルジョワ商工業者たちでした。

スペインがカトリック側を、イギリスがユグノー側を支援し、国際紛争となります。革新派貴族のアンリ4世はユグノーと連合し、カトリック保守派に勝利しました。アンリ4世は王に即位、ブルボン王朝を創設し、中央集権化を押し進めます。

ユグノーの支援を受けたアンリ4世ですが、フランス国民の大多数はカトリック教徒であっため、それに配慮して、アンリ4世自身はユグノーからカトリックへと改宗します。一方、1598年、有名なナントの勅令《ちょくれい》を発し、ユグノー・カルヴァン派の信仰の自由を認め、新教と旧教のバランスをとります。ナントの勅令は宗教勢力の均衡を図る巧みな政治戦略でした。

アンリ4世はカトリックの統合力を利用することを体制の根幹にしながら、ユグノー商工業者の経済力を取り込むことに成功したのです。

アンリ4世によって、国内がまとめられ、続くルイ13世、ルイ14世は外交に力を注ぎます。フランス・ブルボン家の外交方針は「反ハプスブルク」でした。当時、ハプスブルク家はスペイン、フランドル（ベルギー）、ドイツ、オーストリアを支配し、フランスはハプスブルク勢力に包囲されている状態でした。

フランス国王は国内を一致結束させるため、ハプスブルクという外敵の脅威を必要以上に煽《あお》り、これを利用しました。ルイ13世の宰相リシュリューは三十年戦争に介入し、ハプスブルクに抵抗していた新教勢力を支援し、ハプスブルクを敗北へと追いやります。

太陽王ルイ14世もまた、生涯に渡り、ハプスブルクとの戦いを展開し、最終的に1713年、ハプスブルク領スペインを獲得します。

◆ユグノー教徒の王権への癒着

ナントの勅令で、ユグノー教徒も信仰の自由を認められましたが、ブルジョワ商工業者の中には、カトリックを奉じていた王権との癒着を強め、カトリックに改宗する者も少なくありませんでした。

フランスでは、王政によるコントロール下で、地方の中小企業体は再編・統合され、合資的形態の大規模な官製工場（王立マニファクチュア）に姿を変えていきます。フランスでは、経営が認められるのはこうした官製工場のみで、それらの独占利潤は保証されていました。

ブルジョワ商工業者ら

ジャン・バティスト・コルベール（クロード・ルフェーブル画、1666年、ヴェルサイユ宮殿蔵） フランス近代産業振興の最大の功労者。経済の発展がユグノー戦争以来続く宗教対立を自然解消させた。コルベールは国内の新産業を育成するのみならず、東インド会社の運営に力を注ぎ、海外貿易や植民地市場の開拓を目指した。

は官製工場の巨大組織の手足となり、国家の産業の担い手となります。こうした過程で、信仰に対することだわりよりも、王権と同化することに利益があると考えられ、カトリックへの改宗が進んだのです。

ルイ14世の財務総監コルベール（在任1661～1683年）は厳しい産業規制を打ち出し、そのルールに従った業者らに独占権を賦与し、巨額の利益を上げさせました。一方、新規業者の参入を厳しく制限しました。フランス各地の工業の生産物の取引は都市に設けられた官製市場に集められて、行政庁が細部に渡り、検査を実施していました。独占的特権業者らは巨額の税・上納金を独占の代償として、王政に納めました。

ナントの勅令廃止の本当のわけ

1685年、ルイ14世はナントの勅令の廃止を宣言し、ユグノーの信仰の自由を否定しました。一般の概説書では、これ以降、多くのユグノーが国外に亡命し、フランス産業の停滞につながったと説明されます。スペインのフェリペ2世はカトリック政策を強化して、カルヴァン派商工業者が大量に亡命し、スペイン産業の停滞を招きます。ルイ14世もフェリペ2世と同じ轍を踏んで失敗したと説明されるのですが、必ずしもそうではないのです。

ルイ14世の時代には、王政による産業再編が進むなかで、ユグノー商工業者は前述のように、その多くがカトリックに転向しており、ユグノー信徒であり続けた商工業者は、それほど多くはなかったとされます。その意味で、ルイ14世のナントの勅令の廃止はフェリペ2世のカトリック政策のような決定的な影響はなかったといえます。

それでも、このとき、フランスのユグノー商工業者は周辺のプロテスタント諸国に亡命をしたことが知られています。とくに、プロイセン（ドイツの前身）がユグノーたちの受け入れに熱心で、亡命した商工業者たちがベルリンの手工業を牽引したとされます。

ルイ14世は王政のカトリック政策に同化しようとしないユグノー教徒を潜在的な反逆分子と見なしました。そのため、勅令に従わなかったユグノー教徒に奴隷労働を強いるなど、激しい弾圧を加えました。

ルイ14世は自らを「熱烈なるカトリックの保護者」と自認していましたが、彼にはフェリペ2世のような敬虔さはなく、ナントの勅令廃止は宗教的意図というよりはむしろ、王権強化という政治意図によってなされたものでした。

ルイ14世の治世の後半期において、フランスの商工業の発達が阻害されたのは、王政の産業統制で、一部の特権的なブルジョワ商工業者らにだけ財の集積が進み、社会全体が既得権化し、硬直感に覆われたからでした。また、ルイ14世は度重なる対外戦争で悪化した財政を補填《ほてん》するため、重い税を課しました。そのため、産業経営を逼迫させ、事業の縮小・廃止が相次ぎました。

一方、カトリック保護政策で、聖職者は種々の免税特権を保持することができました。中世の時代から続いていたカトリック教会の徴税権である十分の一税も温存されるなど、事実上の教会の領主支配権が容認されていました。こうした特権の温存が中・下層階級の反発を生み、後のフランス革命の原因となります。

教会財産の証券化

18世紀の後半、フランス王室の財政難は限界に達していました。財源を確保するため、教会の豊かな財産が狙われました。

1789年、パリで暴動が発生し、フランス革命がはじまります。国王ルイ16世は議会の開催を認め、事態の収拾を議会に託しました。議会は破綻寸前の財政を立て直すため、1790年、聖職者民事基本法を制定します。この法律は、フランス国内のカトリック教会の組織や財産、税財源、人員を国家の管理下に置こうとするものです。王室財政を補填するには、教会を収奪するしか方法がありませんでした。これは、信仰を害する暴挙とも捉えられ、聖職者の激しい反発を生みます。

教会財産は6億リーブル（リーブルは当時のフランス通貨）あり、当時のフランス王室の年間収入の5億リーブルを超えるものでした。議会は教会財産を担保に、それを証券化し、「アシニア」という債券を発行します。「アシニア」はリーブルに代わる紙幣としても通用するようになります。

図23-1 「アシニア」の運用

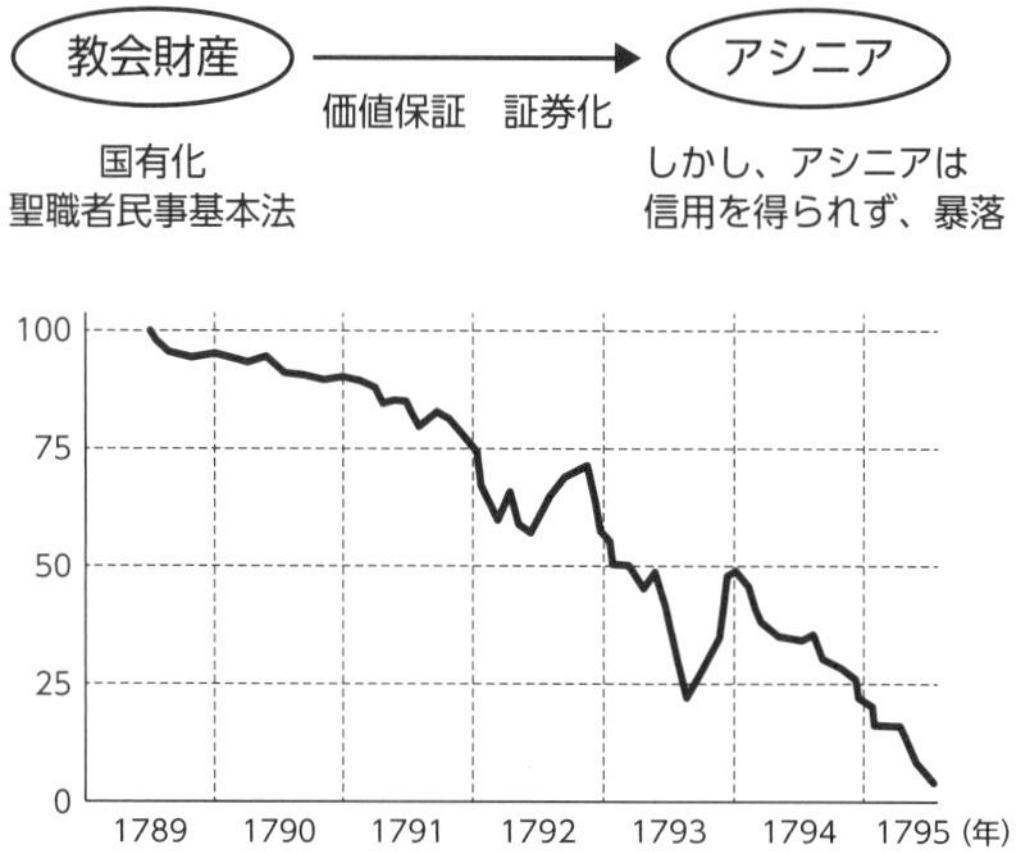

議会は新紙幣「アシニア」によって、信用不安から引き起こされたインフレを解決しようとしましたが、そもそも、当時の王室財政の負債は莫大で、また、議会もきわめて不安定な状態であったため、信用不安は払拭されず、インフレは収束しませんでした。

1792年になって、オーストリアをはじめとする周辺諸国との軋轢のなか、革命戦争が勃発すると、その戦費を調達するため、「アシニア」が乱発されるようになりました。議会は物価統制令や、「アシニア」を額面通り通用させなかった場合の罰則を規定しましたが、効果はなく、「アシニア」の価値はリーブルとともに下落し続け、インフレは進行しました。

財産を奪われた教会も黙っていませんでした。フランスの聖職者たちはローマ教皇と結託し、議会を強く批判します。

彼らは教皇の威光を背景に、敬虔な一般信者に向かい、「信仰が脅かされている」と説法をして巧みに扇動しました。とくに地方の農民層は敬虔なカトリック信者で、聖職者たちの説法に過激な反応を示し、暴動を起こしました。その代表的なものが、ヴァンデー地方というフランス南西部で起こった暴動です。当初、パリでのみ生じた暴動がフランス全土に波及していきます。

こうした暴動に、王政を支持する保守貴族が加わり、大きな反動勢力が形成されます。これを背後から扇動していたのは聖職者です。

革新派の議会も、急進化しており、国王を処刑するなどして、保守勢力の弾圧を徹底します。こうして、フランスは保守派と革新派の「血で血を洗う」内戦状況に陥ります。

宗教に対抗する指導者は滅ぶ

革命派の中に、ジャック・ルネ・エベールという弁舌の巧みな人物がいました。エベールは保守派の背後に、教会勢力がいることを深刻に捉え、教会を解体しようとします。神という存在が改革を行なう障害になっているならば、神をも排除するべきと主張し、神に代わり、人間の理性を尊重しようという非キリスト教化運動を展開します。この一連の運動は「理性の崇拝」と呼ばれます。

エベールの主張は革命派の中に浸透しました。１７９３年、革命派は共和制を樹立し、カトリック色の強いグレゴリオ暦を廃止し、革命暦を制定します。神に代わり、革命共和国が時間を司り、すべてを支配していくという意志を示したのです。革命派は非科学的な宗教を排除し、合理主義的な人間をつくることで、自分たちの思想を社会に普及させようとし、理性や科学による新しい繁栄を築こうとしました。

エベールは合理主義者らの共感を呼び、自身の政治的な派閥を形成していきます。当時、同じく革命派の指導者であったマクシミリアン・ロベスピエールはエベールの勢力拡大に脅威を感じ、１７９４年、彼を処刑します。エベールの罪状は「シャツを盗んだ」というものでした。

ロベスピエールはエベールを処刑しながらも、カトリック排除の路線を踏襲し、キリスト教の神に代わる「最高存在」なるものを打ち出しました。「最高存在」とは、合理主義の精神であり、革命の理念や共和国の理想です。

このように、フランス革命はカトリック・キリスト教の価値観を近代精神によって排除することを目的とする思想闘争に帰結していきます。

ドーバー海峡を越えた対岸のイギリスから、フランス革命が悲劇的な破局を迎えることを予見したのがエドマンド・バークです。バークは１７９０年に著した『フランス革命の省察』において、フランス革命が人工的な理性を絶対視し、既存の慣習や教会制度を否定した結果、無秩序に陥ると警告しました。

バークは、ある世代が自分たちの知力において改変することが許されないような、自然的に発展してきた

エドマンド・バーク（ジュシュア・レイノルズ画、1770年頃、ナショナル・ポートレイト・ギャラリー蔵） 18世紀イギリスの政治家、思想家。アイルランドのダブリンに生まれる。下院議員、ホイッグ党の指導者として活躍。近代の理性万能主義に反発した。伝統や慣習を重んじる視点から、宗教の果たす役割について論じた。

「慣習法（コモン・ロー）」や道徳の存在があることを主張しています。もちろん、宗教もそのようなものの1つです。古来続く制度、伝統、慣習は、それらが続いてきたことに必然性があり、簡単に崩すことなどできず、無理に崩そうとすれば、社会は混乱するとバークは主張しました。

バークの警告通り、フランス革命は混迷を極めます。合理主義を徹底させようとしたロベスピエールの政治は強い反感を買いました。ロベスピエールは反対者を取り締まるために、恐怖政治を敷きます。カトリック復活や安定を望む国民が多数のなか、急進的なロベスピエールは孤立していきます。最終的に、ロベスピエールは反動的な勢力により、処刑されました。

その後、フランスの政治は大混乱のなか、機能麻痺に陥ります。そんなフランスを強い軍事力で救済したのがナポレオンでした。ナポレオンはカトリック復活を認め、安定を願う人々の要求に応えました。ナポレオンはカトリックにより国民をまとめ上げていくことが得策であると見抜いていたのです。

宗教に対抗する指導者は滅び、宗教を利用する指導者は栄える。これが歴史や政治の普遍原理です。

Chapter 24

正教とは何か、宗教君主としてのロシア皇帝

【g地域：対抗】ロシア・バルカン諸国の東方正教会

◆聖画像が偶像崇拝にならないのはなぜか

ロシアやバルカン諸国の教会では、イコン敬拝が盛んです。「イコン」とはギリシア語の「エイコン」のことで、英語の「イメージ」にあたります。イコンは聖母子像などの聖人を描いた聖画像で、教会で敬拝されるばかりではなく、一般家庭の中でも敬拝されています。客は家の主人に挨拶をする前に、家に置かれているイコンに拝礼するのがしきたりです。

ビザンツ帝国で、726年、皇帝レオン3世が聖像禁止令を発布したことは有名です。このビザンツ帝国の正教会の流れを汲むロシア正教会で、なぜ、イコン敬拝が盛んなのか不思議に思う人は多いと思います。

7世紀にイスラム教勢力のビザンツ帝国への攻勢がはじまると、イスラム教徒はキリスト教徒らのイコン敬拝を後進的で邪教的であると嘲笑します。

アラビア半島では、イスラム教が興隆する以前、偶像崇拝主体の多神教が信奉されており、原始宗教特有の混沌《こんとん》が古くから続いていました。イスラム教徒たちはイスラム教の誕生とともに、そのような混沌の闇から救済されたと考えました。

イスラム教の厳格な偶像崇拝禁止の規範に影響を受け、ビザンツ帝国の東方の小アジアやシリア、アルメニアの住民が偶像崇拝禁止の主張をはじめ、聖像崇拝論争が生じます。実際に、聖書にも偶像崇拝の禁止は記されていました。

こうした状況のなかで発布されたのが、レオン3世の聖像禁止令です。以降、聖像破壊運動(イコノクラスム)が本格化し、反対する教会や聖職者は弾圧されました。

『ウラジーミルの聖母』(トレチャコフ美術館蔵) イコンの最高傑作とされ、正教会の伝承では、聖ルカによって描かれたとされている。イエスがこれから受ける受難を想い、聖母は嘆き、「エレウサ(「慈憐」の意)」の表情を浮かべている。

しかし、イコノクラスムに抵抗する保守派のイコン擁護派の闘争も激化します。8世紀後半になると、イコン擁護派が勢力を盛り返し、787

年、コンスタンティノープル総主教が介入し、イコノクラスムを異端とし、イコン敬拝を認めます。

それでも、イコノクラスム派のビザンツ皇帝とイコン擁護派のコンスタンティノープル総主教との闘争が続き、最終的に、イコン擁護派が大勢を占めたことで、帝国は843年、イコン敬拝を公式に認めます。これ以降、東方正教会のイコン文化が定着します。

イコン敬拝の理論として、以下のようなことが主張されました。「イコンへの敬拝は画かれた原像に帰す」、つまり、描かれた絵そのものを崇敬しているのではなく、イコンの中に描かれた神なる霊魂を崇敬しているのだと。恋人の絵を愛しているのではなく、そこに描かれた恋人の存在を愛するのと同様であり、イコン敬拝は偶像崇拝に当たらないとされたのです。

そのため、イコンに対しては、「崇拝」ではなく、「敬拝」や「崇敬」という表現が使われ、偶像崇拝につながるニュアンスを避けようとするのです。

また、イエスを描き出すことは、見えない神を想像し描き出す偶像とは異なると説かれました。見えない神がイエスという人の姿となり、人に見せるため、この世に現われたのであるから、その姿を描いても決して偶像にはならないと考えられたのです。

「ビザンティン・ハーモニー」としての東方正教会

東方正教会はキリスト教会のうち、ローマ・カトリックを除く東方ヨーロッパ地域の教会の総称で、「ギリシア正教」とも呼ばれます。この呼び方は西ヨーロッパ側からの呼び方で、カトリックに対する、ギリシアの一地方の正教という意味が含まれ、東側が自ら「ギリシア正教」という言い方をしたことはなく、彼らはあくまで、自らの教えを正統なキリスト教であるとして、「正教」と称します。

また、「正教」の言語がギリシア語やそれに基づいてつくられたキリル文字であったことから、西側が「ギリシア正教」と呼んだということも考えられます。「スラヴ正教」と呼ばれることもあります。東方正教会は古代教会の伝統を厳格に受け継いでいるため、原始キリスト教の形が生きています。

ローマ帝国時代、帝国内は大きく5つの教区に分けられました。その5つの教区の中心都市がエルサレム、アレクサンドリア、アンティオキア、コンスタンティノープル、ローマであり、それぞれに総主教が置かれました。ローマ総主教は使徒ペテロの後継者として、自らを別格として、教皇と称します。

３９５年、ローマ帝国が東西に分割されます。この分割で、西側に含まれるのはローマ教区だけとなり、その他は東側（東ローマ帝国＝ビザンツ帝国）に含まれました。つまり、ローマ帝国分割後に、圧倒的な勢力を有したのは東方正教会でした。

図24-1　キリスト教の５つの教区

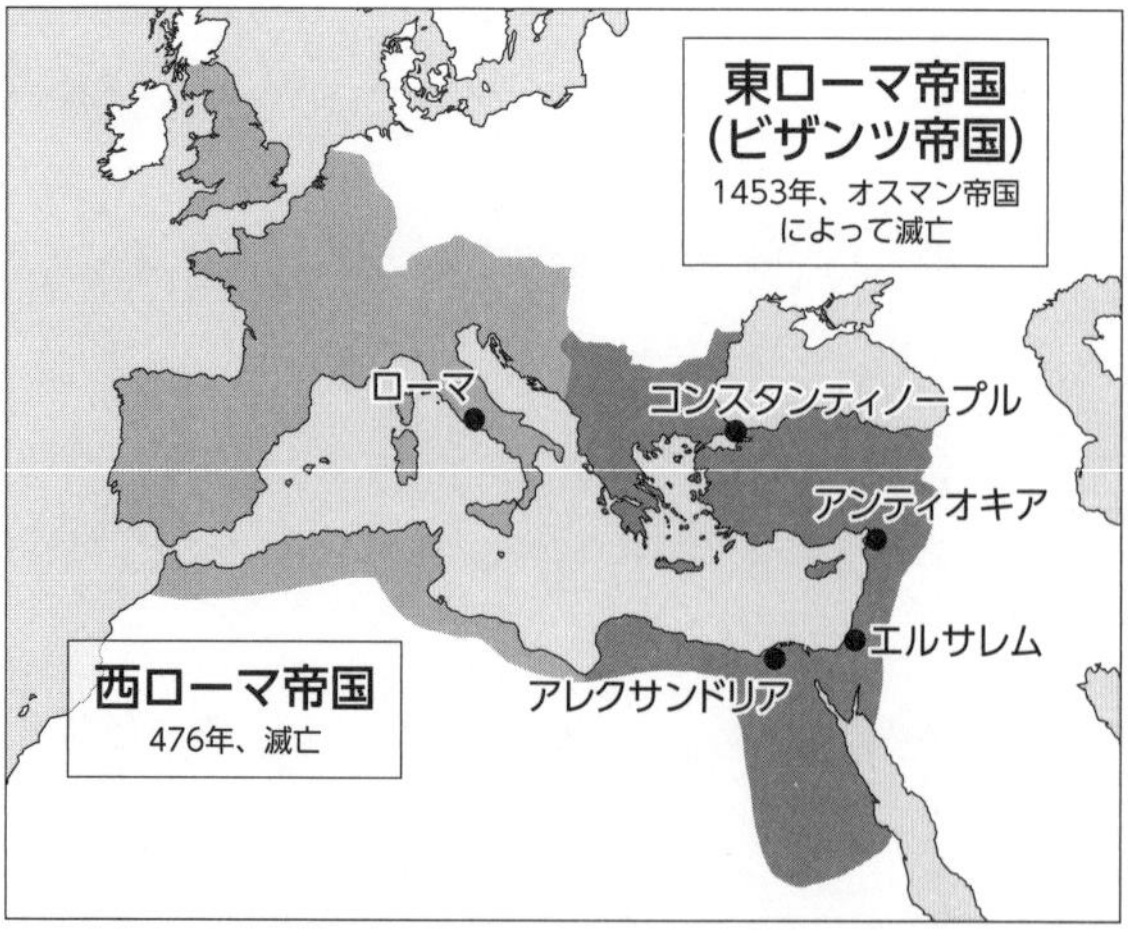

東側のエルサレム、アレクサンドリア、アンティオキア、コンスタンティノープルの4総主教たちはそれぞれ独立して、対等な立場でした。しかし、ビザンツ帝国の首都がコンスタンティノープルに置かれ、ビザンツ皇帝の後ろ楯を直接に得る立場であったコンスタンティノープル総主教が事実上、優位な立場にありました。

コンスタンティノープル総主教の任免に、ビザンツ皇帝が介入していたことから、ビザンツ皇帝は事実上、総主教の上に立つ存在でもあり、「皇帝教皇主義」と呼ばれるように、皇帝が俗権と聖権を併せもつ君臨体制が構築されていました。

西ヨーロッパで、神聖ローマ皇帝とローマ教皇は聖職叙任権問題などで、激しく対立しましたが、ビザンツ皇帝とコンスタンティノープル総主教の間に、そのような対立関係がなかったのは、ビザンツ皇帝が教会の監督権（人事権を含む）を握っていたからです。皇帝と総主教の融和的関係は「ビザンティン・ハーモニー」と呼ばれますが、それは悪い言い方をすれば単なる癒着でした。

395年のローマ帝国分割後、東西両教会の交流が薄くなり、教義の解釈や礼拝方式などの相違から、対立が生じました。とくに、ローマ教皇がキリスト教の最高祭祀者であるかのような言動を繰り返したことに、コンスタンティノープル総主教が反発していました。1054年、両教会が相互に破門し合い、完全に決裂します。

正教会の盟主となったロシア正教会

東方正教会は9世紀頃までに、バルカン半島や東欧、さらにはアルメニア方面にも定着します。宗教勢力圏の拡大とともに、ロシア正教会、セルビア正教会、ルーマニア正教会、ブルガリア正教会、グルジア正教会などが創設されます。これらは東方正教会の支部のような存在です。

各教会に大主教が置かれ、これらをコンスタンティノープル総主教が統括しました。しかし、10～11世紀に、ビザンツ帝国が弱体化すると、これらの正教会はコンスタンティノープル総主教の影響下から独立します。各大主教たちはコンスタンティノープル総主教に対抗し、総主教を自称するようになります。

１４５３年、イスラムのオスマン帝国がコンスタンティノープルを陥落させ、ビザンツ帝国を滅ぼしました。これ以降、バルカンはオスマン帝国の支配下に組み込まれます。しかし、コンスタンティノープル総主教がなくなったわけではなく、東方正教会も禁じられたわけではありません。総主教座の置かれたハギア＝ソフィア大聖堂はイスラム教寺院モスクとして改造されますが、総主教は存在し続けます（今日まで）。オスマン帝国は正教徒を迫害せず、寛大な宗教政策を行ないました。

しかし、ビザンツ帝国が滅亡したことで、コンスタンティノープル総主教の権威は完全失墜したため、以後、各地域の正教会の中でも、最も力のあったロシア正教会が東方正教会の実質的指導者となります。

モスクワ大公国の大公イヴァン３世は１４７２年、ビザンツ皇帝を継承し、ツァー（「皇帝」の意）を自称します。イヴァン３世はロシア正教会にも介入しました。ツァーを権威づけるためには、東方正教会を事実上、支配する宗教君主としての地位が必要とされたからです。

ロシア正教会の大主教は16世紀に、コンスタンティノープル総主教から、総主教の地位を正式に認められます。これ以降、ロシア正教会の大主教は「モスクワ総主教」と呼ばれます。ただし、「モスクワ総主教」はツァーの監督下に置かれていました。

ツァーの地位やツァーの宗教監督権はロマノフ朝皇帝に引き継がれます。

◆東方正教会の最高祭祀者ロシア皇帝

ロシアの貴族であったロマノフ家のミハイル・ロマノフが1613年、貴族会議でツァーに選出されます。このとき、ミハイルは16歳の少年であったので、父のフョードル・ロマノフ（修道名はフィラレート）が実権を握り、政務を取り仕切ります。

1619年、フョードル・ロマノフがモスクワ総主教の座に就きます。フョードルは宗教権威を利用して、帝権を一気に固めます。そして、モスクワ総主教を名実ともに、皇帝に従属させる地位に、制度的に改変しました。

ロマノフ朝の5代目皇帝のピョートル1世は1721年、教会改革を断行して、総主教座を廃止しました（モスクワ総主教座が復活するのは、ロマノフ朝が崩壊するロシア革命直後の1917年）。「シノド（宗務院）」という宗教監督庁を設け、皇帝の宗教統制権を完全なものにしました。

ピョートル1世の改革により、ロシア皇帝がロシア正教会の総主教の役割を事実上、担います。その意味で、ロシア皇帝は東方正教会の最高祭祀者としても、君臨することになります。ロシア皇帝は神聖ローマのハプスブルク皇帝やドイツ帝国の皇帝と異なり、宗教君主でもあったのです。

19世紀後半から20世紀にかけ、ロシア皇帝は「パン＝スラヴ主義」と呼ばれる民族連帯をバルカン諸地域に呼び掛け、ドイツやオーストリアの「パン＝ゲルマン主義」に対抗しようとしました。この連帯は東方正教会を奉じる勢力の宗教結束でもあり、正教会の宗教君主であったロシア皇帝の指導力が発揮されました。

両主義の対立は「バルカン問題」と呼ばれる深刻な事態を生じさせ、2

ピョートル1世（ポール・ドラロッシュ画、1838年、ハンブルク美術館蔵）　ロシアの後進性を自覚していたピョートルは皇帝でありながら、ヨーロッパ各国を自ら視察し、産業や官制の近代化改革を行なうが、実はそれらの中で、最も抵抗を受けた困難な改革がロシア正教会への統制強化であった。

度のバルカン戦争を経て、第一次世界大戦となります。

ソヴィエト政権とモスクワ総主教

ロシア正教会の主教であったティーホンは帝政時代から、18世紀に廃止されたモスクワ総主教座を復活させるべきであると主張していました。1917年のロシア革命後、ティーホンの指導で、総主教座が回復され、彼自らが選出され、総主教に就きます。

しかし、ソヴィエト政権はこれを認めず、ロシア正教会が保守派の拠り所となっていると捉え、弾圧しはじめます。共産主義者が宗教権威を激しく憎悪するのは世界共通で、彼らは常に、人民を苦しめる専制支配の根源に宗教への盲信があると考えます。

ティーホンは、ソヴィエト政権により銃殺された皇帝ニコライ2世一家に対して、慰霊の祭祀を執り行ない、政権要人たちを怒らせました。その結果、弾圧は強まり、主教や司祭、修道士や修道女が数千人、処刑されます。ソヴィエト政府はロシア正教会を略奪し、奉神礼《ほうしんれい》に使用する貴金属でつくられた聖器物などを没収します。これらは飢饉救済に使われたと説明されましたが、レーニンは政府の外貨準備に充てたと公言しています。

レーニンの側近のレオン・トロツキーはティーホンを死刑にすべきと主張していましたが、

モスクワ総主教ティーホンと主教たち（1917年、ロシア正教会最高幹部会にて）向かって前列右から３人目がティーホン。「ティーホン」は修道名で、本名はヴァシーリイ・イヴァノヴィチ・ベラヴィン。

政権内部で、そのような強硬策に反対する声が上がり、ティーホンは死刑を免れます。ただし、幽閉状態に置かれました。ティーホンはソヴィエト政権と交渉を繰り返し、ロシア正教会を守るため尽力します。１９２５年、ティーホンが死去した後、ソヴィエト政権の指導で、モスクワ総主教座は空位のままにされ、後任着座が許されませんでした。

１９４３年、第二次世界大戦中、スターリンは国内の融和を図るべく、保守派に妥協し、総主教座の再復活を容認します。そして、モスクワ総主教座はセルギイ１世から、今日のキリル１世に継承されていきます。

図24-2　ロシア革命後のモスクワ総主教

総主教名	在位期間
ティーホン	1917年-1925年
セルギイ１世	1943年-1944年
アレクシイ１世	1945年-1970年
ピーメン１世	1971年-1990年
アレクシイ２世	1990年-2008年
キリル１世	2009年-

Chapter 25 なぜ、スラヴ圏でありながらカトリックなのか

【h地域：従属】東欧のカトリック

◆東方正教を共有したスラヴ人

ヨーロッパ人は大きく3つの系列に分けられます。その3つとはラテン人、ゲルマン人、スラヴ人です。ドイツ人や北欧人はゲルマン人の系列、イタリア人やフランス人はラテン人の系列、ロシア人や東欧人はスラヴ人の系列に分類されます。

3つの系列の区分は彼らの使う言語の文法などの形態の違いによって分けられる区分で、それが文化や慣習、宗教の区分としても現われます。ラテン人はカトリック、ゲルマン人はプロテスタント、スラヴ人は東方正教というように、いわゆるキリスト教3大分派で、大きく区分できます。

とくに東方正教会のエリアでは、キリスト教とともに、スラヴ言語が派生しました。9世紀、「スラヴの使徒」といわれたキュリロス兄弟によって、正教の布教が東欧のスラヴ人になされ、

拡がっていきます。キュリロス兄弟はビザンツ帝国の神学者で、ギリシア人です。キュリロス兄弟は布教にあたって、スラヴ人が文字をもっていなかったため、ギリシア語をもとに、スラヴ語を表記するための文字を考案しました。これはキリル文字と呼ばれ、ロシア語やバルカン半島諸国の文字として、現在も使われています。

図25-1　ヨーロッパ人の３系列分布と宗教

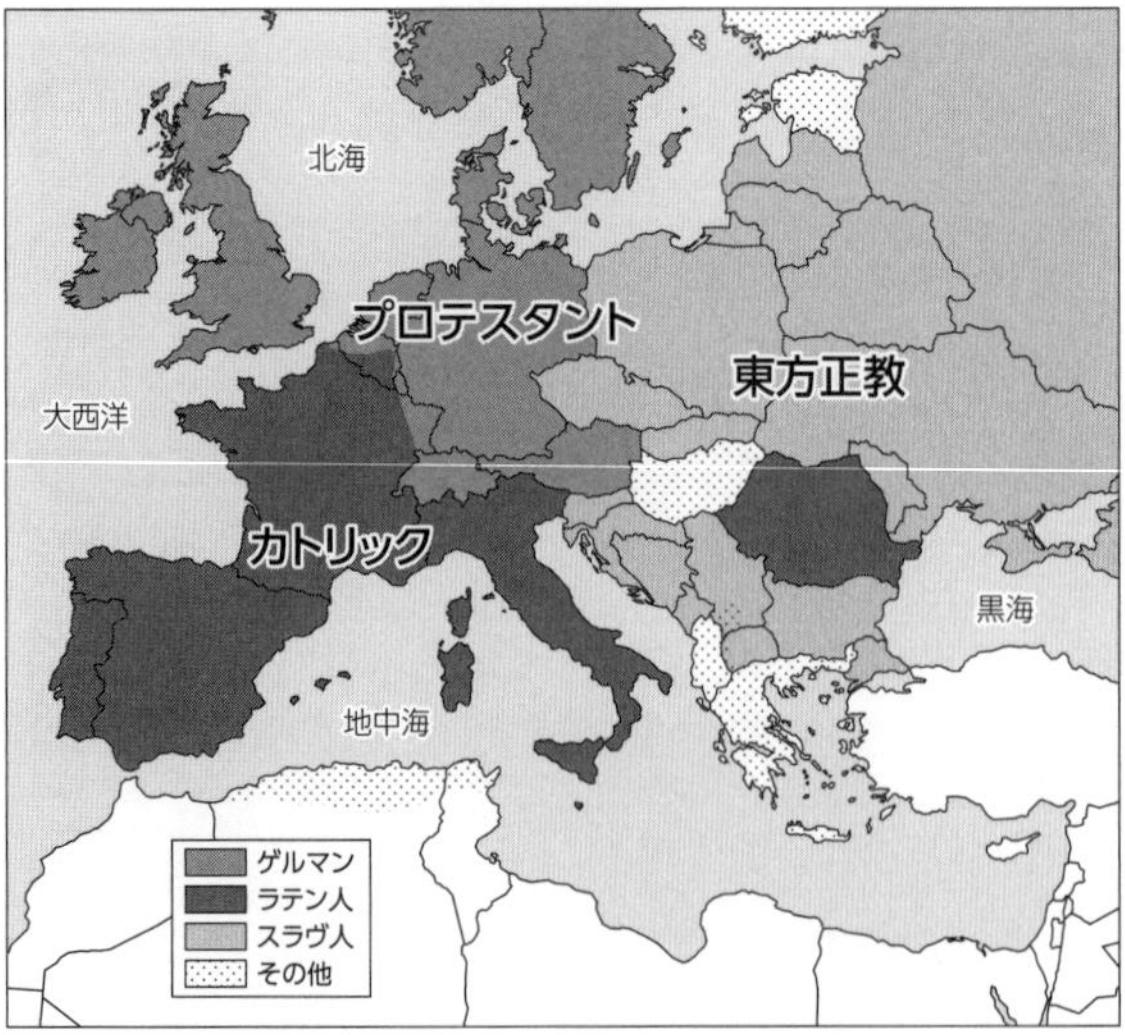

　このような経緯からスラヴ人は東方正教会とともに、スラヴ言語を受容した人々であり、その言語や文化に、宗教的基盤が強く共有されていたということができます。

　キュリロス兄弟の努力により、セルビアやクロアチアなどのバルカン半島の人々、さらに、ロシア、ポーランド、チェコなどの東欧の人々に東方正教が拡がり、ビザンツ帝国の支配圏も拡大しました。

　ところで、「スラヴ（slav）」とは、英語の「スレイブ（slave）」、つまり「奴隷」

を意味します。古代ギリシア人がバルカン半島北部のスラヴ人と出会い、「お前たちの話している言葉は何だ」と問うと、「言葉（スラヴ）だ」と答えます。スラヴというのは本来、「言葉」という意味です。「スラヴ」と聞いたギリシア人は「では、お前たちをスラヴ人と呼ぼう」ということになりました。そして、ギリシア人は多くのスラヴ人を奴隷にしたことで、ギリシア語の「スラヴ」は「奴隷」の同義語となり、それがラテン語や英語に伝わっていきます。

カトリック受容の政治背景、ポーランド、ハンガリー

東欧地域はビザンツ帝国の東方正教会の影響を文化的にも宗教的にも受けましたが、10世紀後半以降、東方正教会と離縁して、カトリックに改宗する動きが起こります。この時代、ビザンツ帝国が弱体化し、ドイツを勢力基盤とする神聖ローマ帝国が台頭します。神聖ローマ帝国はカトリックを奉じていました。東欧地域は神聖ローマ帝国に接近、もしくは恭順していく状況で、カトリックに改宗するのです。

ポーランドで、960年、ピアスト朝が成立し、神聖ローマ帝国に接近、カトリックに改宗します。歴代王は熱心なカトリック信徒で、ポーランドのカトリック化が進み、今日に至ります。現在でも、ポーランドはカトリックを国教としており、国民の9割がカトリック教徒です。

ポーランドは19世紀にロシア領となりますが、カトリック信仰は揺らがず、むしろ、カトリックがロシア正教に抵抗する精神的な砦となり、信仰が強まりました。ポーランドはロシア革命中の１９１８年に、独立します。

ハンガリーでは、アジア系のマジャール人が国家統一を進め、11世紀に、ハンガリー王国を成立させ、カトリックを受容します。ハンガリーでは、ドイツ系住民が多く、マジャール人は彼らとの同化を図り、宗教結束を維持しながら、王国を形成します。14世紀後半、ハンガリー王国は婚姻により、神聖ローマ帝国に編入されます。ハンガリーは今日、国民のおよそ6割がカトリックで、2割がプロテスタントとされます（ほかにも様々なデータあり）。

ハンガリーは中世の神聖ローマ帝国時代に続いて、近世以降も、オーストリア・ハプスブルク家に支配されてきましたが、第一次世界大戦でオーストリアが敗北したことにより、１９１８年に独立します。

◆宗教戦争が続いたチェコとスロヴァキア

チェコやスロヴァキアでは、スラヴ系チェック人が居住し、モラヴィアと呼ばれる共同国家を建設していました。10世紀初め、チェック人はベーメン（英語読みはボヘミア）王国を建国します。11世紀に、ベーメン王国は神聖ローマ帝国領に編入され、チェック人はカトリックに改宗します。

14世紀、ベーメン王国の王統が断絶したため、神聖ローマ皇帝カール4世がベーメン王を兼ねます。カール4世はベーメン王としてはカレル1世と呼ばれます。カール4世は王都プラハを整備し、プラハ大学を創設します。プラハ大学は神聖ローマ帝国内の最初の大学で、神学研究が盛んでした。

15世紀、プラハ大学神学教授のヤン・フスはイギリスの神学者ウィクリフの影響を受け、ローマ・カトリック教会を攻撃しました。ベーメンの独立機運がフスによって、宗教的な情熱と結び付く事態となっており、これに対処するため、1414年、神聖ローマ皇帝ジギスムント（カール4世の子）の主催で、コンスタンツ公会議が開催されます。公会議で、フスを異端とし、火刑に処します。

また、神聖ローマ帝国はチェック人に対する弾圧を強化したため、1419年、チェック人は神聖ローマ帝国に反乱を起こし、フス戦争となります。ジギスムントは過激派の鎮圧には成功しますが、最終的に、和睦を結びます。その後も、神聖ローマ帝国のベーメン支配は続きます。

16世紀、宗教改革の影響を受け、ルター派の新教徒が急増します。17世紀、神聖ローマ皇帝

『グルンヴァルトの戦い』部分（ヤン・マテイコ画、1878年、ワルシャワ国立美術館蔵） 反カトリックのフス戦争は15年以上にわたる激戦となった。決着がつかず、和睦となり、一応、フス派は信仰の自由を勝ち取った。この妥協が後の三十年戦争の発端となるベーメン新教徒の反乱につながる。中央に描かれているのはフス派を率いた英雄ヤン・ジシュカ。

のフェルディナント2世がカトリックを強制したことに反発し、1618年、ベーメンの反乱が起こり、三十年戦争の原因となります。

その後も、神聖ローマ帝国（オーストリア）の支配が続きます。神聖ローマ帝国がカトリックを強要したため、フス戦争や三十年戦争などの宗教戦争がベーメンで起こりましたが、結局、ベーメンでは、プロテスタント信仰は続かず、カトリック信仰が定着します。今日、チェコやスロヴァキアでは、カトリック教徒が大半を占め、プロテスタントは1割もいません。

1918年、第一次世界大戦でオーストリアが敗北したことにより、ベーメンはチェコスロヴァキア共和国として独立を達成しました（1993年、チェコとスロヴァキアに分離）。

Chapter 26

社会を動かす福音派メガチャーチ

【i－地域：分離】アメリカのピューリタニズム

ボーン・アゲイン派とは何か

アメリカには、メガチャーチと呼ばれるプロテスタント教会があります。週末に、数万人の信徒たちがコンサートホールのような巨大教会に集まり、カリスマ牧師が熱狂と歓声の中で迎えられ、礼拝が行なわれます。メガチャーチは全米で1300以上あり、信徒数も増大しています。

アメリカ南部や中西部に、メガチャーチが集中しており、この地域は「バイブルベルト」と呼ばれます。メガチャーチを運営するプロテスタント教会は社会的にも強い影響力をもっています。強大な集票力と莫大な資金力で巨額の政治献金を行ない、大統領選挙をコントロールします。

2016年の大統領選で、信仰心のないトランプ大統領に代わり、マイク・ペンス副大統領が宗教票をまとめました。

ペンス副大統領はアイルランド系のカトリック家庭の出身でしたが、プロテスタントの妻と結婚をすると、プロテスタントに改宗しました。ペンス副大統領は信仰心が篤く、酒も飲まず、妻以外の女性と二人で食事をすることさえありません。ペンス副大統領は中絶を非合法化するなど、キリスト教保守のための公約を打ち出し、プロテスタント票とカトリック票をまとめ上げ、支援を取り付けました。

トランプ大統領の娘イバンカ・トランプ氏はユダヤ人のジャレッド・クシュナー氏と結婚する前に、ユダヤ教に改宗しています。アメリカのユダヤ教勢力がトランプ政権を支持するのは、こうした背景があります。

アメリカのプロテスタントの中でも、急進的な保守右派は福音派と呼ばれます。メガチャーチのほとんどは福音派に分類されます。福音派は「ボーン・アゲイン派」とも呼ばれます。プロテスタントはカトリックの権威主義や身分制肯定を批判して、台頭しました。その教義の根底には、平等主義があります。神を信じる者ならば誰でも神が降りてきて、再生（ボーン・アゲイン）することができると説かれます。

アメリカのプロテスタント、とくに福音派はカルヴァンの「営利蓄財の肯定」を是認し、勤勉に働くことによってお金を稼ぐことは神への奉仕であると考えます。勤勉に働かない者は神の教えに背く者であり、懲罰されるべきと考えます。

そのため、彼らはオバマ・ケアなどの福祉政策に反対し、徹底した自己責任と自由主義を目指します。オバマ・ケアの導入に反対した「ティーパーティー」と呼ばれる自由主義派の運動家の大半が福音派などのキリスト教右派です。

アメリカの宗教人口の割合は、調査によって異なりますが、おおよそ、プロテスタントが約50％（そのうち福音派が約25％）、カトリックが約25％、その他（モルモン教・ユダヤ教・イスラム教・仏教・ヒンズー教など）が約5％、無宗教が約20％となっています。

ピューリタンの変容

アメリカのプロテスタントはもともと、イギリスにいた貧困層で、彼らは「ピューリタン」と呼ばれました。これは、エリザベス1世が彼らの熱心な信心を皮肉って、「ピュアな人たち」と言ったのがはじまりとされます。

イギリスの上層階級はイギリス国教会を奉じていたのに対し、地方出身者など新興の人口集団の大半は貧しいピューリタンでした。イギリス国教会もピューリタンと同じく、その教義はプロテスタントですが、国教会が君主制や身分制を重んじ、カトリック儀式を取り入れるなど、

『ピルグリム・ファーザーズの乗船』（ロバート・ウォルター・ウィアー画、1857年、ブルックリン博物館蔵）　アメリカに渡ったピューリタンたちは後に、２つの分派に分かれていく。イギリスと連携し、保守化した派がプロテスタント主流派となり、一方、貧困層が福音派となる。

カトリックに妥協的であったのに対し、ピューリタンは平等主義を目指しました。イギリス国王や上層階級は急進的なピューリタンを分離主義者として危険視し、弾圧しました。

17世紀、ヨーロッパの人口が急増しました。イギリスは農耕地が少なく、次男以後の子供たちに相続させる土地がありませんでした。多くの困窮した人々は都市に出て、労働者となりますが、薄給で酷使されます。また、彼らの多くがピューリタンを信奉していたため、国教会から迫害を受けました。そこで、彼らは新天地を求め、アメリカ新大陸へ移住します。

1620年以降、アメリカへ渡ったピューリタンたちは「ピルグリム・ファーザーズ（巡礼の始祖）」と呼ばれます。彼らは先に移住していたカトリック教徒（おもにスペイン人の入植による）や先住民のインディアンと戦いながら、勢力を伸ばしていきました。

ピューリタンたちは農地を確保し、経済的に成功します。砂糖、コーヒー、綿花、タバコなどの商品農作物を農園でつくり、イギリスをはじめとするヨーロッパに輸出し、財を成す者が現われます。

ピューリタンはもともと、イギリスで国教会を奉じる上層階級からの迫害を受け、彼らに反発し、アメリカにやってきた人々ですが、世代を経るにつれて、イギリス本国人と連携していきます。いつしか、ピューリタンの先鋭的で厳格な戒律が解きほぐされ、現実の経済利益を追求する新しいアメリカ人が育っていました。

富裕になったピューリタンたちは国教会のアメリカ版であるアメリカ聖教会などを発展させていき、これがアメリカのプロテスタント主流派となります。彼らはアメリカ南部ルイジアナ地方の肥沃な地を求めましたが、そこを領域としていたフランス人入植者がいました。フランス人を追い出すために、イギリス本国との連携をさらに強め、フランスとの植民地争奪戦を戦います。

一方、ピューリタンの厳格な教えを守った非主流派が福音派となります。非主流派といえども、数の上では、主流派に拮抗《きっこう》していました。

◆プロテスタントとカトリックの勢力分布

イギリスとフランスのアメリカ植民地争奪戦は18世紀半ば、イギリスの勝利に終わります。イギリスはこの戦争に莫大な戦費を注ぎ込んでいたため、その支出の補填をするために、アメリカ人に負担を求めました。イギリスは砂糖法、印紙法、タウンゼント諸法など、様々な物品に税を課す法律を一方的にアメリカに押し付けました。

このような事態に直面し、本来のピューリタンとしてのアメリカ人の反骨精神が、再び覚醒しはじめました。彼らは団結し、イギリス本国の支配を排除するべく立ち上がり、１７７５年、アメリカ独立戦争がはじまります。

独立戦争に勝利したアメリカは合衆国となります。合衆国は13の州で構成されていましたが、それぞれ、宗派が異なり、政治的な主張も異なっていました。イギリス系、スペイン系、フランス系、混血系など、民族の違いもありました。そのため、それぞれの州の違いを残したまま、合衆制（連邦制）がとられたのです。

アメリカ建国の父たちのほとんどがプロテスタントでしたが、自分たちの信仰を強制しようとはしませんでした。宗教の強制が対立を生み、国家を分断の危機に陥れる要因になることを彼らはよく理解していました。「アメリカ合衆国憲法」の修正第一条において、政府が、ある特定の宗教を国教として定め、これを保護したり、強制したりしてはならないと規定されています。国教制度を憲法によって否定すると同時に、信教の自由を保障しています。

しかし、アメリカは宗教の寛容を建前にしているものの、その後の歴史は、インディアンらを異教徒として強制排除するなど、きわめて排他的でした。

19世紀半ば、アイルランドで深刻な飢饉が発生し、大量のアイルランド人がアメリカに移民としてやってきました。アイルランド移民は守旧的なカトリック教徒でした。彼らは安い労働力で、アメリカ人の仕事を奪っていきます。

白人でアングロ・サクソン系、またプロテスタント信者である人々は「WASP（ワスプ）」と呼ばれます。WASPはWhite Angro-Saxon Protestantの頭文字をとった略称です。ワスプはカトリックのアイルランド移民を嫌い、激しく弾圧します。

このように、19世紀、アメリカでは、プロテスタントとカトリックの宗教対立が続きましたが、20世紀に入り、反宗教を唱える共産主義思想が蔓延すると、共産主義の脅威に対抗するため、両派は接近しはじめました。

カトリック教徒は次第に、経済的地位を向上させ、政界に進出する者も現われます。アイルランド移民の子孫でカトリックであったジョン・F・ケネディの父ジョセフ・ケネディはその代表でした。ちなみに、ジョン・F・ケネディは歴代アメリカ大統領の中で、唯一のカトリック教徒です。アメリカでは、キリスト教徒以外の大統領が選出されたことはありません。

現在、プロテスタントは共和党支持が多く、カトリックは共和党支持と民主党支持が半分に割れます。なぜならば、カトリックの約4割がヒスパニックであるからです。ラテンアメリカ諸国は16世紀のスペインの植民地化以来、カトリックです。

グローバリズムに取り残され、失業や貧困に陥っている層をカトリックやプロテスタントの保守はうまく取り込んでいます。教会はインターネットやSNSなどを通じて、グローバリズムや格差を批判しています。

アメリカという国は日本人にとって、無神論的に見えますが、政治にも宗教が深く関係する宗教国家なのです。ヨーロッパ諸国でも、アメリカほど、宗教が政治に強い直接的影響力をもっている国はありません。

第4部

中東・中央アジア・アフリカ

―商業利権に立脚するイスラム教―

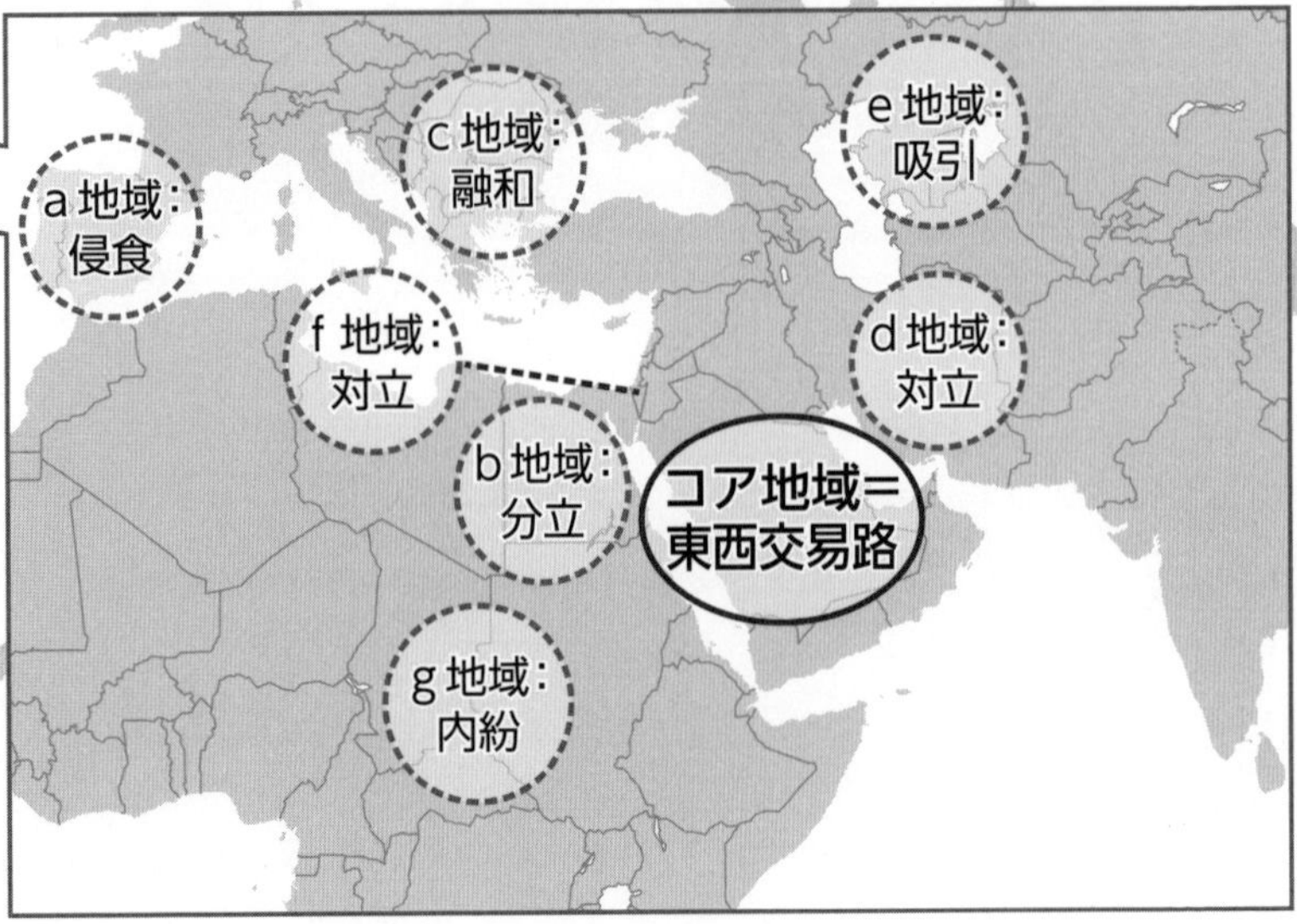
a 地域：
侵食
c 地域：
融和
e 地域：
吸引
f 地域：
対立
d 地域：
対立
b 地域：
分立
コア地域＝
東西交易路
g 地域：
内紛

■第４部　中東・中央アジア・アフリカの地政学マトリックス

Chapter 27

カネを払えば許すというイスラム教義

【コア地域＝東西交易路】イスラム拡大の源泉

イスラム脅威論を煽る言説

現在、世界人口に占める宗教の割合は１位がキリスト教で約30％、２位がイスラム教で約25％、３位がヒンドゥー教で約15％、４位が仏教で約７％となっています。イスラム圏諸国は世界人口の約４分の１である20億人を占めています。

さらに、イスラム人口は急速に増加し、２０５０年までに30億人となり、世界の３人に１人がイスラム教徒になると見込まれています。今後、イスラムが国際社会での存在感を増すことは間違いありません。

最近、イスラム教に関して、極論ともいうべき言説が流行しています。イスラム圏でテロ事件が近年、増加していますが、これは、イスラム教徒が原理主義化しているからだといいます。

さらに、イスラムの神は異教に対する戦争を命じているという曲解を持ち出し、ジハード（聖

図27-1　イスラム圏とされる国々

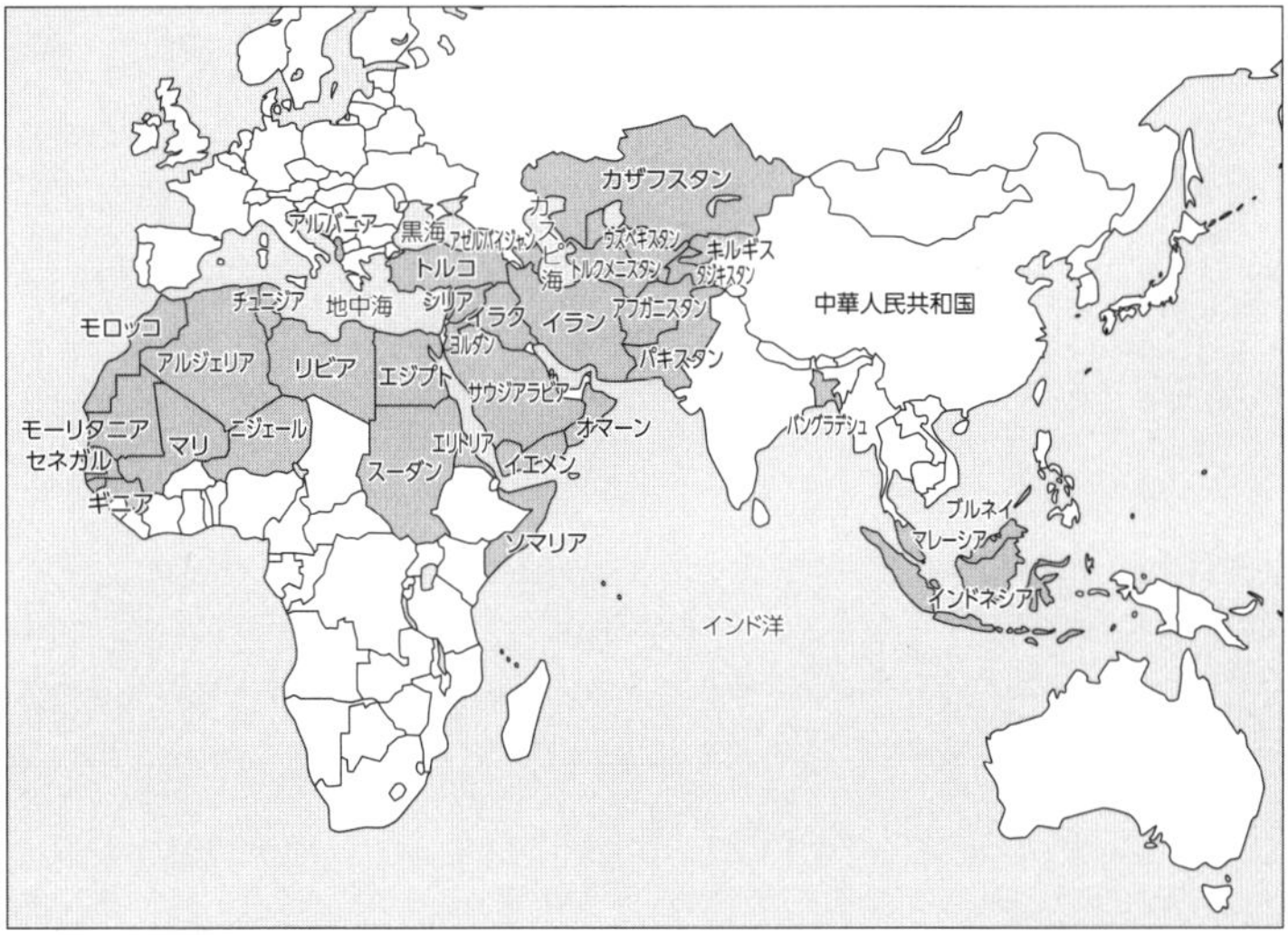

戦）が義務づけられていることに、多くのイスラム教徒が覚醒しはじめていると説かれます。

それらの義務はイスラム法学者らエリートによって隠蔽されてきましたが、ネットの発達により、Googleなどで『コーラン』を検索して、一般のイスラム教徒がジハードの義務に気づきはじめた、というのです。不正な権力者と癒着しているイスラム法学者はこれまで、一般教徒がジハードの概念を振りかざし、権力者に反旗を翻すのを防ぐため、「ジハードの真実」を隠蔽してきましたが、もはや隠し切れなくなっているとのことです。

イスラムの過激派に限らず、イスラム教徒の多くが『コーラン』が読めないか、理解が限られているということを示した調査もあります。

『コーラン』はアラビア語で書かれています。イスラムでは、アラビア語で書かれた原典しか『コーラン』と認められません。その文章も古典語が多く、アラビア語をネイティブとする人にとっても、『コーラン』を読解するのは困難です。そのため、他の言語に翻訳されたもの、わかりやすく解説した教科書・参考書のような本があり、多くのイスラム教徒がこうした本で、『コーラン』について学びます。

Googleで検索しても、『コーラン』の原典を読めない人にとっては、読めないのであり、教科書・参考書の解説はネットであろうと書籍であろうと一般に流布しています。Googleやネットがイスラム教徒の『コーラン』への接し方を激変させたなどという証拠はどこにもありません。

読解が難しい『コーラン』の原典ですが、多くの敬虔なイスラム教徒が努力して、『コーラン』を読んでいます。一部のエリートだけが『コーラン』の知識を独占しているということはなく、まして、隠蔽するということはありません。『コーラン』の知識は昔もいまも、すべての人々に開かれています。

ちなみに、「コーラン」とは「詠まれるべきもの」という意味です。『コーラン』はムハンマドが唯一神アッラーから受けた啓示を集録したもので、114章から成ります。ムハンマド自身が記したものではなく、7世紀中頃に、ムハンマドの三代目の後継者（カリフ）であるウスマーンの命により、編纂されました。

『コーラン』に書かれていることを文字通り理解すれば、異教徒との戦争が避けられないという最近の流行りの解釈は典型的な過激主義者のものであり、通常の解釈ではありません。

イスラム教徒の中に武器をとって戦う過激派となる者が増大しているのはイスラムの原理主義化が進んでいるからではなく、貧富の格差の拡大や社会的困窮などきわめて世俗的な要因に起因することが多いでしょう。仮に、社会的困窮が解消されれば、過激派のテロ事件などなくなるでしょう。

こうした原理主義化の具体例として、「イスラム国」がよく挙げられますが、「イスラム国」は最大勢力を誇っていたときでも、支配地人口1000万弱、戦闘員3万人程度で、イスラム世界全体のごくわずかな一部にしかすぎません。どの宗教にも、カルト的な過激主義者というのは一定の割合で必ず存在するのであり、そういう特殊ケースを引き合いに出すこと自体が適切ではありません。

「イスラム原理主義化」という言葉も誤謬《ごびゅう》に満ちたものです。まるで、イスラムが戦争を原理として内在させているかのような言い方で、イスラムを不必要に脅威に仕立てあげようとする作為が明白であり、もう少し冷静な見方が必要でしょう。

◆「あなたがたに戦いを挑む者」

しかし、イスラム教が寛容な宗教であるという定説も完全に正しいものではありません。たしかに、イスラム教はキリスト教などと比べ寛容で、他教徒との共存を模索してきたという歴史的実例が多数あります。一方、イスラム教勢力が容赦なく、他勢力を侵略し、異教徒を殺戮・隷属させた例も多数あります。偏狭なアラブ民族主義で、排外主義に陥ったこともよくありました。

イスラム教は寛容と不寛容の両面があり、その時代やそれぞれの指導者によって使い分けられ、一概に定型化することはできません。少なくとも、イスラム教が原理的に、異教に対するジハードをむやみに奨励しているということはありません。

『コーラン』には、「あなたがたに戦いを挑む者があれば、アッラーの道のために戦え。だが侵略的であってはならない。本当にアッラーは侵略者を愛さない」（2章190節）とあります。「あなたがたに戦いを挑む者があれば、戦え」と説かれているのであり、自ら戦争を起こして、他国へ攻め入ってよいとは、『コーラン』には書かれていません。

ジハードというアラビア語には、日本語で訳されるような「聖戦」という意味はなく、異教徒を説き伏せて「変えさせる」、あるいは「改心させる」ということが本来の語義です。『コーラン』や『ハディース』（ムハンマドの言行録）に「ジハードせよ」と書かれているからといって、それがすべて武力行使を伴う戦争であるとは限らず、それは説得的な布教行為を第一義としているのです。

ジハードに対し、「聖戦」という日本語的意味を無理に当てはめようとするために、イスラム教徒が武力闘争を求める危険な過激主義者で、われわれとは決してわかり合える人々ではないという捉え方になり、上記のような極論や錯誤が発生するのです。ただし、それでも、イスラム教徒に危険な過激主義者が多いというのは事実です。

カネは屈服の証し

武力行使を伴うジハードは限定されたもので、侵略的なものであってはならないと『コーラン』に規定されています。ただし、この規定はムハンマドの死後に破られ、イスラム勢力は大規模な侵略戦争を展開します。

661年、イスラム勢力はウマイヤ朝という王国を建国しました。この時代のイスラムはビザンツ帝国（東ローマ帝国）からシリア、エジプトを奪うなど、軍事拡張していきます。勢いに乗っていたイスラム教徒にとって、現世的な侵略・支配の利益の方が宗教的信念に勝っていたのです。

その一方で、被征服民を寛大に扱い、他宗教に関しても、税金さえ払えば、信仰の自由を認めました。『コーラン』には、「アッラーも最後の日も信じず、アッラーと彼の使徒が禁じられたものを信じず、真理の宗教を受け入れられない者たちとは、彼らが卑しめられて手ずからジズヤ（人頭税）を支払うまで戦え」（9章29節）と記されています。

この規定が「本当にアッラーは侵略者を愛さない」という規定よりも重んじられ、異教徒が税金を払って降参するまで、戦って（侵略して）よいと解釈されていきます。規定通り、異教徒が税を納めさえすれば、無理に改宗させたり、抹殺したりすることはほとんどありませんでした。

支払われた税金は異教徒が屈服した証しとされ、それ以上の迫害は自分たちにとって利益にならないと考えられたのです。他宗教への寛容を税というカネと引き換えに認める実利的な規定をもつ宗教はイスラム教だけです。

キリスト教はキリスト教だけが全人類の唯一普遍の宗教であると主張し、他教を排斥しようとしてきました。パウロの時代から排他的であり、異質な教義を厳しく禁じ、異端狩りは残忍を極めました。キリスト教はユダヤ教のように、ユダヤ人だけが救われるという選民思想をもちませんが、すべての人間をキリスト教に改宗させることを目的とし、他の宗教を邪悪と見なします。

イスラム教はこうした排他的な性格をもっていなかったのは歴史の事実です。『コーラン』には、「あなたがたには、あなたがたの宗教があり、わたしには、わたしの宗教があるのである」（109章6節）と記述されています。

東西を結んだヒジャーズ

イスラム教には、対立よりも通商を重んじる合理主義的な側面があり、実際にそのような合理主義的な要請により、イスラムは誕生し、勢力を拡大させてきました。

ムハンマドの時代、イラン系のササン朝ペルシアが強大な力を誇り、東はインド王朝を征服し、西はビザンツ帝国と戦いました。ササン朝は士気を高めるため、イラン人独自のゾロアスター教を国教化し、国威の発揚を図りました。そして、他教を異端として、激しく弾圧します。

東西交易に従事する商人たちは様々な信仰をもっていましたが、ササン朝は商人らの信仰を許しませんでした。商人たちはササン朝を見限り、アラビア半島西の端の紅海沿岸地域ヒジャーズへ向かいます。

図27-2　７世紀初頭の西アジア

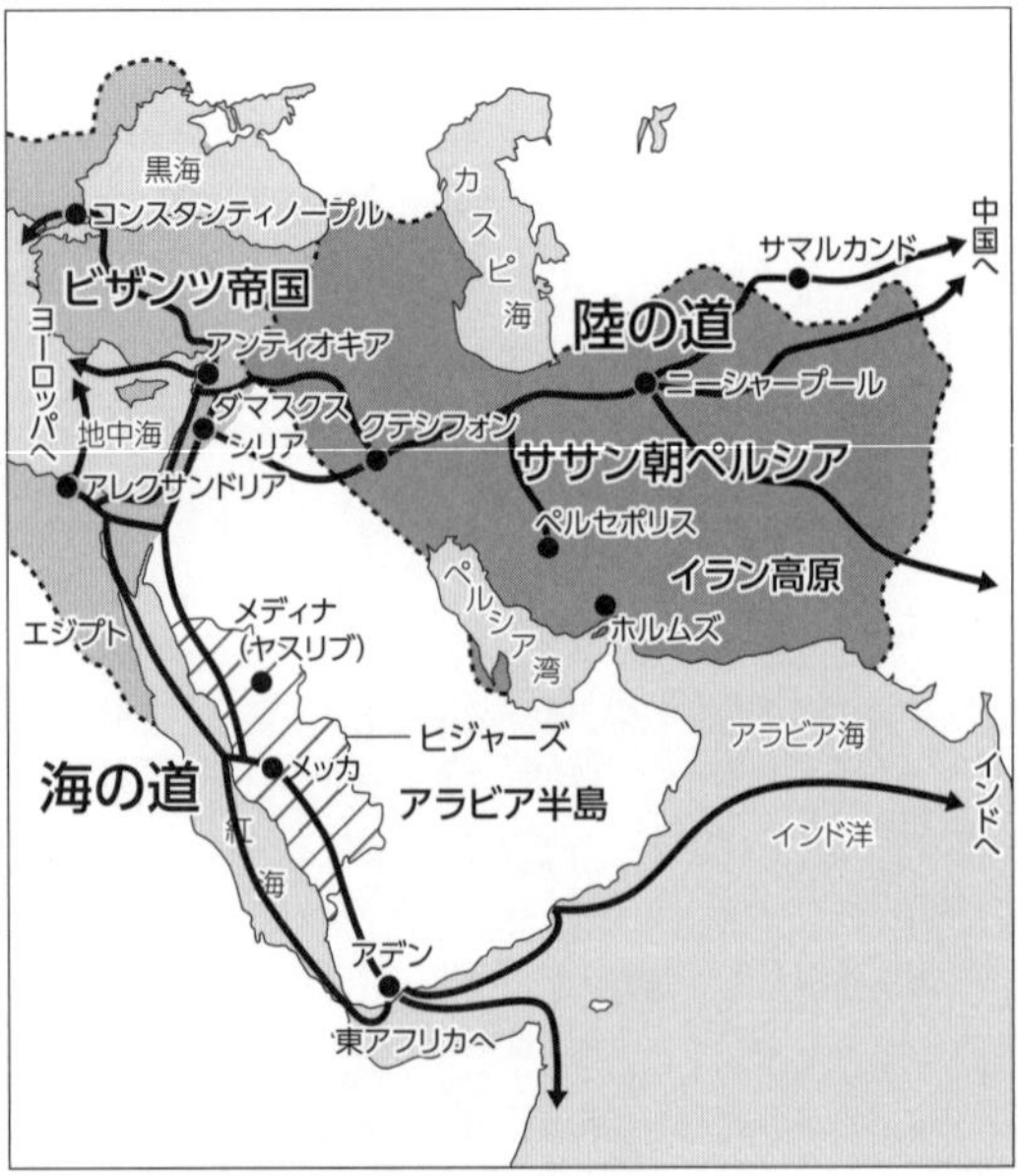

商人たちは紅海沿岸という地理上の利点を活用して、ササン朝を迂回する海の通商ルートを形成していきます。この海の道はヨーロッパ地域から地中海を南下し、エジプトに入り、シナイ半島を越えて、アラビア半島西岸の紅海沿岸地域ヒジャーズを経由して、インド洋へと至るルートです。

6世紀末以降、海の道が発展し、ヒジャーズの中心メッカはヨーロッパとアジアをつなぐ中継貿易の拠点として、莫大な富を集積しました。一方、ササン朝は商業利権をヒジャーズに奪われ、衰退していきます。

このヒジャーズの地から生まれるのがイスラム教です。イスラム教は東西交易の富によって形成された宗教です。そのため、異文化に対する理解と共感を本源的に有しており、他宗教に寛容なスタンスも自然と備わっていたのです。

イスラム教はユダヤ教徒とキリスト教徒を「啓典の民」と呼び、優遇しました。「啓典」とは神の言葉を記したユダヤ教の『旧約聖書』、キリスト教の『新約聖書』のことです。「啓典の民」はジズヤを納税すればジンミー（庇護民《ひごみん》）として保護され、その信仰も保障されました。仏教徒やゾロアスター教徒なども同様の扱いを受けます。

ムハンマドの死後、イスラムはアラビア半島の全域を支配下に入れ、さらに、北東のイランへ進出します。642年、ニハーヴァンドの戦いでササン朝を破り、イラン・イラクを獲得、中東地域のイスラム支配が固まります。ササン朝を征服したことにより、ヨーロッパとアジアを結ぶ東西交易路を確保し、その交易がもたらす利益はイスラムをさらに拡大させました。

強大なササン朝が宗教の不寛容で衰退したことの反動として、イスラムは宗教の寛容を教義の柱とし、台頭しました。

Chapter 28

イスラムの野望はヨーロッパへ

【a地域：侵食】イベリアの西カリフ

ヨーロッパの背後を突け！

ササン朝を滅ぼしたイスラム勢力は中東全域を支配下におさめました。拡大するイスラムはヨーロッパ・キリスト教世界をも支配しようとする征服欲をもっていました。

ムハンマドの時代にはキリスト教徒を「啓典の民」として、敵視することはありませんでしたが、ササン朝を征服して以降、こうした考え方は変化し、領土拡張という現世的な利益が優先され、キリスト教徒を征服することがジハード（聖戦）と捉えられるようになります。イスラムの強大化と軍事膨張を止めることはできず、次なるターゲットが求められたのです。

イスラム勢力は東ヨーロッパのビザンツ帝国（東ローマ帝国）と対峙する前線基地をシリアに築き、ここに主力精鋭軍を集結させました。その数十万人にのぼる精鋭軍を率いていた総督がムアーウィヤという人物です。

図28-1 イスラムの拡大

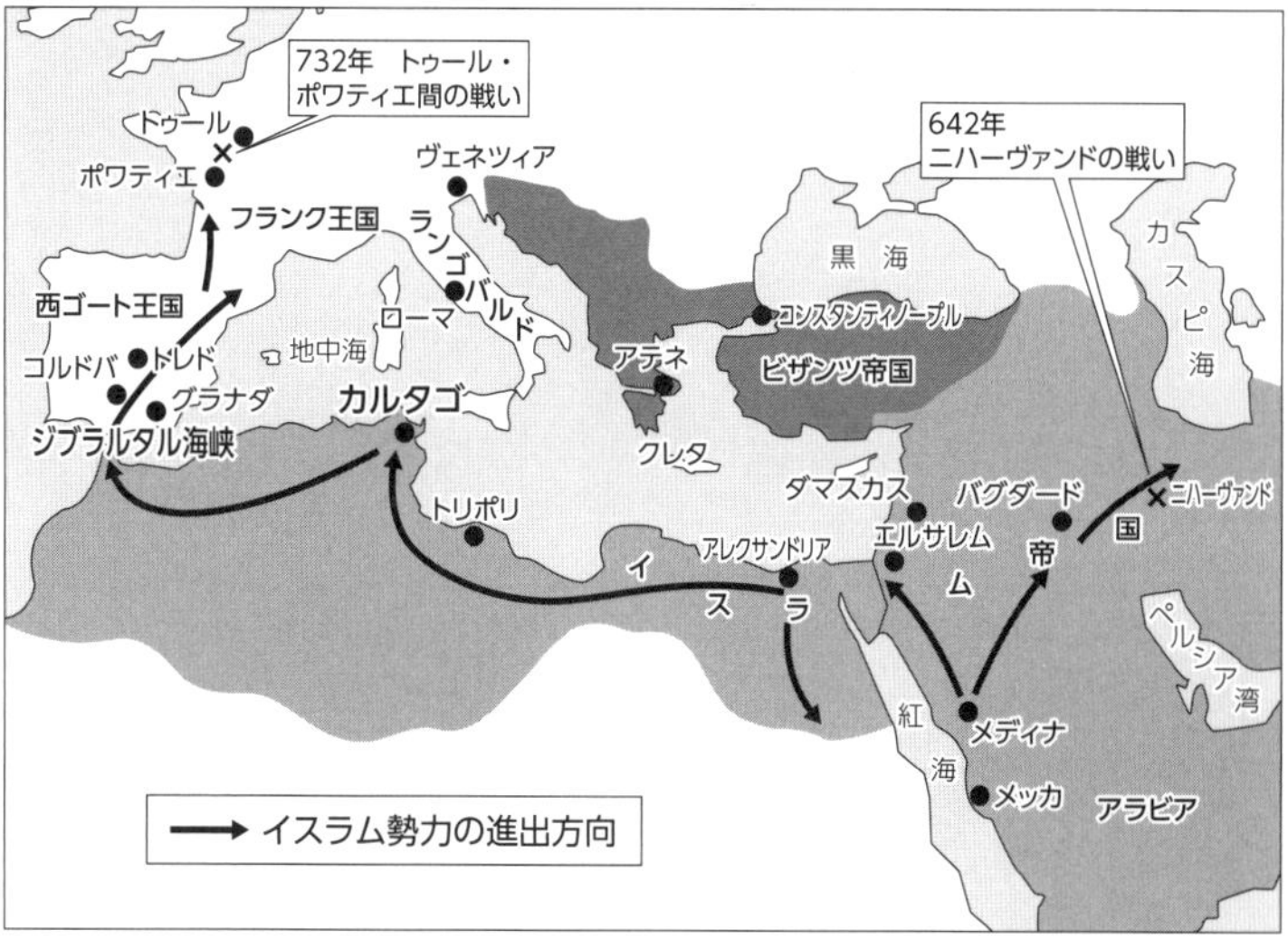

ムアーウィヤはムハンマドの遠縁の親族であり、温厚篤実な人柄でカリフからも武将たちからも信頼されていた人物でした。ムアーウィヤはカリフから、ビザンツ帝国攻撃の全権を与えられ、その軍隊を一手に率いる立場にありました。イスラム最強の軍団を率いるムアーウィヤはその気になれば、イスラムの天下を奪うことも可能でした。堅実なムアーウィヤもその誘惑には勝つことができません。

ムアーウィヤの軍団はビザンツ帝国との戦いを一時中断し、急遽《きゅうきょ》、軍を取って返し、カリフのいるアラビア半島に進撃します。この混乱のなかで4代目カリフのアリーは暗殺されました。暗殺者はムアーウィヤの勢力の者とされています。

ムアーウィヤは661年、自らカリフとなり、ウマイヤ朝を建国しました。ウマイヤ朝はクーデターにより発足した軍人のための政権でした。

ウマイヤ朝成立以後、ビザンツ帝国への攻撃が本格的に再開します。ウマイヤ朝は小アジアを征服し、673年、ビザンツ帝国の首都コンスタンティノープルを包囲します。しかし、コンスタンティノープルの守備はきわめて堅く、攻撃は失敗します。

コンスタンティノープルを破ることのできないウマイヤ軍はバルカン半島を越えて、ヨーロッパへと中央突破することができません。やむを得ず、ウマイヤ軍は北アフリカ経由の迂回ルートを進むという戦略の大きな転換を迫られました（図28-1参照）。

北アフリカからスペインへと回り込み、ヨーロッパの背後を突くという新戦略で、698年、ウマイヤ軍はビザンツ帝国領カルタゴを占領、北アフリカにおける足場を確保しました。711年、スペインを占領、西ヨーロッパ勢力と対峙します。

「ムハンマドなくして、シャルルマーニュなし」

このとき、西ヨーロッパ勢力は様々な部族に分かれ、バラバラの状態でした。そこへ、イスラムの脅威が突如、現われたため、西ヨーロッパの諸部族はこれに対抗するべく、団結を進めていきます。

この団結の中心となったのが、最も有力な部族であったゲルマン系のフランク族です。フランク族のカール・マルテルは732年、トゥール・ポワティエ間の戦いでウマイヤ軍を破りました。このカール・マルテルの子孫が西ヨーロッパ世界を統一するカール大帝です。

20世紀のベルギーの歴史学者アンリ・ピレンヌは「ムハンマドなくして、シャルルマーニュなし」という有名な言葉を残しています。「シャルルマーニュ」とはカール大帝のことで、イスラムの脅威が、バラバラであった西ヨーロッパを団結させ、統一へと導いたという意味です。ピレンヌの巨視的で優れた歴史把握がよく現れている言葉です。

ウマイヤ朝はムアーウィヤによる建国の起源から軍事主義的な性格をもっていました。軍事主義はその巨大な軍事機構を養うために、常に侵略膨脹を続けなければなりません。戦功のあった兵士たちに、領土などの戦利品を与え続けなければならないからです。

ウマイヤ朝は北アフリカを越え、スペインに侵略している間は機構を維持し、国家を繁栄させることができました。しかし、ひとたび、トゥール・ポワティエ間の戦いで敗れ、その侵略が止まると、機構はすぐに動揺し、脆くも崩れ去っていきました。

750年、ウマイヤ朝が崩壊し、新たにアッバース朝が建国されます。

◆ムスリムの平等の理想とは裏腹に…

アッバース朝はウマイヤ朝のような軍事国家ではありません。ウマイヤ朝の軍事膨脹主義の限界を反省して、経済成長により政権の求心力を維持することに努め、また軍人たちの強い影響力を排除しようとしました。

ウマイヤ朝において、軍人になることができたのはアラブ人のみでした。イラン人などの外国人に軍事的権限を与えれば、彼らが武器をもって歯向かってくるかもしれず、想定される反乱を未然に防ぐ必要がありました。外国人は従軍したとしても一兵卒の扱いにすぎませんでした。

ウマイヤ朝において、アラブ人の軍人集団はエリート特権階級で、税は免除されていました。アッバース朝はこうした軍人エリート層の特権を廃止し、他の外国人と同じように税負担を求めました。また、軍事偏重を改め、軍人たちの役割や権限が大幅に縮小していきます。

アラブ人軍人たちはこれに怒り、とくに、命を賭してスペインの外地にまで遠征していた軍人たちにとって、特権廃止は受け入れ難い屈辱でした。彼らはアッバース朝には従わず、スペインで、後ウマイヤ朝を建国して独立しました。後ウマイヤ朝の指導者はカリフを名乗り、ア

図28-2　三カリフ国（10世紀）

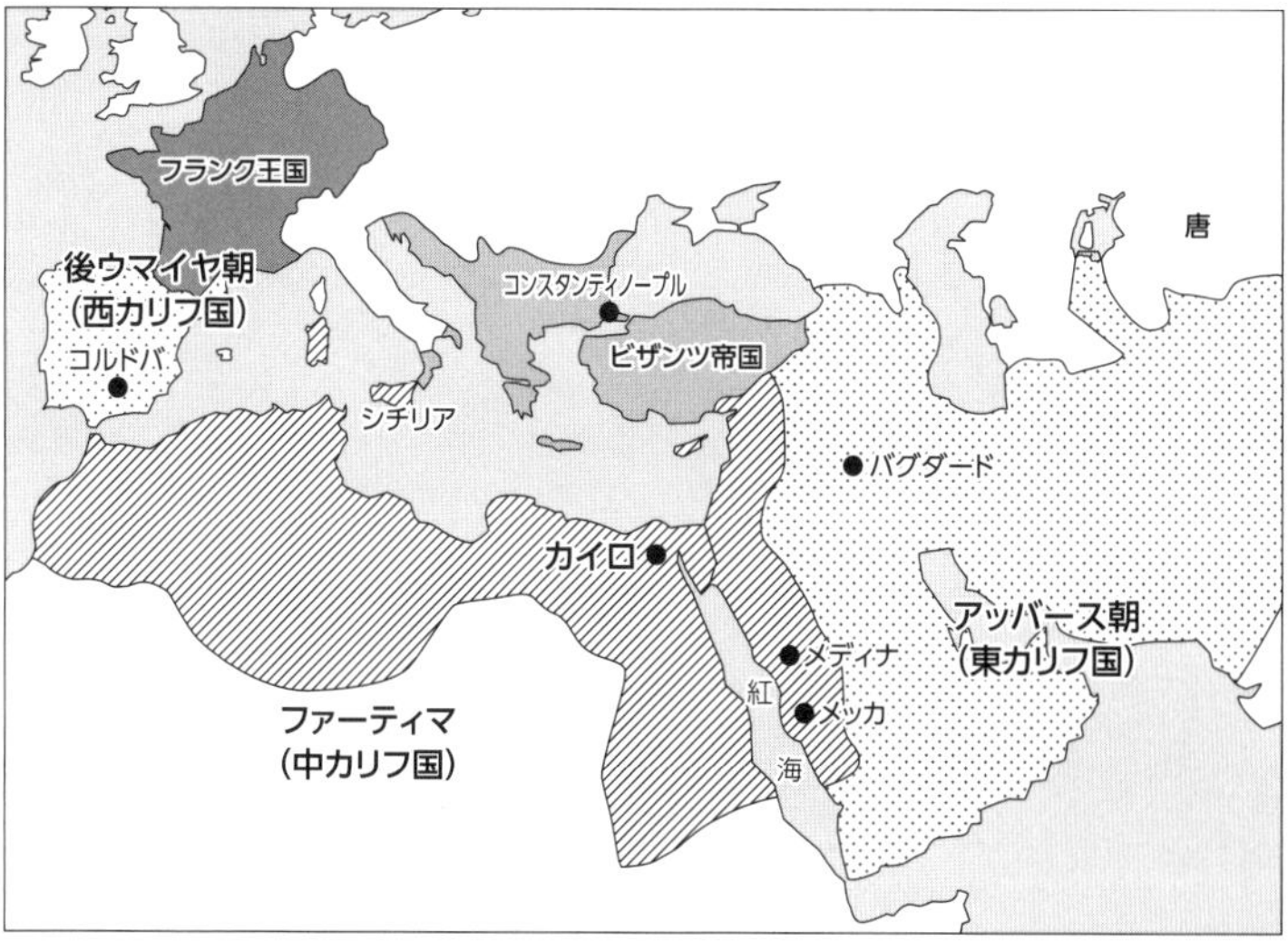

ッバース朝のカリフに対抗したので、西カリフ国ともいわれるようになりました。

このようなアラブ人軍人の自立はエジプトでも起きます。9世紀に、ファーティマ朝が建国され、アッバース朝に対抗しました。ファーティマ朝の指導者もカリフを名乗りました。したがって、この時代、図28-2のように、3人のカリフが並び立つことになります。

ファーティマ朝はエジプトから北アフリカに及ぶ広大な領域を支配します。「ファーティマ」というのはムハンマドの娘のことです。ムハンマドの娘ファーティマとその婿のアリーの子孫だけを正統なムハンマドの後継者と認める人々は「シーア・アリー」（アリーの信奉者）、略して「シーア

『カール大帝の使節を迎え入れるハールーン・アッラシード』（ユリウス・エッカート画、1864年、バイエルン州・マクシミリアン議事堂蔵）　初めて見るヨーロッパ人に驚き、彼らの来訪を告げる侍女が手前に描かれている。右側の白衣の人物はアッバース朝最盛期を担ったカリフのアッラシード。使節の派遣後、カールとアッラシードの交流が進み、アッラシードは動物好きのカールのために、797年、ゾウ１頭と何匹かの珍しいサルを贈っている。

派」と呼ばれます。ファーティマ朝もシーア派で、ウマイヤ朝やアッバース朝のカリフは簒奪者の子孫であり、認められないと主張しました。

　アッバース朝はその成立早々から分裂含みの状態でした。アッバース朝はアラブ人優遇の民族主義をやめ、神の前のムスリムの平等という教義に基づく、普遍的なイスラム帝国を創建しようとしましたが、その理想とは裏腹に、イスラムの分断を招き、以後もイスラム圏各地で、様々な王朝が発生することになります。

　アッバース朝は成立して間もない頃、西進から舵を切り替えて、東進の可能性を探ります。７５１年、タラス河畔の戦いで、アッバース朝は中国の唐を破り、中央アジアに勢力を拡大します。その中国人捕虜の中で製紙法を伝える者があり、イスラム社会に紙が取り入れられ、『コーラン』をはじめ、イスラム思想や文芸などの書物が広く普及しはじめます。

9世紀の初頭、西ヨーロッパを統一したカール大帝はアッバース朝に使節を送っています。アッバース朝と連携し、後ウマイヤ朝やビザンツ帝国を牽制しようとしました。

イベリア半島の後ウマイヤ朝は首都をコルドバに置き、キリスト教勢力と対峙します。しかし、キリスト教勢力による国土回復運動（レコンキスタ）が12世紀以降はじまり、キリスト教国家が巻き返します。

後ウマイヤ朝の勢力はアルハンブラ宮殿を建立したことで有名なナスル朝に引き継がれていきますが、１４９２年、スペイン王国に滅ぼされ、イスラム勢力はイベリア半島から撤退します。

Chapter 29

十字軍戦争、ジハードの虚構

【b地域：分立】エジプト・北アフリカのイスラム商人

イスラムの中心の地政学的移動

中世を彩る十字軍とイスラムの戦いは到底、信仰心に燃える両者の「聖なる戦い」といえるものではありません。いつの時代でも、宗教というものは、その教義通りに動くとは限らず、時局に応じた現実的な利害によって左右されます。それは、宗教が自ら培ってきた、現実のなかで生きていく知恵でした。

十字軍によって、ヨーロッパとイスラム地域の接触が強まり、地中海を交易の舞台として、両地域の経済圏がつながります。この時代、造船技術が飛躍的に発展したことも、地中海貿易が活発化した大きな原因です。

12世紀から13世紀にかけて、地中海貿易はヨーロッパとイスラムに、空前の好景気をもたらします。地中海を挟んで、ヨーロッパ側のヴェネツィアを中心とするイタリア、イスラム側のカイロを中心とするエジプト・シリアが、それぞれ、大きな経済成長を達成します。

エジプト・シリアに、人・モノ・カネが集まり、イスラム経済の中心となります。一方、かつて中心であったアラビア半島は衰退します。

エジプト・シリアの商人たちが台頭し、彼らは商取引をスムーズに行なうための法体系の整備、貨幣やマーケットの統一などを求め、イスラムをまとめることのできる強いリーダーを欲します。また、この地域は人種の坩堝で、アラブ系、イラン系、トルコ系、アフリカ系などの様々な人種が行き交い、活気に溢れていました。この魅力あるマーケットを束ね、商工業が円滑に営まれ得るような政治的保護が必要とされました。

リーダーとして担がれたのがサラディン（サラーフ・アッディーン）でした。サラディンはクル

サラディン（ギュスターヴ・ドレによる銅版画、19世紀）　サラディンはヨーロッパ人の呼び名で、正式名はサラーフ・アッディーン。もともと、クルド人の武将としてイラクで活躍していたが、部隊を率いてエジプトへ渡り、商人らと連携し、強大化した。

ド人というアラブ系の武装少数民族の出身です。このクルド人は古来より、戦闘のプロで、屈強な兵士の集団として知られ、とくにサラディンはその中でも天才的な戦略家でした。

今日、クルド人の人口は約３０００万人です。独自の言語と文化をもつ民族で、イラク北部からトルコ南東部を中心に居住しています。２００３年のイラク戦争で、イラク北部にクルド人自治区がつくられ、実質的に独立しました。クルド人自治区の首都エルビルは近年、石油マネーと欧米の資本が流れ、「第2のドバイ」と呼ばれるほどの経済発展を遂げています。

必要とされなかったジハード

イスラム商人がサラディンを財政的に支援したことで、サラディンの軍団は増強されていきます。サラディンは、商人たちの期待に応じて、ファーティマ朝の政治抗争の失敗でバラバラになっていたエジプト・シリアを統一します。ファーティマ朝のカリフ位をアッバース朝に返還し、アッバース朝のカリフのみを正統と認め、ファーティマ朝のシーア派政策をやめ、多数派のスンナ派に改めました。これも、商人らの交易活動を潤滑にするための措置でした。

サラディンは１１６９年、アイユーブ朝を建国します。アイユーブ朝はカイロを首都として、地中海交易を保護し、それによってもたらされる利益を財源として、大きく発展しました。

統一を果たしたサラディンはシリアに進出していた十字軍勢力と戦います。1187年、十字軍勢力が占領していたシリアの沿岸部都市を次々と攻略していきます。

イスラムはキリスト教のヨーロッパ圏と貿易取引をしながら、シリアのキリスト教勢力と戦っています。なぜ、このような矛盾が起きるのでしょうか。

実は、同じイスラムの中でも、サラディンのような政治指導者と商人たちは考え方が異なっていました。商人たちはキリスト教徒との商売の持続が優先で、キリスト教徒がシリア地方の聖地を侵略しているとはいえ、彼らとの取引が途絶えることは何としても避けたい事態でした。

しかし、サラディンはイスラムの聖地を侵略する異教徒を排除せねば、イスラムの教義を体現する指導者としての役割を果たすことができません。異教徒の侵略を許す弱い指導者のイメージが先行すれば、政権の求心力を失い、政権の崩壊につながります。

エジプトとシリアの統一までは、イスラム商人は強い指導者サラディンを支援しました。しかし、統一後、さらなる戦

図29-1　12世紀のイスラムの状況

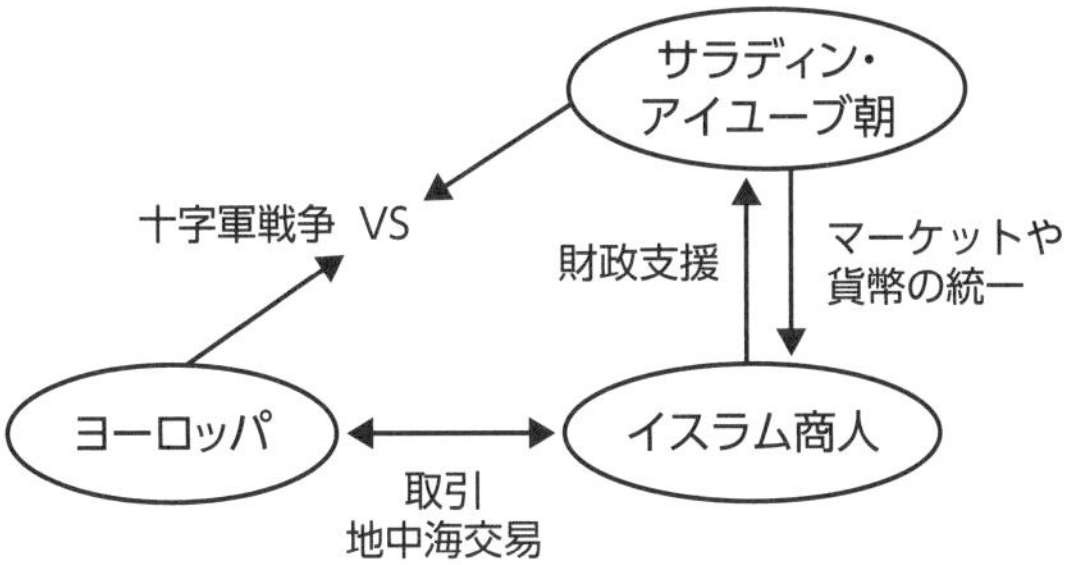

いを求め、十字軍と本格対立しようとしたサラディンとイスラム商人との間に、考え方の隔たりが生じます。

当時のイスラム圏はヨーロッパ圏と、地中海交易のネットワークにおいて経済的な協調関係を複雑に構築し、イスラム社会の経済基盤が、そのネットワークの上に形成されていました。キリスト教勢力と全面戦争をするということは、イスラムの経済基盤が根底から覆され、社会そのものの崩壊にもつながりかねません。単純にイスラムの正義を貫くということだけで問題は解決しないと、イスラム商人たちは考えていたのです。

商業利益は宗教理念に優先する

サラディンに反撃するため、キリスト教勢力において、イングランド王リチャード1世、フランス王フィリップ2世、神聖ローマ皇帝フリードリヒ1世による十字軍の派遣が1189年、決定されました（第3回十字軍）。しかし、フリードリヒ1世は遠征の途上、陣没してしまいます。そして、フィリップ2世はフランスに帰国したため、第3回十字軍を率いた実質的な指導者はリチャード1世でした。

リチャード1世は勇猛で戦上手でした。これをサラディンが迎え撃ち、本格的な戦争がはじまります。イスラム商人たちは、サラディンがリチャード1世との戦いにのめり込んでいくのを快く思っていませんでした。地中海交易でヨーロッパと取引をしている彼らにとって、十字軍との全面戦争は取引の破談を意味します。

ヨーロッパの商人にとっても、イスラムとの全面戦争は不利益でした。そのため、イスラム商人と取引のあったイタリアや東方のビザンツ帝国は第3回十字軍に協力しませんでした。フランス国王フィリップ2世も、利益を感じず、帰国しています。地中海交易の恩恵にあずかることのできないリチャード1世らのイギリス勢力だけが、シリアでの活動拠点獲得に躍起になっていました。

イスラム商人たちはサラディンの対決姿勢についていけず、彼への財政支援を打ち切ります。困窮したサラディン軍の士気が下がりはじめます。史書には、リチャード1世の勇猛ぶりが鬼神の如きで、サラディン軍を蹴散らしたとありますが、実態は、商人から見放されたサラディン軍の財源が尽き、兵士らが戦意を喪失したといったところでしょう。

イスラムの兵士も商人と癒着し、富と豊かさを享受していました。十字軍と戦えば、商業利権が損なわれることを兵士たちも理解していました。

サラディン軍は敗退し、シリア沿岸のほとんどを十字軍が領有することを認める和平を1192年、結びました。これにより、キリスト教巡礼者のエルサレム入城が許可されました。失意のサラディンは和平の翌年、死去します。

勝利したリチャード1世は「信仰を貫いた聖騎士」と讃えられますが、リチャード1世には、実はそれほどの信仰心がなかったのではないかとする説もあります。サラディンとの和平交渉の席上で、リチャードは自分の妹を、サラディンの弟で名将のアル・アーディルに嫁がせる提案をしています。そして、アル・アーディルがキリスト教徒に改宗すればよいとも発言し、サラディンたちに呆れられたと伝えられます。リチャードにとって、信仰や宗教というのは、政治的な都合で簡単に変えることができるものだったようです。

また、フランスの中世史家レジーヌ・ペルヌー女史の著作『リチャード獅子心王』には、リチャード1世が領土的な野心に溢れ、攻撃本能を満たそうとする好戦家、世俗主義者であったことが、詳しく描かれています。

◆地中海とインド洋を握ったマムルーク朝

商人から見放されたサラディンの権威は失墜し、早期にアイユーブ朝は崩壊します。アイユーブ朝に代わり、13世紀にマムルーク朝がエジプト・シリアを統一しました。

マムルークとはトルコ系軍人のことで、イスラム圏で傭兵集団として、活躍していました。

サラディンの軍団にもマムルークたちが多く含まれていました。商人たちは新たに、強大な軍事力を誇ったマムルーク勢力と連携し、王朝を建国させたのです。

マムルーク朝は建国早々に、モンゴルの来襲に遭います。この時代、モンゴルは世界を席巻し、その拡大の波はアラビア半島を飲み込み、シリア・エジプトにまで及びました。マムルーク朝がイスラム最後の砦となり、モンゴルに対抗しました。

軍事的に強大であったマムルーク朝はモンゴルの進撃を食い止めることに成功しました。モンゴルを撃退したマムルーク朝の威信は高まり、エジプト・シリアを中心に地中海の利権を掌握します。14世紀以降、アラビア半島にも版図を拡げ、インド洋にも進出し、インド洋交易の利権をも掌握します。地中海とインド洋の間に位置し、地政学的な恩恵を被ったマムルーク朝は大いに発展をしました。

16世紀にポルトガルが大航海時代を背景にインド進出を本格化させると、インド洋の制海権を巡り、ポルトガルとマムルーク朝が激突、ディウ沖海戦となり、ポルトガル軍の大砲の威力の前にマムルーク朝は敗退しました。

インド洋交易の巨大な利権を失ったマムルーク朝は瓦解していき、最終的にオスマン帝国に征服されます。以後、オスマン帝国がエジプト・シリアを支配し、地中海の利権を握ります。

◆「アラブの春」のその後

２０１０年末、「アラブの春」と呼ばれる民主化運動がチュニジアから始まりました。若い人々がフェイスブックやツイッターで連携し、デモや武力闘争を行ない、独裁政権を倒しました。民主化運動は２０１１年、エジプトに波及し、約30年にわたり長期政権を維持してきたムバラク大統領が辞任に追い込まれました。同年2月に、リビアにも波及し、市民軍と政府軍の大規模な武力衝突に発展し、半世紀続いたカダフィ独裁政権が崩壊しました。カダフィは市民軍に捕らえられ、殴り殺されました。

その後も、「アラブの春」の民主化運動はアルジェリア、イエメン、ヨルダン、シリアなど多数のイスラム諸国に波及し、騒乱を引き起こしました。かつて、これらの国々ではその独裁政権下において、秘密警察が反乱の芽を察知し、それが大きくなる前に潰していました。反乱に加担した人々を見せしめに処刑するなど、恐怖政治が特徴でした。

エジプトなどの北アフリカはヨーロッパに近く、ヨーロッパの民主主義的な価値観が伝わりやすく、インターネットの普及によって、独裁に対する不平不満が表面化しました。

「アラブの春」で独裁政権を倒すことはできましたが、その後の体制づくりは、民衆が考える以上に困難でした。エジプトでは、選挙で選ばれたイスラム系のモルシ大統領が軍のクーデターで排除され、シシ大統領ら軍部が政権を握り、現在に至っています。

図29-2 「アラブの春」の拡散

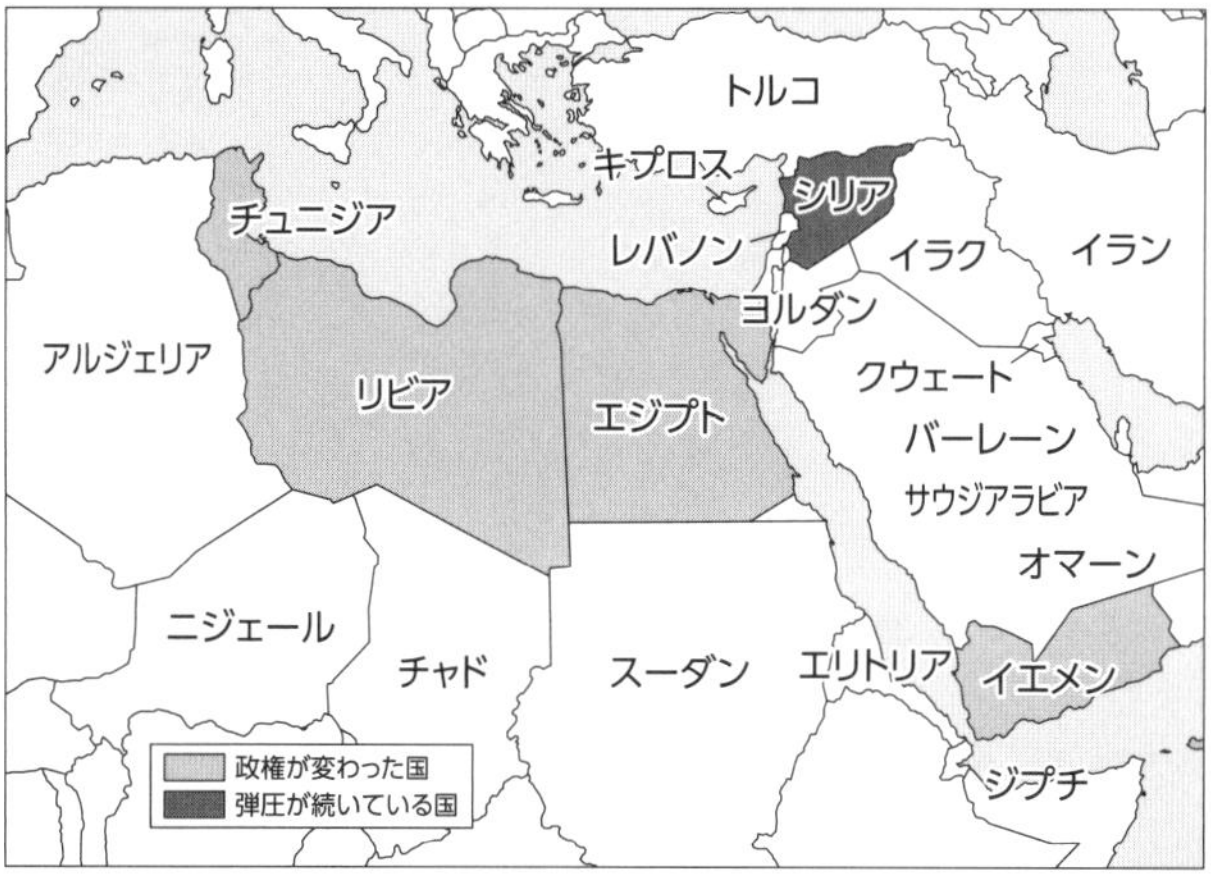

「アラブの春」が波及した国々において、独裁政権が崩壊した後、エジプトのように、事実上の軍事政権で、強権政治に復帰するか、あるいは、強い統治能力をもった政権が現われず、武力衝突や暴動が多発し、権力の空白が生じて、混乱に陥るかのどちらかの状況が続いています。自由と民主主義を求めた「アラブの春」は皮肉にも、かつての独裁政権時代よりも酷い状況を生み出し、暴力と無秩序が社会全体を覆っています。

イエメンやリビアは、内戦状態が続き、とくにシリアでは、民主化勢力が独裁政治追放に失敗し、国際社会を巻き込みながら、混迷を深め、泥沼化する内戦で25万人の死者を出し、400万人を超える難民が出ています。

Chapter 30

イスラムの融和理念が生んだ大帝国

【C地域：融和】オスマン帝国の宗教寛容

オスマン帝国もカネで信仰の自由を許した

オスマン帝国は、建国者のオスマン・ベイがトルコ系民族の出身であるため、「オスマン・トルコ」とも呼ばれますが、彼ら自身が自らをそのように称したことはありません。オスマン帝国は多民族のイスラム国家で、その支配者階級にも様々な民族の出身者が集い、イスラム統合国家を形成していました。

オスマン帝国は13世紀末、小アジア・アナトリア半島に建国されます。最初から「帝国」であったわけではなく、このときはまだ、小さな諸侯勢力にすぎませんでした。14世紀、オスマン帝国は衰退していたビザンツ帝国の支配領域のバルカン半島に進出します。

メフメト2世の時代に、要衝のコンスタンティノープルの攻略を行ないます。しかし、難攻不落のコンスタンティノープルに攻め込むことはリスクが大きく、歴代のスルタン（皇帝）が躊躇していました。大臣たちからも反対の声が上がりましたが、メフメト2世は有能な側近ザガノス・パシャの策を入れ、コンスタンティノープルの包囲を断行します。

この時代、火器製造の技術が向上し、堅牢な城壁を打ち壊すことができる大砲がオスマン帝国でつくられます。改良された大砲はコンスタンティノープルの城壁に大きな損害を与え、1453年、ついにオスマン軍はコンスタンティノープルを攻略、千年間続いたビザンツ帝国を滅ぼします。オスマン帝国はコンスタンティノープルをイスタンブールと改称し、首都とします。

『コンスタンティノープルに入城するメフメト2世』（ジャン＝ジョゼフ＝バンジャマン・コンスタン画、1876年、トゥールーズ・オーギュスタン博物館蔵） ビザンツ帝国はヨーロッパ諸国からの援軍を頼みに、総延長26キロの堅牢な城壁に立てこもっていた。しかし、ヨーロッパ諸国は支援に消極的で、援軍を差し向けなかった。メフメト2世は援軍が来ないことを見越して、10万の軍勢でコンスタンティノープルを包囲。2か月間の攻防のすえ、陥落させた。

かつて、ビザンツ帝国は強大な権力でセルビア人・ブルガリア人・ギリシア人・ルーマニア人などのバルカン半島の諸民族を統治していました。13世紀初頭、ビザンツ帝国は同じキリスト教徒である十字軍の攻撃を受け、一時的に崩壊しました。同世紀半ば、ビザンツ帝国は復活しますが、かつてのような強い力をもつことはありませんでした。

バルカン半島の諸民族の分断が進み、対立が激化し、地域全体が閉塞に覆われました。各民族の有力諸侯の封建的領土支配、世襲特権政治が横行した、2世紀間にわたる、この閉塞を打破したのが外部勢力のオスマン帝国でした。

オスマン帝国はギリシア正教徒、アルメニア教会派、ユダヤ教徒などの異教徒を、ミッレトと呼ばれる宗教共同体に組み込み、信仰の自由を保証しました。その代わり、ミッレトごとに納税の義務が課せられ、オスマン帝国への忠誠を約束させられました。

オスマン帝国のこうした寛大な共存政策は「彼らが卑しめられて手ずからジズヤを支払うまで戦え」という『コーラン』の規定に基づくものです。教義通り、カネと引き換えに信仰の自由が許されたのです。

オスマン帝国の柔軟な統治がバルカン半島の諸民族を再び活気づかせ、オスマン帝国躍進の原動力となります。

民族融和のための人材登用システム

オスマン帝国は人材登用でも民族融和的なスタンスをとりました。バルカン半島のキリスト教徒の子を強制的に連行し、イスラム教に改宗させて、英才教育を施します。成人したとき、優秀な者を官僚・軍人に登用しました。キリスト教徒の親たちは、わが子がオスマン帝国に連行されるのを嘆きながらも、将来、上流支配層として帝国に登用されることを期待して、協力をしました。また、人材を出したキリスト教徒の子弟の宗教共同体（ミッレト）は免税されるなどの恩恵を受けました。

オスマン帝国はキリスト教徒の子弟を官僚や軍人に登用する際、イスラム教に強制改宗させるなど、力の支配を押し付けましたが、それは民族の融和を維持するために必要な強制でした。こうして、キリスト教勢力から皇帝直属の有能な官僚が生まれ、同勢力に配慮した細やかで有効な政策も遂行されました。

軍の指揮権の多くを握っていた皇帝直属の部隊はイェニチェリと呼ばれ、これもまた、英才教育を施されたキリスト教徒の有能な者の中から選ばれました。軍の統率権を握る立場の者をイスラム教徒の子弟から選ばず、あえてキリスト教徒の子弟から選んだのはイスラム豪族の台頭を抑え、キリスト教勢力を懐柔し、両教徒の勢力の均衡の上にオスマン帝国の権力を強化していこうとしたためです。

イェニチェリは妻帯禁止とされ、地位の世襲を防ぎました。軍の統率権が世襲化されると腐敗や内乱の原因となるからです。人材の流動性を確保し、皇帝が常に人事任命権を掌握していました。

コンスタンティノープル攻略後、オスマン帝国はヨーロッパとアジアをつなぐ東西交易を保護し、ドイツから銃が、いち早く伝わりました。こうした最新鋭の技術が伝わったのは、オスマン帝国の融和政策の賜物といえます。

セリム1世はイェニチェリの銃武装化を積極的に進め、軍隊を近代化していきます。そして、セリム1世は1514年、イランのサファヴィー朝を打破し、また、1517年、エジプトのマムルーク朝を征服し、イスラムの覇権を握りました。

図30-1　オスマン帝国領域

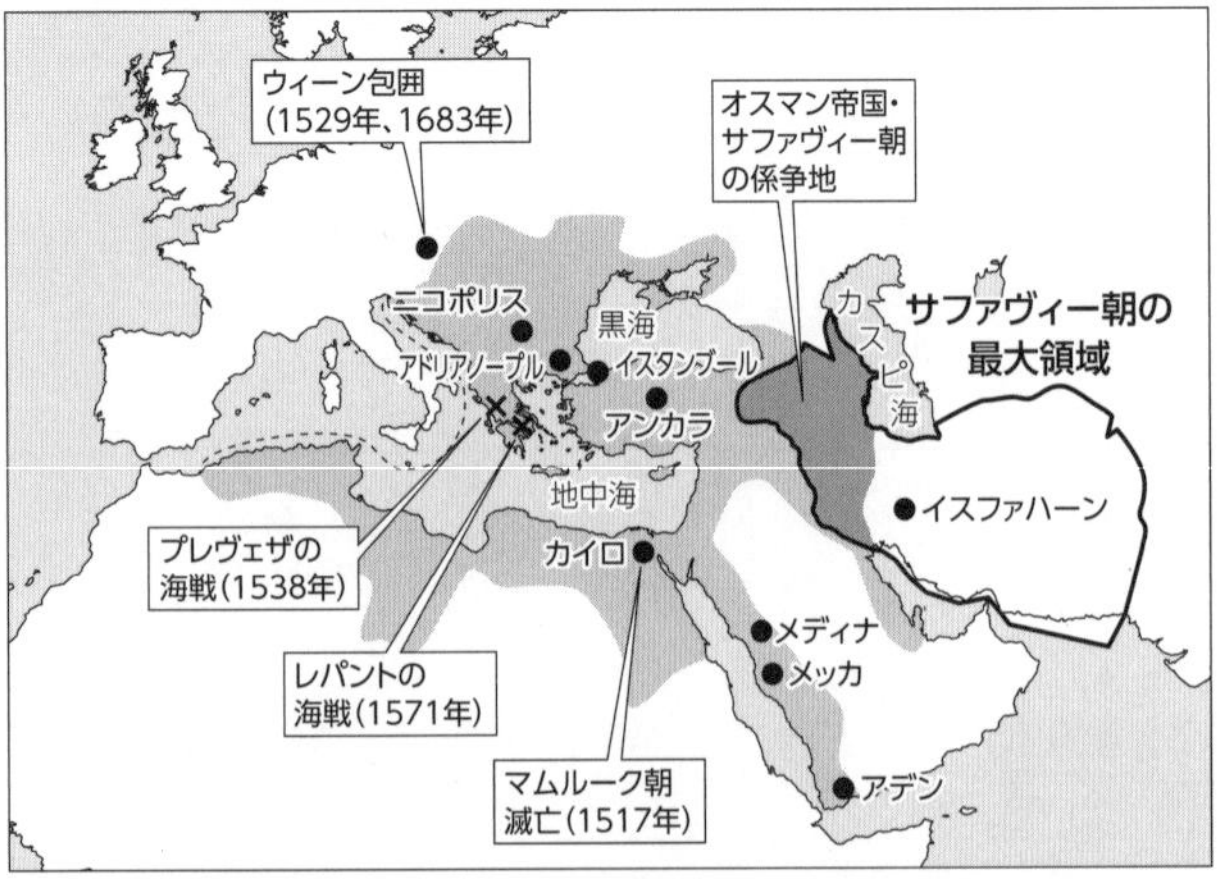

アッバース家カリフ一族の生き残りがマムルーク朝に庇護され、カリフ位を継承していました。セリム1世はその生き残りのカリフからカリフ位を奪い、オスマン帝国のスルタンがカリフを兼ねるスルタン・カリフ制を成立させます。つまり、オスマン帝国の君主はスルタン（俗権指導者）とカリフ（聖権指導者）の権限を併せもつイスラム最強の君主となったのです。スルタン位・カリフ位はオスマン帝国の君主に歴代引き継がれていきます。

セリム1世の子スレイマン1世の時代、オスマン帝国は最盛期を迎え、ハンガリーを征服し、さらにヨーロッパ奥深くまで進入し、1529年、ハプスブルク・神聖ローマ帝国の本拠地ウィーンを包囲します（ウィーン包囲）。また、スレイマン1世はプレヴェザの海戦でスペイン・ヴェネツィア連合に勝利し、地中海の制海権を握ります。

「イジュティハードの門」

しかし、スレイマン1世の死後、オスマン帝国は1571年、レパントの海戦で逆にスペインに敗北し、地中海の制海権を奪われます。17世紀末、第2次ウィーン包囲に失敗し、1699年、カルロヴィッツ条約でハンガリーとトランシルヴァニアをオーストリアに割譲します。

18世紀、オスマン帝国が衰退すると、帝国領土のアラブ地域においても、民族自立の動きが現われます。イスラム改革派のワッハーブ派を奉ずるサウジアラビアの豪族サウード家はワッハーブ王国を建設し、オスマン帝国から自立します。20世紀に、イブン・サウードが出て、強勢を誇り、1932年、サウジアラビア王国となります。

マケドニア生まれのアルバニア人の傭兵隊長ムハンマド・アリーはオスマン帝国の命を受け、エジプトに赴きます。エジプトに侵攻したナポレオン軍敗退の混乱に乗じて、1805年、エジプトの総督（パシャ）となり、オスマン帝国から独立します。

オスマン帝国の衰退は明らかで、スルタンはタンジマート（恩恵改革）と呼ばれる近代化改革をはじめますが、失敗します。

近代化を果たすためには、政治制度の変革が必要です。政教分離を明確にし、政治が宗教的な旧習に囚われることなく、合理目的のために、その役割を果たすことができるかが重要となります。しかし、イスラムは政教一致が原則であり、絶対的な神の存在がすべてに優先し、社会そのものを統治します。また、イスラムは科学や学問を統制し、自由な学術研究を許さなかったため、近代科学を吸収する機会を逸していました。

イスラムでは、神の定めたイスラム法が君臨し、時代や状況に合わせて、法や制度、社会の仕組み、学術のあり方を変えることができません。イスラムには、「イジュティハード」という言葉があります。7世紀にイスラム教が誕生して以来、イスラム世界が急速に拡大し、イスラム法の解釈や定義が『コーラン』やムハンマドの言行録である『ハディース』から類推されて、現実の社会に適用可能な形に構成されてきました。この解釈構成が「イジュティハード」と呼ばれるものです。「イジュティハード」は「努力すること」を意味します。

約300年間、様々な範例が積み重ねられ、イスラム法の解釈や定義が確立した10世紀に、先人の意見にそのまま従うことが尊重され、先人の解釈や定義を確定させて、動かさないことがイスラム世界で取り決められました。これは「イジュティハードの門の閉鎖」と呼ばれます。教義や解釈の乱立を防ぎ、統一的なイスラム体系を構築することによって、イスラムの統合を目指したのです。

なぜ、利子徴収が認められないのか

「イジュティハードの門の閉鎖」以降、イスラム法の運用は時代によって変化することがなくなり、硬直化します。10世紀以降、宗教的律令が社会のすべてを支配する構造が定着しました。

19世紀、ヨーロッパのイスラム諸国への支配が強まるなか、アフガーニーやムハンマド・アブドゥフのようなイスラムの思想家は「イジュティハードの門」の再開を強く主張します。近

図30-2 イスラムの近代化を阻んだ要因

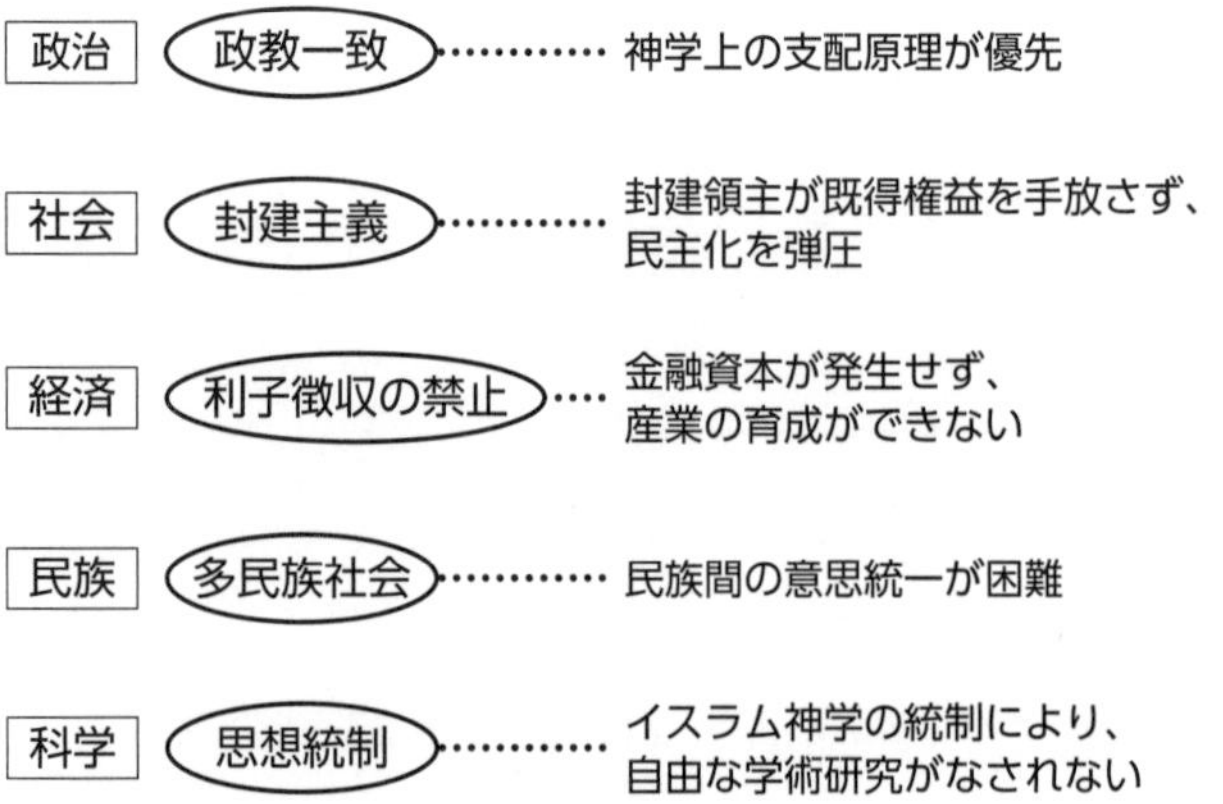

政治
政教一致
神学上の支配原理が優先
社会
封建主義
封建領主が既得権益を手放さず、民主化を弾圧
経済
利子徴収の禁止
金融資本が発生せず、産業の育成ができない
民族
多民族社会
民族間の意思統一が困難
科学
思想統制
イスラム神学の統制により、自由な学術研究がなされない

代的な法制度を取り入れ、富国強兵を断行し、ヨーロッパの技術を取り入れ、合理主義による伝統の革新を行ない、ヨーロッパ列強に対抗することを主張しました。しかし、こうした主張は受け入れられませんでした。

「イジュティハードの門の閉鎖」により、近代化への転換ができなかった具体例として、金利徴収の問題があります。イスラム教では利子徴収が禁止されていることがよく知られています。その理由は大きく5つあります。

第一に、イスラムでは不労所得は容認されません。第二に、投機を認めません。利子は、リスク管理から派生するものであるため、一種のギャンブル性をもちます。また、投機は未知の結果を人間が推し測ることであり、未知や未来を決定する神への挑戦となります。第三に、利子は金持ちをさらに金持ちにし、富の分配の公正さに反し、搾取を生む原因となります。第四に、利子は一定の時間によって生み出されます。イスラムでは時間は神のものであり、それをカネに変えることは神への冒涜となります。第五に、ムハンマドがアラビア半島を統一する際、ユダヤ人からカネを借りたところ、高額の利子を要求されたことに対し、利子の不当性について言及しました。

以上の点から、イスラムでは利子が禁止されます。このため、イスラムでは銀行を中心とした金融資本が発生せず、近代産業の起業のための資金を調達することができませんでした。

ヨーロッパでは、近世以降、様々な変則的な教義解釈で、従来、忌避された利子取得を主とする銀行業を事実上、認めました。とくに、16世紀、カルヴァンがすべての職業は尊く、それに精励することで得られる利得は神からの恩恵であると主張してから、銀行業は公的に認められ、近代的な金融資本が発展しました。

こうしたヨーロッパの動きと比べ、イスラムは宗教律令の束縛のせいで、金融業の解禁と殖産興業に踏み切ることができず、経済的に大きく遅れを取り、19世紀、ヨーロッパ列強の支配に晒されました。

政教一致の伝統からの脱却

20世紀に入り、軍人のムスタファ・ケマルたちは旧態依然としたオスマン帝国を打ち倒します。1923年、トルコ共和国の成立が宣言され、初代大統領に、ケマルが就任します。首都はイスタンブールからアンカラに移されました。

ケマルはトルコの近代化のためには、イスラム主義を放棄せねばならず、カリフという権威者を残してはならないと考えました。ケマルは1924年、トルコ共和国憲法を制定し、政治と宗教の分離を定め、カリフ制を廃止しました。

ケマルはその後、イスラム暦を廃止し、太陽暦を採用し、女性解放などの近代化政策を行ないます。アラビア文字を廃止し、トルコ語の表記をローマ字に改めます。トルコの近代化に努めたケマルに対し、議会は「アタテュルク」(「トルコの父」の意味)の尊称を贈りました。

Chapter 31 イマームの代理統治を行なうサイイド指導者

【d地域：対立】イランのシーア派

反体制者の拠り所としてのシーア派

現在、イスラム世界全体において、スンナ派が多数派であり、シーア派は約10％しかいませんが、イランに限っていえば、約90％の国民がシーア派です。なぜ、イランではシーア派が信奉されているのでしょうか。

ムハンマドの娘ファーティマとその婿のアリーの子孫だけを正統なムハンマドの後継者と認める人々は「シーア・アリー」（アリーの信奉者）、略して「シーア派」と呼ばれるようになります。シーア派はアリーを初代のイマーム（「指導者」の意）とし、アリーとファーティマの子孫だけをイマームと認めます。イマームは神と人間を結びつける指導者であり、預言者ムハンマドの血統によって決まる君主です。

これに対し、スンナ派は選挙や戦争などにより、人間によって選び出されたカリフに従います。シーア派は、人間の判断は神の判断には及ばないとして、指導者を恣意的な人間の判断で選ぶべきではないと主張します。また、シーア派は人間の判断で選ばれた指導者は批判されるべき存在であると考えるため、反体制者の拠り所となります。

このシーア派が歴史的に、イラン人に受け継がれてきたのは、イラン人が反体制者として、アラブ人などの多数派のスンナ派勢力に対抗せねばならなかったためです。実際に、10世紀に台頭したイラン人のブワイフ朝はシーア派を奉じ、スンナ派のアッバース朝に対抗しました。16世紀に台頭した同じくイラン人のサファヴィー朝はスンナ派のオスマン帝国に対抗しました。

「アリーは神の代理人」と書かれた鏡像文字

サファヴィー朝は16世紀初め、アゼルバイジャン地方から発祥した神秘主義教団のサファヴィー教団によって、イランに建国されました。サファヴィー教団の指導者イスマーイール1世はペルシア語で「王」を意味する「シャー」を名乗りました。「シャー」は古代のアケメネス朝ペルシアやササン朝ペルシア以来、イランの王たちが使った称号です。

サファヴィー朝の王はオスマン帝国の君主スルタン（皇帝）に対抗するため、「シャハーンシャー」（王の中の王、つまり皇帝）という称号を掲げることもありました。

サファヴィー朝はシーア派を国教とし、スンナ派のオスマン帝国と戦います。しかし、1514年、タブリーズの西北のチャルディランの戦いで、サファヴィー朝は銃で武装したイェニチェリ軍団に苦戦を強いられ、敗退します。

5代目シャーのアッバース1世のとき、新首都イスファハーンが建設され、サファヴィー朝は最盛期を迎えます。

ガイバと最後の審判の日

ムハンマドの血統を重んじるシーア派は急進的な傾向が強く、イランの王朝はスンナ派を徹底的に憎悪する人々を軍隊の中核に配置し、軍事力を高めようとしました。

イラン人がおもに正統と認めるイマームは初代アリーから12代ムハンマド・ムンタザルまでの系譜です。この系譜に、イマームが12人いたため、十二イマーム派と呼ばれます。これ以降、直系の継承者が絶えましたが、イマームは死に絶えたのではなく、人々の前から姿を消し、隠れたのだと考えられています。この「隠れ（幽隠）」のことを「ガイバ」といいます。「ガイバ」

図31-1　シーア派の系譜

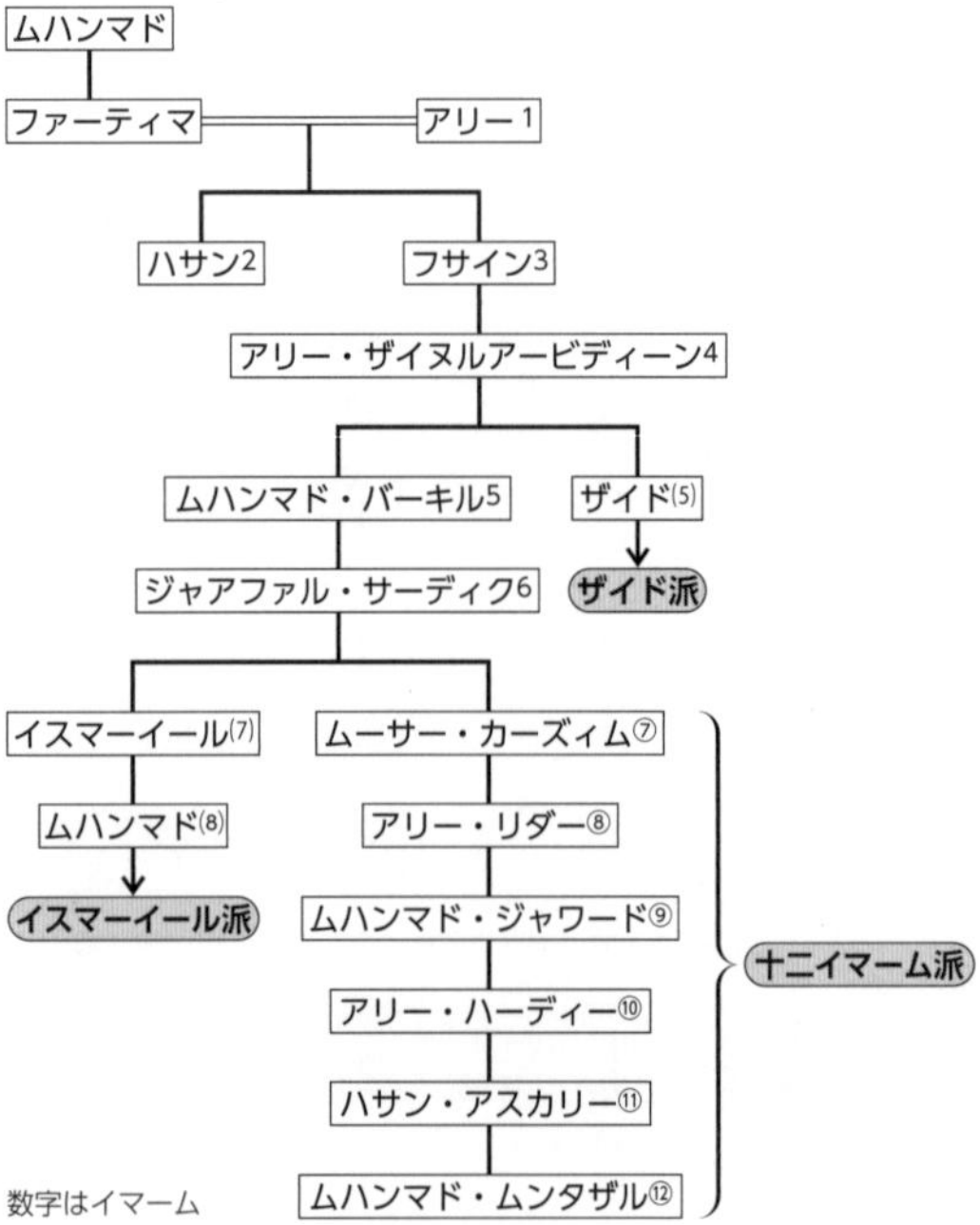

の状態にあるイマームは最後の審判の日に、この世に再臨すると信じられています。

シーア派には、十二イマーム派のほかにも、イスマーイール派とザイド派があります。イマーム位の継承に対し、各派は見解を異にしています。かつて、イスマーイール派はブワイフ朝（イラン）やファーティマ朝（エジプト）で信奉されていましたが、サファヴィー朝が十二イマーム派を奉じて以降、シーア派のほとんどが十二イマーム派となります。

かつてのイマームたちの家族やその子孫たち、彼らの血筋を引く者がサイイドとされます。「サイイド」はアラビア語で「血筋」を表わす言葉です。

イランでは、ホメイニやハメネイ師のようなサイイドが最高指導者として、イマームが再臨する日まで、イマームの統治を代行しています。そのため、イランでは、最高指導者が国民に選ばれた大統領よりも強大な権限をもち、国家の最終意思決定者として君臨するのです。大統領は首相の役割を担い、議会や行政を動かします。

まさに、シーア派の思想が政治においても実践されており、そうした観点からもイランは宗教国家といえます。

ロウハニ大統領は白のターバンを巻いており、ハメネイ師は黒のターバンを巻いています。普通、ターバンは白ですが、黒ターバンが許されるのはサイイドだけです。

覇権争いの舞台としてのイラン

イランとアメリカの対立が深まっています。2019年、ホルムズ海峡で日本タンカー襲撃事件が起こりましたが、アメリカはイランによる犯行であると主張し、また、イランが米軍の偵察ドローンを撃墜したことへの報復として、イラン軍のミサイル・システムなどに対しサイバー攻撃を行ないました。2020年1月に、アメリカはイラン革命防衛隊の精鋭「コッズ部隊」のソレイマニ司令官を軍事作戦により殺害しました。イランが世界の危機の震源地となっています。

図31-2　19世紀、ロシアとイギリスのイラン進出

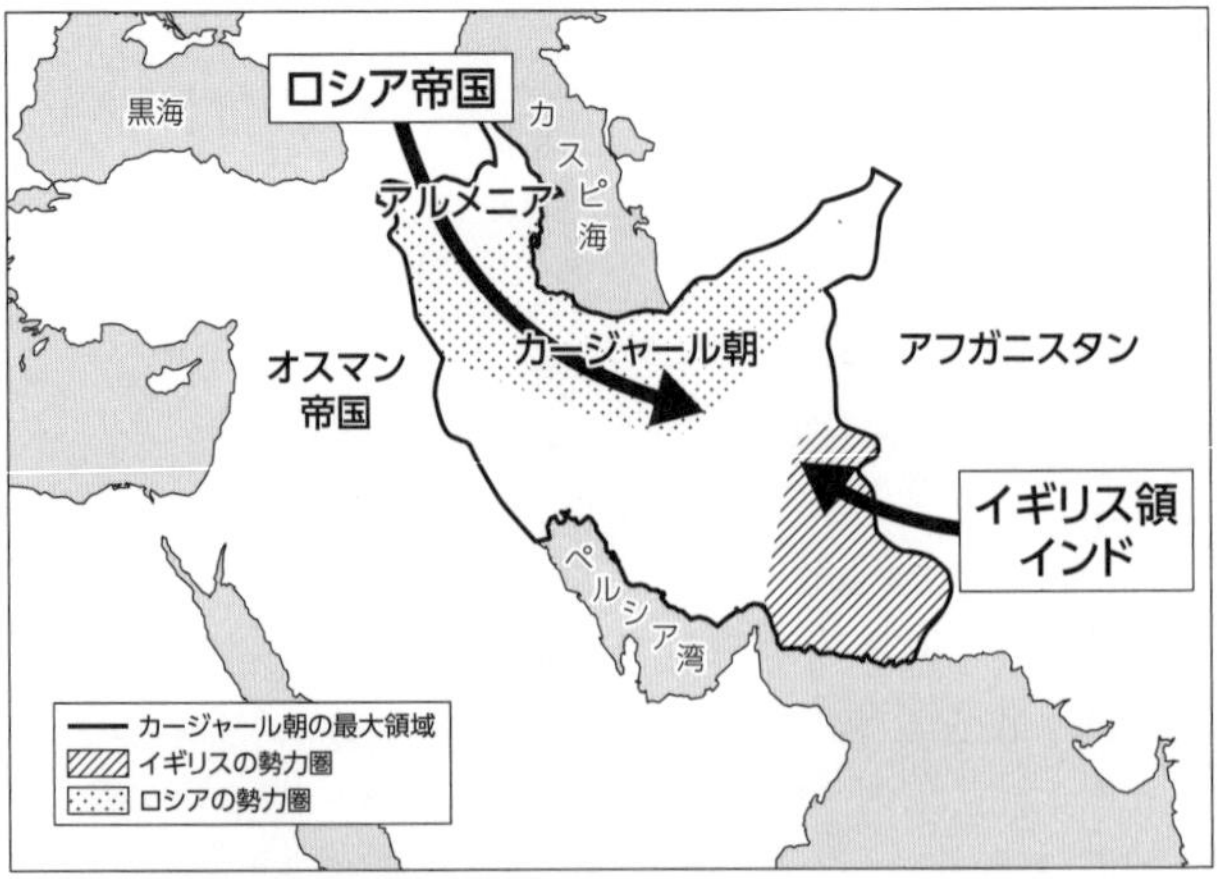

トランプ大統領は２０１８年5月、欧米など6か国とイランが結んだイラン核合意（２０１５年締結）から離脱し、イランに対する経済制裁を再開しました。アメリカは欧州諸国に引き止められたにもかかわらず、離脱しました。トランプ大統領は「妥協の産物として締結されたイラン核合意では、イランの核武装を止めることはできない」と主張しています。

アメリカは同年4月、イギリス・フランスとともに、シリアのアサド政権が化学兵器を使用したとして、シリアの化学兵器関連施設へミサイル攻撃をしました。シリアへの攻撃は２０１７年4月に次ぎ2回目となります。

一方、ロシアはシリアを支援しながら、イランとの連携を深めています。今日のアメリカとイランの対立は、中東という資源地域を巡るアメリカとロシアの覇権争いというマクロの構図で読み解くことが欠かせません。そして、このよ

うな大国の覇権争いの構図は19世紀以来、中東地域では一貫して変わることがなかったのです。

ロシアは19世紀、「南下政策」により、イラン（当時はカージャール朝）へ進出して、中東への支配の拠点としました。ロシアはイランからアルメニアを獲得し、カスピ海東岸を経由するルートで、イランに入り、さらに東方のアフガニスタンに向かって進出しました。

インド防衛を重視するイギリスもアフガニスタンに進出し、1856年、カージャール朝イランの勢力を駆逐しました。カージャール朝はイギリスに和睦を請い、イギリスに治外法権、貿易上の特権を与えます。こうして、カージャール朝はロシアとイギリスによる二重支配を被りました。

ロシアとイギリスはイラン支配を巡り、激しく争い、この両国の駆け引きは「グレート・ゲーム」と呼ばれます。

21世紀版グレート・ゲーム

イランは中東では、エジプトの人口約1億人に次ぎ、8000万人を超える人口を擁する大国で、中東最大の要衝です。今日でも、イランを中心に地政学的な覇権争いが続いており、図31-3のような「21世紀版グレート・ゲーム」が展開されています。中国やヨーロッパ諸国を

図31-3　21世紀版グレート・ゲーム

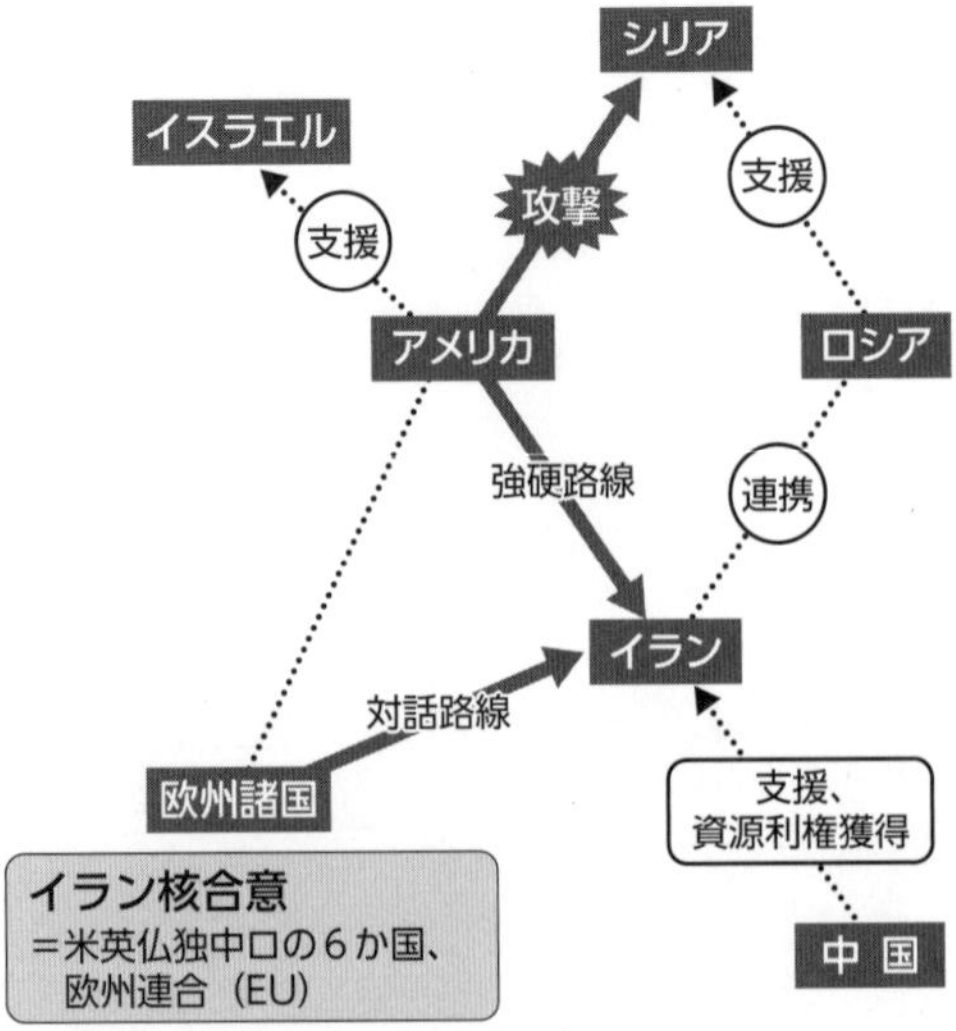

巻き込む複雑な国際紛争になっています。

中東において、アメリカのプレゼンスがしっかりとしていなければ、中東はアッという間に、ロシアの傘下に組み入れられてしまうでしょう。欧州諸国は長い間、中東政策で、事なかれ主義のぬるま湯に入り浸っており、ほとんどあてにはできません。

トランプ大統領はイランに対し、「アメリカを脅していると、過去の歴史でもほとんどないような報いを受けるだろう」と述べています。トランプ政権のシリア攻撃、イラン核合意離脱、大使館のエルサレム移転、イラン革命防衛隊のソレイマニ司令官殺害などは、中東におけるアメリカのプレゼンスを再編・確立するための重要な布石と見ることができます。

こうしたイランとアメリカの確執は、いつ頃生じたのでしょうか。第二次世界大戦後、イランでは、工業化とともに、民族資本が台頭し、国王と激しく対立しました。国王のパフレヴィー2世は民族資本に対抗するため、イギリスのみならず、アメリカにも頼りました。アメリカはパフレヴィー2世との連携を強化し、積極的に支援しました。

ところが、イラン民族資本はシーア派最高指導者ホメイニを担ぎ上げ、イラン国民もホメイニに従い、米英を排除するべく立ち上がり、1979年、イラン革命となります。パフレヴィー2世は退位し、エジプトに亡命しました。

1980年、ホメイニの指導で、反米のイラン共和国が成立します。

レザー・シャー・パフレヴィー2世 イラン・パフレヴィー朝の2代目シャー。ヨーロッパで教育を受け、イランの伝統の宗教主義の因習を嫌い、1961年から急進的な西欧化政策をとり、近代化を断行しようとしたため、国民の反発を招き、イラン革命となった。

アメリカはホメイニ政権を潰すため、隣国のイラクを全面支援し、同年、イラン・イラク戦争がはじまります。イランとアメリカとの確執はこのとき以来のものです。

Chapter 32

イスラム同胞を見捨てる中央アジア諸国

【e地域：吸引】中央アジアのイスラム摂取

宗教よりもカネ、「一帯一路」の侵食

中央アジア5か国（カザフスタン、ウズベキスタン、キルギス、タジキスタン、トルクメニスタン）はトルコ系の国家です。「～スタン」という国名はペルシア語で「～が住む場所」や「～が多い場所」を意味します。これらの地域はイスラム教徒が多数派です。

中国西北部の新疆ウイグル自治区のウイグル人は本来、民族・宗教から見て、上記の中央アジア諸国の文明圏に属します。ウイグル人は中国の不当な支配を被っていますが、5か国は同胞のウイグル人を助けようとしません。

5か国の中でも、カザフスタンは最大の人口規模（約3000万人）を擁し、宗教人口の割合はイスラム教徒が約70%、ロシア正教徒が26・3%、仏教徒やユダヤ教徒が少数となっています。

図32-1　中央アジア５か国と周辺国

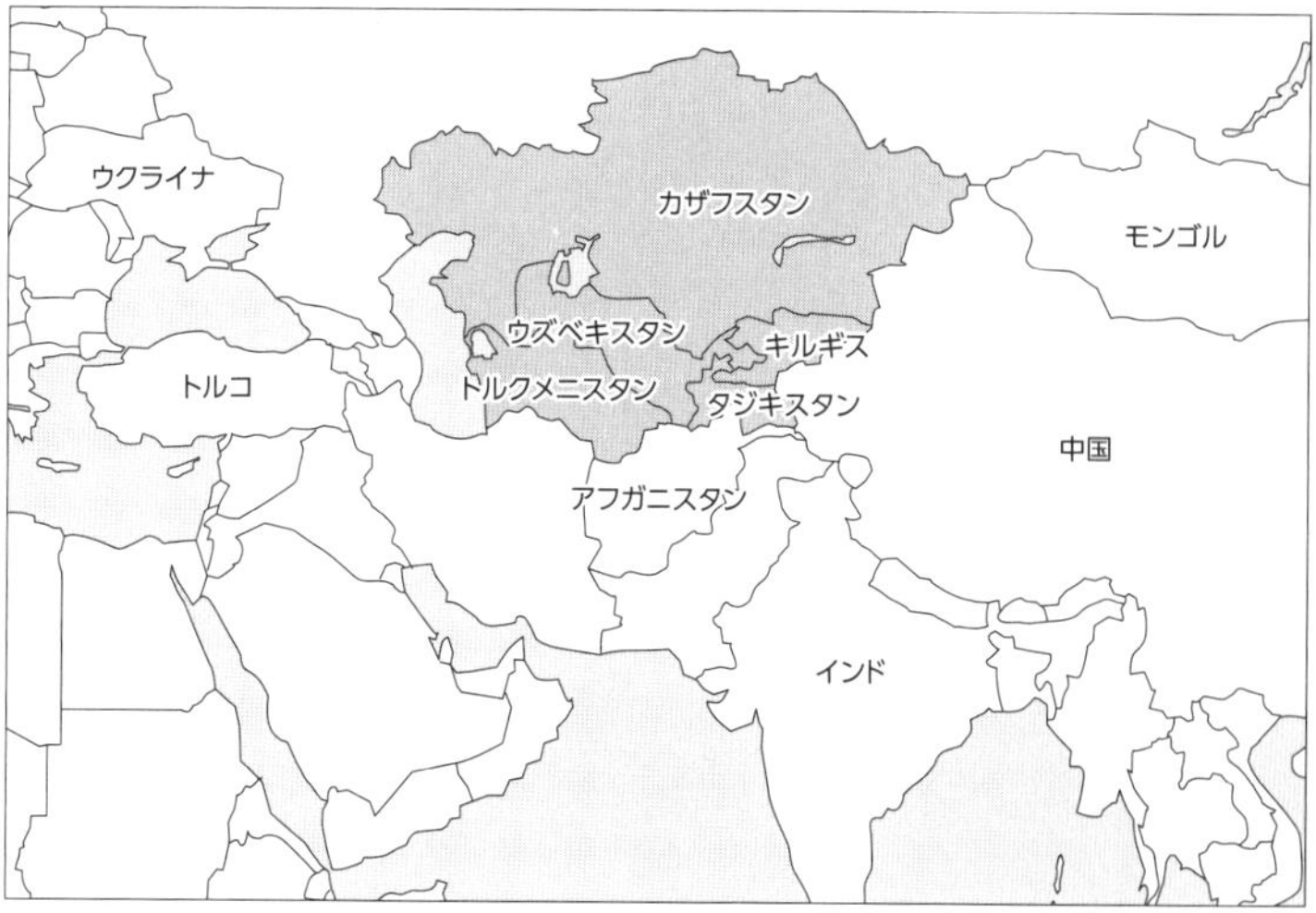

カザフスタンは近年、中国と連携を強め、中国マネーが流入し、急激に経済発展しています。今日、中国は現代版シルクロード「一帯一路」の経済圏を強固に結びつけるため、デジタル人民元をグローバル決済の手段として、流通させようとしています。デジタル人民元によって、ドルの基軸通貨体制を破壊しようと、中国は狙っています。

カザフスタンは石油を産出し、中国に輸出しています。決済はドルで行なわれるため、取引はアメリカに筒抜けになっています。デジタル人民元はドル決済を避けることのできる有効なツールであり、カザフスタンはその導入に最も熱心な国です。

このほか、中国は第5世代移動通信システム（5G）で、影響力を増大させようとしています。「一帯一路」の経済圏に光ファイバー網を大規模展開し、その通信ネットワークにファーウェイ（華為技術）をはじめとする中国メーカー製の通信機器を接続し、中国商圏に取り込むつもりです。こうした「一帯一路」の経済圏の形成に、カザフスタンをはじめ中央アジア諸国は積極協力しています。

タジキスタンは、その国土の多くを山岳に覆われ、5か国の中では最貧国で、経済も疲弊していましたが、近年、中国資金で急速に開発が進んでいます。政府庁舎や国会議事堂まで、中国の援助で建て替えられています。

タジキスタンは中国からの借金が膨らみ、返済困難に陥るリスクが高く、「債務の罠」に陥る可能性もあります。「債務の罠」とは、中国が貧国を借金漬けにさせ、債務奴隷化していくことです。すでに、中国企業がタジキスタンの金鉱山の権益を取得するなど、借金の肩代わりにしています。

中央アジア諸国はこのように、中国依存を強め、ウイグル人の身に起こっていることが明日のわが身という危機意識がほとんどありません。

また、中央アジア諸国が中国依存を強めれば強めるほど、インドや中東諸国との連携が希薄になり、この地域における不安定要因が強まることになります。

◆イスラム教に吸引された交易の民

中央アジア地域はもともと、トルコ人が住んでいた地域ではなく、ソグド人などのイラン人が住んでいました。このイラン人たちはシルクロードで活躍をしていた交易の民で、イスラム教を積極的に取り入れ、9世紀後半に、イラン系のイスラム王朝サーマーン朝を建国しました。

サーマーン朝の首都はブハラ（現在のウズベキスタンの中部に位置）に置かれます。このブハラで生まれたイラン人であるイブン・シーナーが『医学典範』などを著し、サーマーン朝時代の全盛期に活躍しています。

トルコ人はもともと、現在の中国の新疆ウイグル自治区やそれよりも北部の一帯に居住しており、サーマーン朝が建国された頃、本格的に西進しはじめます。そして、トルコ人は中央アジア地域に入り、999年にサーマーン朝を滅ぼし、カラ・ハン朝を建国します。このとき、トルコ人たちもイスラム化されます。

サーマーン朝のイラン人たちは南方のタジキスタンの山岳方面に逃れたため、今日でもタジキスタンでは、他の中央アジア諸国と違って、ペルシア語系の言葉が使われます。

13世紀になって、モンゴルが進出すると、この地域のトルコ人たちはモンゴル人に服属しました。モンゴル人も、イスラム化されていきます。各民族をこれほど、短期間で吸引したイスラムの力は凄まじいものがあります。

14世紀には、モンゴル人の後継政権であるティムール帝国がイスラム教国家として、建国されます。ティムール帝国の建国者ティムールはその出自において、トルコ人やモンゴル人の血が混じっていますが、チンギス・ハンの後継者を自称し、モンゴル人を支持基盤として台頭しました。

ティムール帝国は首都をシルクロードの要衝サマルカンド（ウズベキスタン西方の都市）に置き、東西交易とともに発展しましたが、15世紀後半以降、大航海時代で海の道が使われるようになり、シルクロード交易が廃れると、ティムール帝国も衰退します。

再びトルコ人が勢力を盛り返し、１５０７年、ティムール帝国はトルコ系ウズベク族の大規模な侵攻を受け、滅ぼされます。ウズベク族を率いたシャイバニがシャイバニ朝を創始しました。シャイバニ朝は首都ブハラを中心に、イスラム国家として、16世紀末、全盛期を誇ります。その領域は今日の中央アジア5か国に及びました。

その後、シャイバニ朝はヒヴァ・ハン国、ブハラ・ハン国、コーカンド・ハン国の3国に分裂します。この3国を総称して、ウズベク３ハン国と呼びます。３ハン国は強大な力をもち、イスラム世界の盟主であったオスマン帝国やイラン王朝にも屈しませんでした。

しかし、旧態依然とした封建主義支配が続き、近代化されたロシア帝国が19世紀後半に南下してくると、抵抗できず、征服されます。ロシア帝国のトルコ人に対する支配は苛烈でしたが、イスラム教に関しては、必要以上の干渉をしない放置政策がとられました。

「宗教はアヘン」

１９１７年のロシア革命後、ソ連がこれらの地域を引き継いで支配するようになると、トルコ人は奴隷のように扱われ、酷使され、信教の自由もなくなりました。

マルクス・レーニン主義は「宗教はアヘン」と主張する無神論によって、イスラム教を厳しく弾圧しました。イスラム法や法廷の停止、モスクの破壊、アラビア文字の廃止、イスラム暦使用の禁止、『コーラン』などのイスラム書物の所持・出版の禁止、女性のヴェールの着用禁止などの弾圧政策が取られます。

オスマン帝国に、エンヴェル・パシャという人物がいました。エンヴェルは中央アジアにおけるトルコ系民族を統一し、民族が大同団結した強大なトルコ国家をつくるという大計画をもっていました。エンヴェルは１９１４年、第一次世界大戦が勃発すると、南下政策により中央アジアに展開していたロシア勢力と戦います。しかし、イギリスの工作によってアラブ諸族が

エンヴェル・パシャ　1908年、オスマン帝国憲法の復活を求めて、将校たちとともに挙兵し、青年トルコ革命を起こしたことで有名。エンヴェルは同僚のムスタファ・ケマル（アタテュルク）らとともに、保守派と戦ったが、後にトルコ系民族団結構想を巡り、決裂した。

反乱を起こし、オスマン帝国は内部崩壊していきます。

第一次世界大戦後も、エンヴェルはイスタンブールを離れ、中央アジアへ潜伏しました。エンヴェルは持論のトルコ系民族の統一を掲げ、ソヴィエト政権にも対抗し、ゲリラ闘争を展開しました。しかし、エンヴェルの部隊はソヴィエト赤軍の攻勢を受け、壊滅しました。

一方、ムスタファ・ケマルは現実主義者で、アナトリア半島やイスタンブールを防衛することに専念し、エンヴェルのトルコ民族統一という理想を追いませんでした。第一次世界大戦でオスマン帝国が敗北した後、ケマルはアンカラで臨時政府をつくります。大戦中にロシア革命によって新たに成立したソヴィエト政権は、ケマルの率いるアンカラ政府を支援しています。エンヴェルはムスタファ・ケマルの現実主義路線を敗北主義と考えていました。

第二次世界大戦中の１９４０年代、ソ連はドイツとの対抗上、南部の中央アジア・トルコ人の協力を必要としました。そのため、イスラム弾圧政策は緩和されます。冷戦時代も、西側諸国との対抗上、イスラムに対して懐柔的な措置が取られました。ソ連の崩壊で、中央アジア諸国が独立し、ようやく、イスラム復権がなされます。

しかし、長年続いたイスラム弾圧で、人々のイスラム信仰の熱心さはすでに失われており、人口の大部分がイスラム教徒により占められているものの、その信仰形態は緩やかなものとなっています。こうした経緯で、今日、中国マネーの導入が大いに歓迎されているのです。

Chapter 33

ユダヤ教というルサンチマン

【f地域：対立】イスラエル人のユダヤ教

ヤハウェとアッラーは同じなのか

一般的に、「ユダヤ教、キリスト教、イスラム教の神は共通の神である」と解説されます。しかし、こうした言い方は誤解を招きやすく、同じ神を信じているのに、なぜ、彼らは対立をするのかといった疑問も必ず生じます。

この世界を創造した全知全能の根源者を神とするということは、上記の宗教に限らず、どの宗教も同じです。そもそも、根源者はこの世に存在するものすべてにとって、唯一です。だからといって、それぞれの宗教の神も一致するとはいえません。

それぞれの宗教において、神の捉え方はまったく異なります。そして、そこから生ずる神の概念も異なります。また、宗教というものが本質的に概念的存在である限り、概念が異なれば、概念によって指し示される神も自ずと異なるのです。

ユダヤ教の神の名前は「ヤハウェ」、または「ヤーヴェ」で、「かつてあり、いまもある者」という意味のヘブライ語の頭文字を並べています。このヤハウェがイスラムのアッラーと同じかと問われれば、まったく違うものといわざるを得ません。

ちなみに、「アッラー」というのは神の名前ではなく、アラビア語の普通名詞で「神」という意味の言葉です。ヤハウェもアッラーも「神」を示す言葉ですが、その示され方が異なり、結局、両者が表象する神は異なります。キリスト教で、イエス・キリストは神と一体のものとされます。「キリスト」は「救世主」という意味です。

ユダヤ教、キリスト教、イスラム教は互いに教義や信仰の内容も異なり、明確な隔絶がありますが、連続したつながりをもつという側面もあります。キリスト教はユダヤ教の世界観に、イスラム教はユダヤ教やキリスト教に、多大な影響を受けています。

また、これらの宗教が『旧約聖書』のアブラハムとその息子らの物語を共有していることから、「アブラハムの宗教」と呼ばれることもあります。

ムハンマドはユダヤ教とキリスト教の共通の天使ガブリエルから啓示を受けます。ただし、神の使いである天使が同じだからといって、神も同じということにはなりません。前述のように、神に対する認識やその方法が異なるからです。

なぜ、ユダヤ人は嫌われるのか

ユダヤ人はその経済力で尊敬され畏れられると同時に、カネの力に物をいわせようとする姿勢が忌み嫌われ、迫害や差別を受けました。ユダヤ人は自らの国をもたなかった少数民族です。兵力数で強者に抗《あらが》っても、勝てる見込みはありません。そこで、ユダヤ人は異国に根を広げ、カネを稼ぎ、経済力によって、力をもとうと考えたのです。

また、ユダヤ教は、ユダヤ人が神に選ばれた民族であるとする選民思想を掲げ、ユダヤ人優位主義による排他的な秘密社会を構成していました。これも、ユダヤ人が迫害を受ける大きな原因になっています。

ユダヤ人はヘブライ人ともいい、シナイ半島に原住していましたが、エジプト新王国の迫害を受けたため、預言者モーセに率いられ、パレスティナへ移住します。ユダヤ人はパレスティナにヘブライ王国を建国し、紀元前10世紀、ダヴィデ王、ソロモン王の時代に全盛を誇りました。そして、エルサレムにヤハウェの神殿が建設され、ヘブライの民間信仰が集められ、ユダヤ教の原型が形成されます。

しかし、当初、繁栄したヘブライ王国は北のイスラエル王国と南のユダ王国に分裂するなど

『バビロンに連行されるユダヤ人』（ジェームズ・ティソ画、1896〜1902年、ニューヨーク・ユダヤ博物館蔵） バビロン捕囚は「祖国を奪われたユダヤ人」という悲劇を強烈に打ち出す『旧約聖書』の記述であり、今日では、ユダヤ人が祖国パレスティナに帰還することの根拠として使われる。

して勢力を弱めていき、周囲のアラブ人に支配されます。紀元前6世紀、アラブ人の新バビロニア王国がユダ王国を滅ぼし、多くのユダヤ人が奴隷としてバビロン（バグダードの南90キロの古代都市）に囚われました（バビロン捕囚）。彼らはユダ王国の遺民という意味で、「ユダヤ人」と呼ばれるようになったのです。

このときの新バビロニア王国のユダ王国に対する破壊とユダヤ人の弾圧があまりにも苛烈であったことから、ユダヤ人同士の独特の連帯意識を生み、さらには試練のユダヤ人は救済されるという選民思想も形成されます。宗教（一神教）は迫害のなかから生ずるため、本質的に歪んだ精神性やルサンチマン（復讐的）思想を内在するものですが、ユダヤ教はとくに迫害の歴史が長く、苛烈であったため、そうした傾向が強いといえます。

その後、アケメネス朝ペルシアが全オリエントを統一し、ユダヤ人もその支配下に入ります。このとき、『旧約聖書』の編纂が本格化し、ユダヤ教は組織化されていきます。

◆ユダヤ金融の起源

紀元前1世紀、ローマ帝国が建国されると、ユダヤ人はローマによって迫害され、各地に離散しました。これを「ディアスポラ」といいます。ヨーロッパに渡ったユダヤ人は、当時のヨーロッパで卑しい職業とされていた金貸し業を営み、これがユダヤの金融資本の出発点になります。

中世ヨーロッパのキリスト教社会では、カネを貸して利子を取ることは罪悪とされ、キリスト教徒は大がかりな金融業を展開することはできませんでした。しかし、ユダヤ教徒は利子徴収が許されていました。ただし、ユダヤ人であっても利息を取るのが許されるのは、相手がユダヤ人ではなく、外国人の場合です。『旧約聖書』の「申命記」には、「外国人には利息を取って貸してもよい。ただ、兄弟には利息を取って貸してはならない」とあります。

こうした戒律がユダヤ人の独善的で情け容赦ない高利貸しのイメージを生んでいきます。シェークスピアの戯曲『ベニスの商人』に登場する強欲なユダヤ人金貸しのシャイロックなどがそうしたイメージの典型例です。

ローマ時代から蓄積された情報やネットワーク、金融技術が近代以降の巨大ユダヤ資本であるロスチャイルド（イギリス）やJ・P・モルガン（アメリカ）を生み出します。イギリスやアメリカで成功したユダヤ財閥は両国の政治に大きな影響力をもちます。

19世紀以降、ユダヤ人は「シオニズム運動」を起こします。「シオン」はエルサレムをさす古い呼称です。約束の地パレスティナに戻り、ユダヤ人国家の再建を目指すものです。これも、ユダヤ人のカネの力で成し遂げられていきます。

ユダヤ人はイギリスやアメリカに資金援助を申し出て、それと引き換えに、パレスティナの地に、ユダヤ人の国を建国することを約束させます。そして、パレスティナ地域で、ユダヤ人とアラブ人（パレスティナ人）の武力衝突が起き、今日まで、対立が続くことになります。

「カネの好きなパリサイ人たち」

キリスト教が『新約聖書』の中で、清貧を讃えるのとは対照的に、ユダヤ教では、富や財貨の獲得は価値ある善として讃えられます。「カネは無慈悲な主人であるが、同時に、これほど優れた召使いはいない」と教えられ、カネの価値を認めています。

また、ユダヤ教では、私有財産が肯定されて、他人の財物を盗んだり、奪ったりした者には、極刑を含む厳しい罰が加えられます。また、それを損じたりした場合にでも、細かな罰金や賠償の規定があり、所有権が最大限尊重されます。

ユダヤ教は富や財貨の所有を肯定したため、持てる者と持たざる者との格差が拡大します。また、ユダヤ教は厳格な戒律主義を有していたため、社会を硬直化させ、身分や人材の流動が滞り、沈滞の原因となりました。

紀元前30年、ローマが地中海世界を統一し、ローマ帝国の支配が進むなか、各地は政治的にも経済的にも激変していきます。そのような状況において、ユダヤ教徒の中から、とくに貧困層によって、改革や変化を望む声が大きくなります。この時流に乗って登場するのがイエス・キリストです。

イエス・キリストは貧困層を救済する革命家のような役割を演じます。『新訳聖書』の「ルカ伝」には、以下のような記述があります。「カネの好きなパリサイ人たちが、一部始終を聞いて、イエスをあざ笑っていた。イエスは彼らに言った。あなた方は人の前で自分を正しいとする者です。しかし神はあなたがたの心をご存知です。人間の間で崇められる者は神の前で憎まれ、嫌われます」。

パリサイ人というのはユダヤ教保守派で、戒律を重んじる富裕層でした。イエスは富を否定し、「貧しき者こそ幸いである」と述べ、貧困に苦しみ、売春の罪を犯す女性、窃盗の罪を犯す者にまで、救いの手を差し伸べました。

キリスト教は本質的に、富を否定します。『新約聖書』には、「金持ちになりたがる人たちは、誘惑と罠と、また人を滅びと破滅に投げ入れる、愚かで、有害な多くの欲に陥る」（「テモテへの手紙」）という記述や「あなたがたにもう一度、告げます。金持ちが神の国に入るよりも、ラクダが針の穴を通る方がもっとやさしい」（「マタイ伝」）という記述があります。貧しく虐げられている人の苦しみは、死後、神によって救済されると約束されるのです。

ユダヤ教保守派はこうしたイエスの姿勢に反発しました。彼らは、イエスが民衆を扇動して暴動を起こそうとしているとローマ帝国の総督に訴え、イエスを処刑させます。主イエスを死に追いやったユダヤ人の罪はキリスト教徒にとって、永遠のものとなります。

「ユダヤ陰謀論」のリバイバル

「ユダヤ陰謀論」というものが昔からありました。ユダヤ人は巨大な金融資本を背景に、いまも昔も世界を操っているというのです。

ユダヤ教は閉鎖的な宗教です。信徒たちが世界中で連携していますが、そのシンジケートは秘密のヴェールに閉ざされており、実態がつかめません。こうしたユダヤ人がもつ独特の閉鎖性が様々な想像をかき立てるのです。

たしかに、ユダヤ人は強大な経済力をもち、国際政治を動かしたことが歴史上、少なからず、ありました。ユダヤ人の実力を過小評価してはいけませんが、過大評価してもいけません。

昨今、「ユダヤ陰謀論」がリバイバルされており、その代表的なものが、ユダヤ系資本である「国際金融資本」がニューヨークのウォール街やロンドン・シティに本拠を置き、アメリカとイギリスの主要メディアを所有し、世界中の人々を洗脳（プロパガンダ）し、操っているというものです。トランプ大統領はこうした「国際金融資本」の陰謀と戦っていると説かれます。「国際金融資本」は2度の世界大戦の戦争ビジネスで儲け、アメリカ国内で、ＣＩＡやＦＲＢを創設し、大統領をも監視・コントロールしているとされます。

国をもたないユダヤ人にとって、各国の主権は邪魔な存在でしかないため、ユダヤ人は世界中の国家の主権を廃止し、国境をなくし、すべての人を無国籍化して、グローバリズムを推し進めようとしているとのことです。

たしかに、ユダヤ人はディアスポラで国を失い、各国の権力者に金を貸して影響力を行使しました。もちろん、現在も影響力はあります。しかし、「ユダヤ陰謀論」はそうした図式をすべての事象に当てはめて捉えようとすることが問題です。ユダヤ人が深く関わっている事象もあれば、そうでない事象もあります。

「ユダヤ陰謀論」を説く有識者の論拠をつぶさに調べると、それらは非常に部分的な状況証拠や主観的な個人証言の類いにすぎないことに気づきます。どういうわけか、ロックフェラーのようなＷＡＳＰ系財閥もユダヤ資本財閥に仕立て上げられ、その根拠も不充分なのです。

ユダヤ系金融資本は世界中に存在するので、あらゆる事象に資金拠出などの形で関わっていることが多いのですが、その関わりを誇大に強調し、その事象全体がユダヤ人に操られているなどと捉えるのが「ユダヤ陰謀論」の特色です。

さらに、驚くべきことは、こうした陰謀論をかなりの数の人が真に受けて、熱心にネットなどで同調する書き込みをしています。陰謀論は話として面白いので、感化されやすいということもあり、また、複雑な事象を一言で説明できないときに、陰謀論で括ると、それを理解できたような気になりやすいということもあり、センセーションを巻き起こしてしまうのです。

国際政治は、一部の黒幕的な勢力によって一元的に動かされるほど、単純なものではありません。

Chapter 34

イスラム教とキリスト教の千年戦争の最前線

【g地域：内紛】アフリカの宗教対立

◆宗教分断の最前線

アフリカは今日、宗教で見た場合、大きく2つのエリアに分けることができます。イスラム教徒が多数を占めるサハラ砂漠以北の地域とキリスト教徒が多数を占めるサハラ砂漠以南の地域です。

近代において、イスラム教とキリスト教の分断ラインはバルカン半島にありました。イスラム教国のオスマン帝国に対し、オーストリア帝国やロシア帝国などが圧力を掛け、バルカン半島に進出しようとし、第一次世界大戦が起こりました。

両勢力の分断ラインは今日、アフリカ大陸へと移動し、このライン上で、両勢力の絶え間ない争いが続いています。ラインの東側では、１９５０年代以降、２次にわたって、スーダン内戦が起きました。スーダン北部は首都ハルツームを中心にイスラム教徒が多く、キリスト教が

図34-1　アフリカの宗教対立の分断ライン

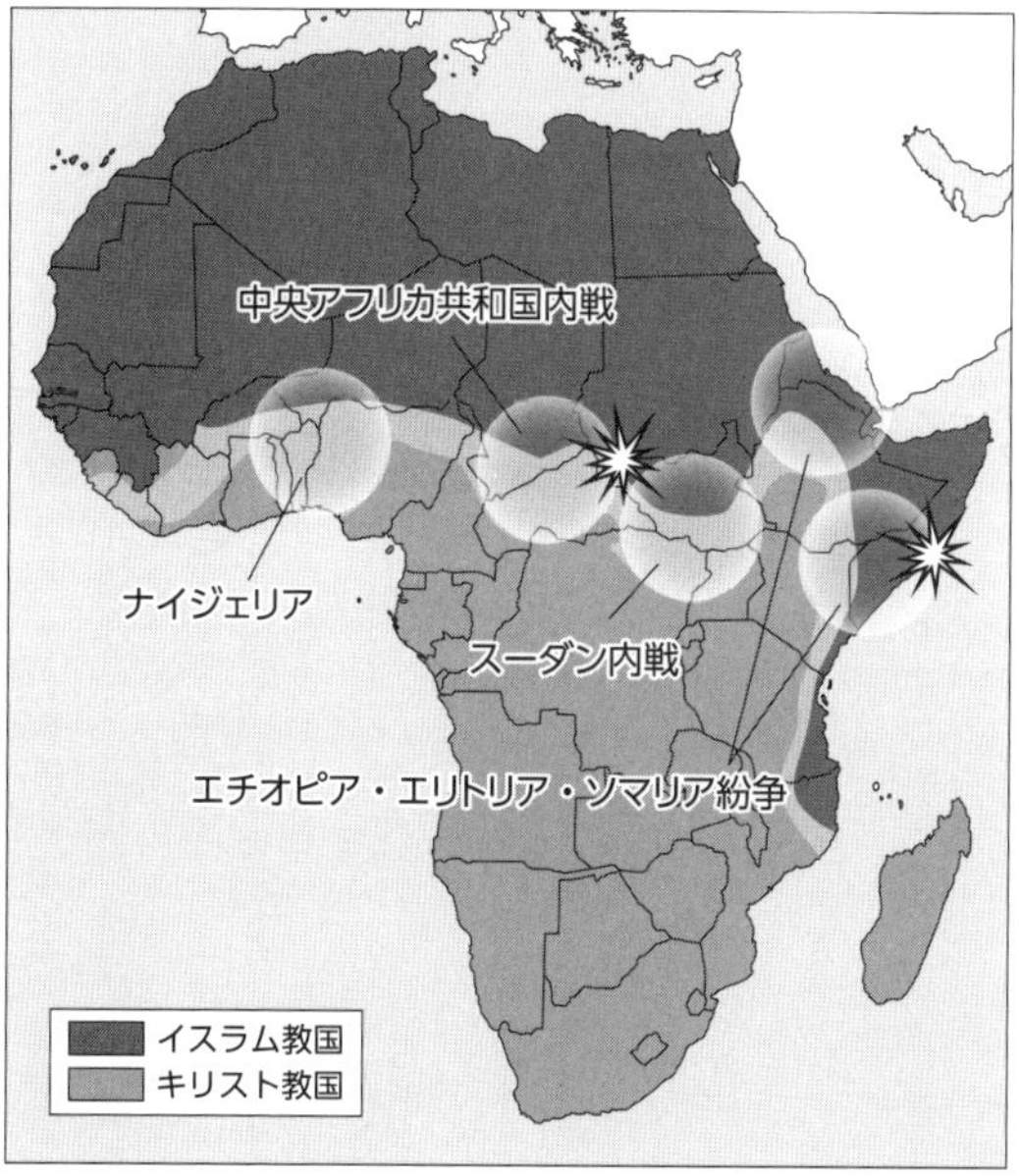

多い南部との間で、宗教対立から内戦になります。

長い内戦の結果、２０１１年、南部が南スーダン共和国として独立しました。しかし、南スーダンの中に取り残されたイスラム教勢力が南スーダン政府と抗争を続けており、石油資源の問題などを巡り、両教の勢力争いは収まっていません。

分断ラインの中部では、アフリカ最貧国の中央アフリカ共和国の内戦が発生しています。イスラム教勢力とキリスト教勢力が軍事衝突を繰り返し、多くの死者が出ています。

分断ラインの西側のナイジェリアでも、両教勢力の激しい宗教対立があり、両教の過激派によるテロや紛争が発生しています。ナイジェリアはキリスト教徒とイスラム教徒の人口割合が拮抗しています。

そして、何よりも一番激しく対立

が続いているのが、分断ラインの最も東側に位置するエチオピア地域です（後段詳述）。その他、このライン上において、紛争が顕在化していなくとも、両教勢力の対立が少なからず、様々な利権に絡んで発生しています。

◆なぜ、北アフリカはキリスト教化されなかったのか

なぜ、このように、アフリカを二分するような宗教対立が起きるのでしょうか。もともと、アフリカは近代以前、イスラム教が圧倒的な多数を占めていました。北アフリカはもちろん、中部や西部アフリカでは、13～14世紀に栄えたマリ王国や15～16世紀に栄えたソンガイ王国などの強大なイスラム王国が存在していました。アフリカ東岸には、マリンディ、モンバサ、ザンジバル、キルワなどの海港都市が形成され、10世紀頃から、イスラム化されています。

アフリカにおけるイスラムの安定基盤が崩されるのが、ヨーロッパ各国がアフリカの植民地化に乗り出してくる19世紀以降のことです。ヨーロッパ人たちはキリスト教により未開の地を文明化しようという優位主義思想をもち、キリスト教を布教していきます。

組織的にキリスト教が布教されていくなか、キリスト教文化が自然と定着し、また、ヨーロッパ人と親密な関係を築いた現地人上層階級は積極的にキリスト教に改宗しました。中・南部

アフリカはイギリスやドイツが植民地支配した地が多かったため、プロテスタントが大半です。

キリスト教の布教拡大に抵抗したのが、北アフリカのイスラム教徒たちでした。北アフリカには、古代以来、アラブ人（セム系）が多く入植し、中世には、イスラム勢力の版図の中に取り込まれ、民族的にアラブ化が進みました。アラブ人の血を濃く受け継いでいる北アフリカ人はイスラム教への信仰心が強く、キリスト教を受け入れませんでした。

一方、サハラ砂漠以南の地域のブラックアフリカはアラブ人発祥のイスラム教に強い執着がなく、キリスト教に容易に感化されやすかったのです。

一般的に、「植民地は悪」というイメージが伴いますが、アフリカで、これほど多くの人がキリスト教を信仰していることを考えれば、植民地支配は強制ばかりではなかったということもわかります。信仰は強制によって存続し得るものではないからです。

しかし、ヨーロッパのキリスト教布教はアフリカに負の遺産として、深刻な宗教分断を残し、それが今日に至るまで、解決していません。

また、アフリカでは、伝統的な土着宗教も根強く、外来宗教を受け入れなかった地域も多くあります。土着宗教がキリスト教やイスラム教と混合したような形態も見られます。

◆古キリスト教の生き残り、コプト教

アフリカのキリスト教は19世紀のヨーロッパ植民地化によって拡がったものがほとんどですが、一部、ローマ帝国時代に伝わった古キリスト教が残っています。

この古キリスト教はコプト教と呼ばれます。「コプト」とはエジプト人を指すギリシア語「アイギュプトス」のアラビア語訛りの言葉です。したがって、コプト教はエジプト版キリスト教のことです。

コプト教はローマ帝国時代から、独自の教義を発展させ、エジプトや北アフリカで定着しました。さらに、4世紀にエチオピアのアクスム王国にも伝わります。アクスム王国はコプト・キリスト教を公認しました。

7世紀に、イスラム勢力がエジプトを征服すると、コプト教徒たちは南方のエチオピアに逃れるか、イスラムに改宗したため、エジプトや北アフリカでは、コプト教はほとんど残らず、エチオピアで生き残りました。

エチオピアは1936～1941年、短期的にイタリアの支配を被りますが、それまで、独立を維持していました。ヨーロッパ諸国がエチオピアの植民地化を行なわなかったのは国際政

治上の理由もありましたが、エチオピアがキリスト教国であったという宗教上の理由も大きかったのです。

1959年に、エチオピア・キリスト教会は「エチオピア正教会」と改称されますが、コプト教の流れを汲むものです。今日、エチオピアでは、全人口に占めるキリスト教徒の割合が約6割、イスラム教徒が約3割となっています。

エチオピア地域の宗教分断

エチオピア地域もまた、アフリカの宗教対立の分断ラインの上にあり、周辺のエリトリアとソマリアとの宗教紛争が絶えません。

第二次世界大戦中、1941年にイギリス軍がエチオピアからイタリア軍を駆逐します。エチオピアはイギリスの保護領とされ、大戦後の1952年、エチオピアはエリトリアとともに、連邦国家として独立しました。

しかし、1962年、エチオピアがエリトリアを強制併合しました。エリトリアはイスラム教徒が多く、キリスト教徒の多いエチオピアに激しく反発し、独立戦争をはじめます。1974年、エチオピアでは、帝政が倒れ、メンギスツが軍事独裁政権を敷きました。メンギスツ政

図34-2　エチオピア周辺地図

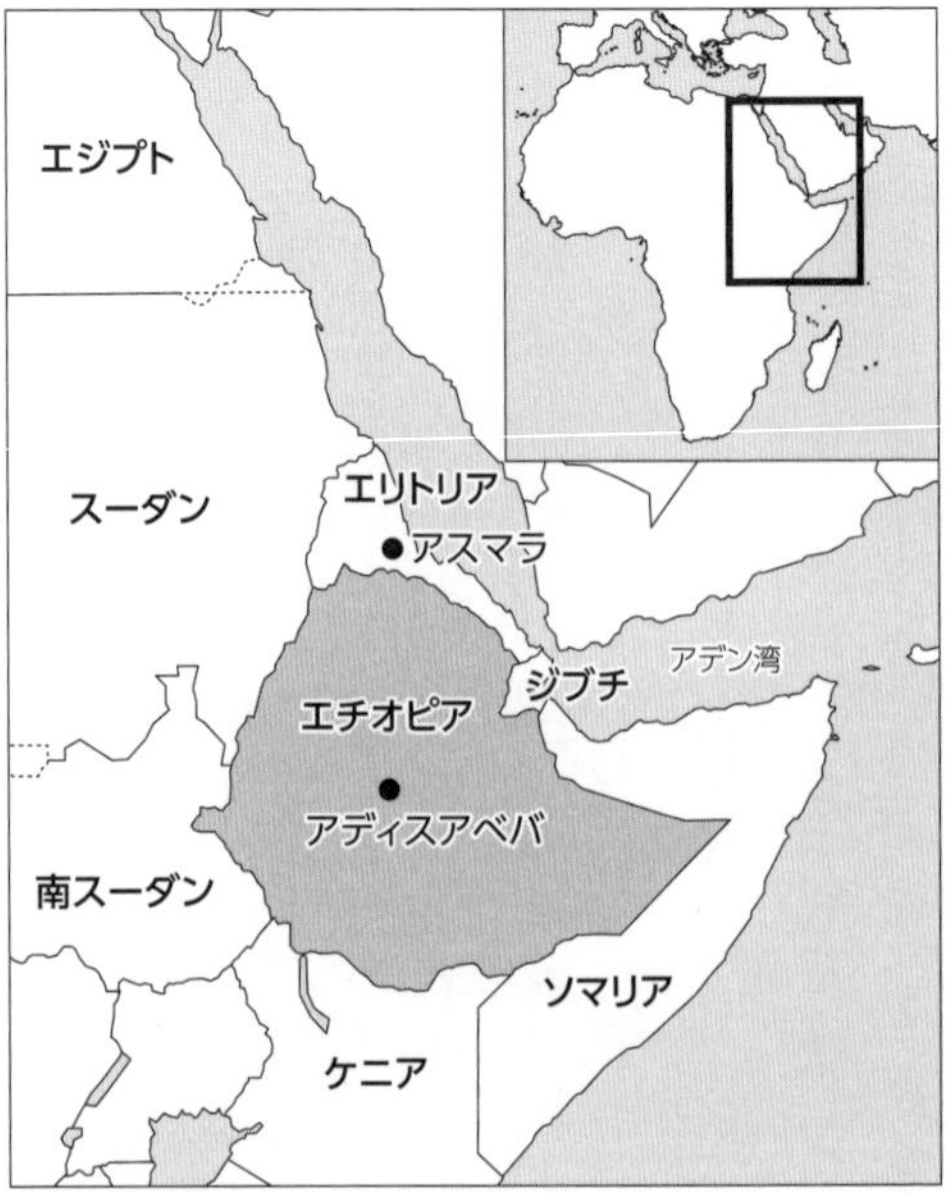

権はエリトリアに対する軍事攻撃を強めます。1991年、メンギスツ政権が崩壊すると、1993年、エルトリアで分離独立を求める住民投票が実施され、エリトリアは独立します。

エリトリア独立後、エチオピア・エリトリア国境紛争が生じます。たびたび国連が介入し、停戦合意をさせていますが、合意は破棄されて紛争が再開するという状況を繰り返しています。

このエチオピアとエリトリアの紛争がソマリアにも波及し、さらに事態が複雑化しています。ソマリアはイスラム教徒が多い国で、同じくイスラムのエリトリアと連携して、エチオピアに圧力をかけています。

2006年、エチオピアはアメリカの支援を得て、この地域におけるイスラム教勢力の強大化を抑えるため、ソマリアに侵攻しますが、エチオピアは2009年に撤退していますが、対立は続いています。エリトリアはソマリアのイスラム武装組織アルシャバブを支援しており、この地域におけるキリスト教勢力とイスラム教勢力との争いが先鋭化する可能性が高いと見られます。

＊　＊　＊

宗教は国家や政治に利用されます。また、国家や政治の利権争いの醜悪が宗教的使命の美名によって、粉飾され、覆い隠されます。とくに、一神教は絶対的な真理を掲げ、抗争を助長する要因として存在してきました。

一方で、これらの対立は純粋な宗教理念によるものではなく、根底にあるのは世俗的な利権争いにほかならず、その意味において、世俗の争いさえ解消されれば、宗教は互いに平和的に共存できたことを歴史が示しています。結局、宗教それ自体に問題があるのではなく、宗教を抗争のツールとして利用する人間の思考に問題があるのです。

神は物言わぬ沈黙者です。しかし、神は現世の人間の思惑によって、いつも雄弁に語らされます。

参考文献

飯山陽『イスラム2.0：SNSが変えた1400年の宗教観』（河出新書）2019年
石井公成『東アジア仏教史』（岩波新書）2019年
石澤良昭、生田滋『東南アジアの伝統と発展（世界の歴史13）』（中央公論）1998年
石澤良昭『東南アジア 多文明世界の発見』（講談社）2009年
井筒俊彦『イスラーム文化―その根柢にあるもの』（岩波文庫）1991年
伊藤聡『神道とは何か―神と仏の日本史』（中公新書）2012年
岩村忍『文明の十字路＝中央アジアの歴史』（講談社学術文庫）2007年
植木雅俊『仏教、本当の教え―インド、中国、日本の理解と誤解』（中公新書）2011年
小川忠『インドネシア イスラーム大国の変貌：躍進がもたらす新たな危機』（新潮選書）2016年
小原克博『ビジネス教養として知っておきたい 世界を読み解く「宗教」入門』（日本実業出版社）2018年
小原克博『一神教とは何か』（平凡社新書）2018年
加地伸行『儒教とは何か』（中公新書）2015年
川北稔『民衆の大英帝国――近世イギリス社会とアメリカ移民』（岩波現代文庫）2008年
菊地章太『ユダヤ教 キリスト教 イスラーム：一神教の連環を解く』（ちくま新書）2013年
金達寿『朝鮮―民族・歴史・文化』（岩波新書）2002年
熊谷正秀『日本から観た朝鮮の歴史―日朝関係全史』（展転社）2004年
黄文雄『漢字文明にひそむ中華思想の呪縛』（集英社）2000年
佐藤彰一『歴史探究のヨーロッパ――修道制を駆逐する啓蒙主義』（中公新書）2019年
鈴木董『オスマン帝国 イスラム世界の「柔らかい専制」』（講談社現代新書）1992年
千葉敏之『1187年 巨大信仰圏の出現（歴史の転換期）』（山川出版社）2019年
陳舜臣『日本人と中国人――〝同文同種〟と思いこむ危険』（祥伝社新書）2016年

中田考『イスラームの論理』(筑摩選書) 2016年
中村圭志『西洋人の「無神論」日本人の「無宗教」』(ディスカヴァー携書) 2019年
中村元『古代インド』(講談社学術文庫) 2004年
南原繁『国家と宗教――ヨーロッパ精神史の研究』(岩波文庫) 2014年
橋爪大三郎、中田考『一神教と戦争』(集英社新書) 2018年
深井智朗『プロテスタンティズム―宗教改革から現代政治まで』(中公新書) 2017年
益尾知佐子『中国の行動原理―国内潮流が決める国際関係』(中公新書) 2019年
松本佐保『熱狂する「神の国」アメリカ 大統領とキリスト教』(文春新書) 2016年
茂木誠『日本人が知るべき東アジアの地政学~2025年 韓国はなくなっている』(悟空出版) 2019年
本村凌二『多神教と一神教―古代地中海世界の宗教ドラマ』(岩波新書) 2005年
森和也『神道・儒教・仏教』(ちくま新書) 2018年
森本達雄『ヒンドゥー教―インドの聖と俗』(中公新書) 2003年
山内昌之『ラディカル・ヒストリー―ロシア史とイスラム史のフロンティア』(中公新書) 1991年
山中俊之『世界94カ国で学んだ元外交官が教える ビジネスエリートの必須教養 世界5大宗教入門』(ダイヤモンド社) 2019年
吉村均『チベット仏教入門』(ちくま新書) 2018年
マックス・ウェーバー(著)、大塚久雄(翻訳)『プロテスタンティズムの倫理と資本主義の精神』(岩波文庫) 1989年
パラグ・カンナ(著)、尼丁千津子・木村高子(翻訳)『「接続性」の地政学(上・下):グローバリズムの先にある世界』(原書房) 2017年
パラグ・カンナ(著)、尼丁千津子(翻訳)『アジアの世紀(上・下):接続性の未来』(原書房) 2019年
ウォルター・シャイデル(著)、鬼澤忍・塩原通緒(翻訳)『暴力と不平等の人類史:戦争・革命・崩壊・疫病』(東洋経済新報社) 2019年
E・フラー・トリー(著)、寺町朋子(翻訳)『神は、脳がつくった 200万年の人類史と脳科学で解読する神と宗教の起源』(ダイヤモンド社) 2018年

ユヴァル・ノア・ハラリ（著）、柴田裕之（翻訳）『サピエンス全史（上・下）文明の構造と人類の幸福』（河出書房）2017年
リチャード・ベッセル（著）、大山晶（翻訳）『ナチスの戦争1918-1949――民族と人種の戦い』（中公新書）2015年
スティーブン・ピンカー（著）、幾島幸子・塩原通緒（翻訳）『暴力の人類史』（青土社）2015年
スティーブン・ピンカー（著）、橘明美・坂田雪子（翻訳）『21世紀の啓蒙（上・下）：理性、科学、ヒューマニズム、進歩』（草思社）2019年
ニーアル・ファーガソン（著）、仙名紀（翻訳）『文明：西洋が覇権をとれた6つの真因』（勁草書房）2012年
ローレンス・フリードマン（著）、貫井佳子（翻訳）『戦略の世界史（上・下）戦争・政治・ビジネス』（日本経済新聞出版社）2018年
マシュー・ホワイト（著）、住友進（翻訳）『殺戮の世界史：人類が犯した100の大罪』（早川書房）2013年
ティム・マーシャル（著）、甲斐理恵子（翻訳）『恐怖の地政学―地図と地形でわかる戦争・紛争の構図』（さくら舎）2016年
ウィリアム・H・マクニール（著）、増田義郎・佐々木昭夫（翻訳）『世界史（上・下）』（中公文庫）2008年
マッシモ・リヴィ-バッチ（著）、速水融・斎藤修（翻訳）『人口の世界史』（東洋経済新報社）2014年
マット・リドレー（著）、大田直子・鍛原多恵子・柴田裕之（翻訳）『繁栄―明日を切り拓くための人類10万年史』（ハヤカワ・ノンフィクション文庫）2013年
ユージン・ローガン（著）、白須英子（翻訳）『アラブ500年史（上・下）：オスマン帝国支配から「アラブ革命」まで』（白水社）2013年

宇山卓栄（うやま　たくえい）
1975年、大阪生まれ。慶應義塾大学経済学部卒業。代々木ゼミナール世界史科講師を務めたのち、著作家となる。テレビ、ラジオ、雑誌など各メディアで、時事問題を歴史の視点でわかりやすく解説。おもな著書に、『世界一おもしろい世界史の授業』(KADOKAWA)、『経済で読み解く世界史』『朝鮮属国史—中国が支配した2000年』(以上、扶桑社)、『「民族」で読み解く世界史』『「王室」で読み解く世界史』(以上、日本実業出版社)などがある。

教養《きょうよう》として知《し》っておきたい
「宗教《しゅうきょう》」で読《よ》み解《と》く世界史《せかいし》

2020年9月1日　初版発行

著　者　宇山卓栄
発行者　杉本淳一

発行所　株式会社日本実業出版社　東京都新宿区市谷本村町3－29 〒162-0845
大阪市北区西天満6－8－1 〒530-0047
編集部　☎03-3268-5651
営業部　☎03-3268-5161　振　替　00170－1－25349
https://www.njg.co.jp/

印刷／壮光舎　製本／共栄社

この本の内容についてのお問合せは、書面かFAX（03－3268－0832）にてお願い致します。
落丁・乱丁本は、送料小社負担にて、お取り替え致します。

ISBN 978-4-534-05801-0　Printed in JAPAN